DeepSeek
AI办公实战手册

10倍提升工作效率的
方法与技巧

沈亲淦 著

图书在版编目（CIP）数据

DeepSeek AI 办公实战手册：10 倍提升工作效率的方法与技巧 / 沈亲淦著. -- 北京：机械工业出版社，2025.3（2025.11重印）. -- ISBN 978-7-111-78107-3

Ⅰ. TP18-62

中国国家版本馆 CIP 数据核字第 2025W7D068 号

机械工业出版社（北京市百万庄大街22号　邮政编码100037）
策划编辑：杨福川　　　　　　　　责任编辑：杨福川　李　艺
责任校对：卢文迪　张雨霏　景　飞　责任印制：张　博
北京铭成印刷有限公司印刷
2025年11月第1版第4次印刷
170mm×230mm · 21.25 印张 · 390 千字
标准书号：ISBN 978-7-111-78107-3
定价：69.00 元

电话服务　　　　　　　　网络服务
客服电话：010-88361066　机　工　官　网：www.cmpbook.com
　　　　　010-88379833　机　工　官　博：weibo.com/cmp1952
　　　　　010-68326294　金　书　网：www.golden-book.com
封底无防伪标均为盗版　　机工教育服务网：www.cmpedu.com

前言

本书写作目的

人工智能时代已然来临，它以前所未有的速度渗透到我们工作和生活的方方面面。身处职场，我们既面临着 AI 带来的巨大变革，也迎来了前所未有的效率提升机遇。传统的"人海战术""996 加班"模式已逐渐落伍，"新质生产力"正在崛起。如何借助 AI 的力量，实现职场效率的跃迁，将成为每一位职场人士都必须面对和思考的重要课题。

本书正是在这一时代背景下应运而生的。我一直认为，重复性、机械性的工作应交由机器完成，人类应该专注于更具创造性和更有价值的工作。人工智能的快速发展，为我们实现这一理念提供了强有力的技术支撑。DeepSeek 作为一款优秀的国产 AI 推理模型，凭借其强大的自然语言处理能力和高效的推理能力，为我们提升办公效率、实现自动化办公提供了无限可能。

本书旨在以 DeepSeek 为核心，深入浅出地讲解如何运用 AI 技术提升职场办公效率，最终实现从"AI 赋能"到"自动化跃迁"的进阶目标。我们将从 DeepSeek 快速入门开始，逐步深入到提示词编写、万能模板应用、多工具协作、API 定制以及自动化办公等层面，力求为读者呈现一份系统、实用、可操作的职场 AI 办公指南。

本书主要内容

本书围绕着"效率提升"与"自动化跃迁"两大核心目标，以 DeepSeek 为核心工具，系统讲解如何运用 AI 技术赋能职场办公。全书内容由浅入深、循序渐进，主要由以下几个核心模块构成：

- **DeepSeek 快速入门与提示词秘籍**：详细介绍 DeepSeek，对比推理模型与通用模型的差异，深入解析提示词的编写原则、万能模板和官方提示库，并提供 LangGPT 结构化提示词框架的改造方法，帮助读者掌握编写提示词的核心技巧，为高效利用 DeepSeek 打下坚实基础。
- **万能模板赋能职场办公**：聚焦行政文秘、市场营销、数据分析、项目管理、人力资源、内容运营等六大职场领域，提供大量基于 DeepSeek 的万能提示词模板案例，帮助读者快速提升在各类办公场景下的工作效率。
- **DeepSeek+ 热门工具，打造高效办公生态**：讲解 DeepSeek 如何与 Kimi、Mermaid、HTML、豆包、即梦、剪映、天工、可灵、ima.copilot、飞书、Napkin 等热门工具进行高效协作，实现 PPT 制作、图表制作、动态数据图表制作、图片素材生成、海报生成、科普动画制作、MV 制作、音乐制作、图片转视频、个人知识库 AI 助手构建、批量 AI 办公实现、文本一键生成高颜值图表等多种进阶应用，构建全方位、多场景的 AI 高效办公生态。
- **API 定制专属智能助手**：深入解析大模型 API 的核心优势和关键要素，详细讲解如何获取和使用 DeepSeek API，为读者提供定制专属 AI 智能助手的技术路径，实现更个性化、更智能化的办公体验。
- **Office 与 Python 自动化进阶**：系统讲解如何结合 VBA 和 Python 编程语言，调用 DeepSeek API 实现 Office 办公自动化和更高级的自动化办公，包括批量数据处理、文档操作、报表生成、邮件发送、PDF 文档处理等，助力读者实现从"AI 赋能"到"自动化跃迁"的最终目标。

本书读者对象

本书面向所有希望在人工智能时代提升职场效率、实现办公自动化的读者，包括但不限于：

- **追求效率提升的职场人士**：如果你正埋首于烦琐重复的工作，渴望摆脱低效的加班模式，本书将为你提供一整套 AI 办公解决方案，帮助你简化日常任务，优化工作流程，显著提升工作效率，从而将更多的精力投入到更有价值的工作中。

- **渴望掌握 AI 办公技能的进取者**：如果你对 AI 技术在办公领域的应用充满好奇，希望学习 AI 办公技能，本书将为你提供系统、全面的学习路径和实操指导，即使你没有相关技术背景，也能轻松入门，快速掌握 AI 办公的核心技能。
- **希望在团队中推广智能化转型的管理者**：如果你是团队管理者或企业决策者，正在考虑如何将 AI 技术引入团队，提升整体工作效率和创新能力，本书将为你提供宝贵的参考，帮助你了解 AI 办公的应用前景和实施策略，从而打造更具竞争力的团队。
- **特定领域的专业人士**：如果你在特定领域工作，希望了解 AI 技术如何解决你所在领域的痛点，提升专业技能，本书将为你提供针对性的案例分析和实战技巧，帮助你在专业领域充分发挥 AI 的潜力，成为 AI 时代的职场精英。

通过阅读本书，你不仅能掌握 DeepSeek 这一强大的 AI 办公工具，更将培养 AI 办公的思维模式，掌握相关实战技能，从而在这个快速发展的人工智能时代实现职场效率的跃迁，释放个人潜能。

本书阅读建议

本书以循序渐进、理论与实践相结合的方式编排，旨在帮助读者由浅入深地掌握 DeepSeek 在职场办公中的应用。为了帮助读者高效阅读和学习本书，我们给出以下阅读建议：

- **零基础入门读者**：如果你初次接触 AI 办公，或者对 DeepSeek 尚不熟悉，建议从第 1 章开始顺序阅读。通过通读第 1 章和第 2 章，建立起对 AI 办公的整体认知，了解 DeepSeek 的基本概念、模型特点以及提示词的重要性。这两章是本书的基础，能够帮助你构建扎实的理论框架，为后续实践应用打好基础。
- **有一定 AI 工具使用经验的读者**：如果你已经使用过其他 AI 工具，例如 ChatGPT 等，对 AI 办公有一定的了解，可以快速浏览第 1 章，重点阅读

第 2 章。第 2 章深入讲解了 DeepSeek 提示词的撰写与管理，掌握提示词撰写技巧是提升 DeepSeek 使用效率的关键。通过系统学习提示词部分，你可以更快地掌握 DeepSeek 的使用精髓，并将其应用到日常工作中。

- **关注特定办公场景应用的读者**：如果你希望快速将 DeepSeek 应用到具体的工作场景中，例如行政、营销、数据分析等，可以在快速了解第 1 章和第 2 章的基础知识后，根据你的岗位和需求，选择性地学习第 3 章中与你的应用场景相关的部分。第 3 章提供了丰富的万能模板和实战案例，可以帮助你快速上手，将 DeepSeek 应用到实际工作中。
- **希望拓展 AI 办公技能的读者**：如果你希望进一步拓展 AI 办公技能，提升工作效率，可以在掌握前三章内容的基础上，继续深入学习第 4 章和第 5 章。第 4 章介绍了 DeepSeek 与多种热门工具的协作，可以帮助你打造更全面的 AI 办公生态。第 5 章则讲解了 DeepSeek API 的使用，为你定制专属智能助手提供了技术指导。
- **致力于实现自动化办公的读者**：如果你具备一定的编程基础，并希望通过 AI 实现更高级的自动化办公，那么第 6 章和第 7 章将是你重点学习的内容。这两章分别介绍了如何结合 VBA 和 Python，调用 DeepSeek API 实现 Office 办公自动化和更高级的自动化应用。通过学习这两章，你能够将重复性、机械性的工作交给机器，真正实现职场效率的跃迁。

本书强调"学以致用，用以促学"，无论你选择哪种阅读路径，我们都强烈建议你在阅读过程中积极动手实践，尝试书中的案例，模仿书中的提示词模板，将 DeepSeek 应用到自己的工作中。只有不断地实践和探索，你才能真正掌握 DeepSeek 的使用技巧，并将其转化为提升工作效率的利器。

我们衷心希望本书能够成为你在 AI 办公道路上的得力助手，助力你在人工智能时代提升效率，释放潜能，实现职业生涯的新突破！

约定

为了方便大家阅读，本书在撰写时做出以下约定。

- 如无特别说明，文中的"AI"皆指代新一代"生成式人工智能"（Generative AI）。

- 如无特别说明，文中的"大模型""AI 大模型""LLM"等表述，皆指代"大型语言模型"(LLM)。
- 如无特别说明，文中的"推理大模型""推理模型""DeepSeek-R1""R1 推理模型"等表述，皆指代 DeepSeek 的"深度思考（R1）"模式。
- 如无特别说明，文中的"通用大模型""通用模型""DeepSeek-V3"等表述，皆指代 DeepSeek 的基础模式。

资源和勘误

为了更好地辅助你学习和实践本书内容，我们精心准备了丰富的在线资源，包括书中提及的提示词模板，以及精选的职场人 AI 高效办公工具集合站等补充材料，你可以访问我们的官方资源网站（www.prowork.top）获取这些资源。

尽管我们力求精益求精，但书中仍有疏漏或不足之处。如果你在阅读过程中发现任何错误，或者对本书内容有任何建议，诚挚欢迎你通过电子邮件 415695070@qq.com 与我们联系。你的宝贵反馈将帮助我们及时修正错误，不断完善书籍内容，以便为读者提供更优质的学习体验。我们将在后续的勘误表中及时更新，并在未来的版本中持续改进。

说明

在本书正式与读者见面之前，我们想在此做一些必要的说明，以便你更好地理解本书的定位和价值。

如果你对 AI 办公领域有所关注，或许听说过笔者此前出版的两本姊妹篇：《Kimi 高效办公：AI 10 倍提升工作效率的方法和技巧》和《豆包高效办公：AI 10 倍提升工作效率的方法与技巧》。这两本书均以结构化提示词为核心，分别深入探讨了如何借助 Kimi 和豆包这两款优秀的 AI 工具提升工作效率。

本书正是在这两本书的基础上进行的一次重要升级。如果说上面提到的两本书侧重于"AI 赋能"，即利用 AI 工具提升单点任务的效率，那么本书则将视野拓展到"自动化跃迁"的高度，着力探索如何借助 AI 实现更深层次的办公流程优化和效率变革。

本书的核心驱动力来自 DeepSeek 这款全新升级的国产推理大模型。相较于前两本书中使用的 AI 工具，DeepSeek 在推理能力、多模态处理以及 API 开放性等方面都展现出更强大的潜力。基于 DeepSeek 的强大能力，本书不仅延续了结构化提示词的核心方法，更进一步延伸出了以下两个重要的主题：

❏ **DeepSeek 跨平台协作**：本书深入探讨了 DeepSeek 如何与 Kimi、Mermaid、Office、Python 等多种工具和平台进行高效协作，打破信息孤岛，实现跨平台、跨应用的全场景协同办公，构建更加完善的 AI 办公生态。

❏ **DeepSeek AI 办公自动化**：本书不仅仅满足于单点任务的效率提升，而是着眼于整体工作流程的自动化，详细讲解了如何通过调用 DeepSeek API，结合 VBA 和 Python 等编程语言，定制专属智能助手，实现批量化、自动化处理重复性工作，真正将人类从烦琐的事务中解放出来。

因此，如果你已经阅读过上面提到的两本书，那么本书将是你进阶学习 AI 办公方法、实现效率跃迁的必读之作。如果你是初次接触 AI 办公，本书也完全可以作为你的首选入门指南。本书内容由浅入深、循序渐进，即使你没有任何相关技术基础，也能逐步掌握 AI 办公的技能。

本书既是上面两本书的延续，更是面向未来的升级。我们相信，借助 DeepSeek 的强大能力，结合本书所提供的系统方法和实战技巧，你将能够在人工智能时代实现职场效率的质的飞跃，开启智能办公的全新未来！

致谢

本书的顺利出版，离不开众多师友的鼎力支持与帮助。在此，向各位表达诚挚的谢意。

首先，衷心感谢 LangGPT 创始人云中江树老师和 AIGC 思维火花创始人蓝衣剑客老师。两位老师在 AI 技术和应用领域的深刻洞见与无私指导，为本书的创作提供了重要的方向指引和宝贵的智力支持。他们的远见卓识和倾力相助，是本书得以完成的重要基石。

其次，感谢我的众多朋友，他们的鼓励与支持给予我持续创作的动力和信心。在写作过程中，他们的关心和陪伴让我倍感温暖和力量。

再次，感谢各位同事和业内专家，他们从专业角度提出的宝贵反馈和指导意见，极大地提升了本书的质量，使本书的内容更加完善和更具价值。

最后，谨向所有拿起本书的读者致以最诚挚的谢意。感谢你的信任与选择，希望本书能够成为你在 AI 职场办公道路上的有益伙伴，助力你在人工智能时代乘风破浪，成就卓越。

沈亲淦

目录

前言

第 1 章　DeepSeek 快速入门 …… 1

1.1　职场办公进阶：从 AI 赋能到自动化跃迁 …… 1
  1.1.1　职场 AI 办公的应用路径 …… 1
  1.1.2　职场 AI 办公的技术路径 …… 2
  1.1.3　AI 赋能只是起点，自动化跃迁才是终点 …… 4

1.2　DeepSeek 介绍 …… 4
  1.2.1　DeepSeek 推理模型的优缺点 …… 4
  1.2.2　推理模型与通用模型的运作机制对比 …… 7
  1.2.3　推理模型与通用模型的提示词设计差异 …… 8
  1.2.4　实战：推理模型与通用模型的对比案例 …… 10

第 2 章　DeepSeek 提示词撰写与管理 …… 17

2.1　什么是提示词 …… 17
2.2　编写提示词的基本原则 …… 19
2.3　实战：AI 办公落地先从"克隆自己"开始 …… 19
2.4　万能提示词模板 …… 22
2.5　DeepSeek 官方提示词样例 …… 37
2.6　LangGPT 结构化提示词框架 …… 44
2.7　提示词资产管理 …… 49
  2.7.1　提示词是你的重要资产 …… 49
  2.7.2　管理好你的提示词资产 …… 50

第 3 章　DeepSeek 万能模板赋能职场办公 …… 55

3.1　行政文秘 …… 56

3.1.1 会议通知撰写⋯⋯⋯⋯ 56
3.1.2 公文写作⋯⋯⋯⋯⋯⋯ 59
3.1.3 文件合规性检查⋯⋯⋯ 64
3.1.4 动手练习及拓展思考⋯ 68
3.2 市场营销⋯⋯⋯⋯⋯⋯⋯⋯ 70
3.2.1 爆款文案生成⋯⋯⋯⋯ 70
3.2.2 品牌故事创作⋯⋯⋯⋯ 73
3.2.3 活动策划方案生成⋯⋯ 77
3.2.4 跨境市场的本地化适配⋯⋯⋯⋯⋯⋯⋯⋯ 80
3.2.5 动手练习及拓展思考⋯ 85
3.3 数据分析⋯⋯⋯⋯⋯⋯⋯⋯ 87
3.3.1 数据清洗与处理⋯⋯⋯ 87
3.3.2 自动化报表生成⋯⋯⋯ 89
3.3.3 市场情报分析⋯⋯⋯⋯ 92
3.3.4 动手练习及拓展思考⋯ 98
3.4 项目管理⋯⋯⋯⋯⋯⋯⋯⋯ 100
3.4.1 项目计划书撰写⋯⋯⋯ 100
3.4.2 风险评估报告生成⋯⋯ 103
3.4.3 动手练习及拓展思考⋯⋯⋯⋯⋯⋯⋯⋯ 106
3.5 人力资源⋯⋯⋯⋯⋯⋯⋯⋯ 108
3.5.1 绩效考核报告制作⋯⋯ 108
3.5.2 培训方案设计⋯⋯⋯⋯ 112
3.5.3 动手练习及拓展思考⋯⋯⋯⋯⋯⋯⋯⋯ 116
3.6 内容运营⋯⋯⋯⋯⋯⋯⋯⋯ 118
3.6.1 多平台文案适配⋯⋯⋯ 118
3.6.2 SEO 优化建议⋯⋯⋯⋯ 123
3.6.3 视频脚本创作⋯⋯⋯⋯ 129

3.6.4 动手练习及拓展思考⋯⋯⋯⋯⋯⋯⋯⋯ 132

第 4 章 DeepSeek 与热门工具的协作⋯⋯⋯⋯⋯⋯⋯⋯ 134

4.1 DeepSeek+Kimi：PPT 制作⋯⋯⋯⋯⋯⋯⋯⋯ 135
4.2 DeepSeek+Mermaid：图表制作⋯⋯⋯⋯⋯⋯⋯⋯ 140
4.2.1 流程图：指引方向的利器⋯⋯⋯⋯⋯⋯⋯⋯ 140
4.2.2 思维导图：整理思路的好工具⋯⋯⋯⋯⋯⋯ 142
4.2.3 甘特图：项目管理的好助手⋯⋯⋯⋯⋯⋯⋯ 144
4.2.4 时序图：厘清交互脉络⋯⋯⋯⋯⋯⋯⋯⋯ 147
4.2.5 状态图：状态跟踪的"眼睛"⋯⋯⋯⋯⋯⋯ 149
4.3 DeepSeek+HTML：动态数据图表制作⋯⋯⋯ 151
4.3.1 雷达图⋯⋯⋯⋯⋯⋯ 152
4.3.2 旭日图⋯⋯⋯⋯⋯⋯ 156
4.3.3 桑基图⋯⋯⋯⋯⋯⋯ 160
4.3.4 柱状图⋯⋯⋯⋯⋯⋯ 164
4.3.5 折线图⋯⋯⋯⋯⋯⋯ 167
4.4 DeepSeek+ 豆包：图片素材生成⋯⋯⋯⋯⋯⋯⋯⋯ 170
4.5 DeepSeek+ 即梦：海报生成⋯⋯⋯⋯⋯⋯⋯⋯⋯⋯ 177

4.6 DeepSeek+即梦+剪映：科普动画制作 …… 180
4.7 DeepSeek+悠船+剪映：MV制作 …… 184
4.8 DeepSeek+天工：音乐制作 …… 190
4.9 DeepSeek+可灵：图片转视频 …… 197
4.10 DeepSeek+Xmind：精美竖版思维导图制作 …… 203
4.11 DeepSeek+ima.copilot：个人知识库AI助手构建 …… 216
4.12 DeepSeek+飞书多维表：批量AI办公实现 …… 224
4.13 DeepSeek+Napkin：文本一键生成高颜值图表 …… 229

第5章 调用DeepSeek API 定制智能助手 …… 235

5.1 什么是大模型API …… 235
 5.1.1 API的核心优势 …… 236
 5.1.2 API调用中的关键要素 …… 236
5.2 如何获取DeepSeek API …… 237
5.3 如何使用DeepSeek API …… 238

第6章 DeepSeek结合Office 实现智能办公 …… 241

6.1 什么是VBA …… 241
6.2 DeepSeek+VBA：实现Office办公自动化 …… 243
 6.2.1 一键批量导入报表 …… 243
 6.2.2 一键批量筛选数据 …… 251
 6.2.3 一键批量导出报表 …… 257
 6.2.4 一键批量发送邮件 …… 262
 6.2.5 一键批量提取并整理数据 …… 270
 6.2.6 一键批量重命名文档 …… 282
 6.2.7 一键批量导入文件并进行文件管理 …… 287
 6.2.8 一键批量比对数据 …… 293
 6.2.9 动手练习及拓展思考 …… 299
6.3 DeepSeek接入Word：实现文档对话 …… 299

第7章 DeepSeek结合Python 实现自动化办公 …… 311

7.1 什么是Python …… 312
7.2 DeepSeek+Python自动化办公案例 …… 313
 7.2.1 从扫描版PDF中批量提取数据并重命名文档 …… 313
 7.2.2 批量拆分PDF文档 …… 322
 7.2.3 动手练习及拓展思考 …… 327

第 1 章 | CHAPTER

DeepSeek 快速入门

在本章中，我们将深入探讨 DeepSeek 的核心功能及其在职场办公中的应用。首先，我们将分析职场 AI 办公的应用路径，揭示从辅助工具到全面自动化的转变过程。接着，我们将探讨职场 AI 办公的技术路径，帮助读者通过指令技术实现高效工作。随后，我们将介绍 DeepSeek 平台的独特优势，比较推理模型与通用模型的异同，最后，我们将通过实际案例展示两类模型在应用中的差异。

通过学习本章，读者将能够全面理解 DeepSeek 平台的功能，并掌握在职场中有效利用 AI 技术的实用技巧。

1.1 职场办公进阶：从 AI 赋能到自动化跃迁

职场办公正经历着一场由 AI 驱动的深刻变革。掌握 AI 技术，是职场人提升效率、突破瓶颈的关键一步。在正式介绍 DeepSeek 之前，本节先深入探讨职场 AI 办公的应用路径和技术路径，并分享笔者对 AI 应用的一些感悟，希望能帮助你更好地理解和拥抱这场变革。

1.1.1 职场 AI 办公的应用路径

从辅助到自主，逐步释放生产力。

AI 在职场中的应用并非一蹴而就，而是一个逐步深入、不断拓展的过程。我们可以将职场 AI 办公的应用路径大致划分为以下几个阶段,如图 1-1 所示。在不同的阶段,AI 在职场中扮演着不同的角色,发挥着不同的价值。

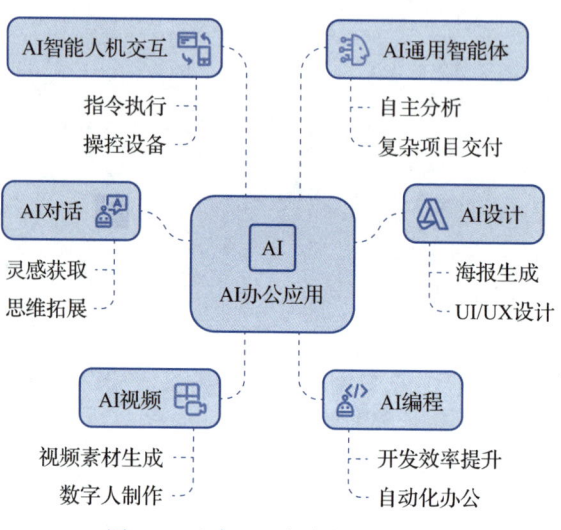

图 1-1　职场 AI 办公的应用路径

- **AI 对话：灵感涌现的智囊**。通过与 AI 对话,获取内容创作的灵感,拓展思维边界,辅助研究调研,让思考更高效、更有深度。
- **AI 设计：创意表达的妙笔**。利用 AI 辅助视觉设计,快速生成海报、图片、UI/UX 设计稿等,降低设计门槛,提升设计效率。
- **AI 视频：视听内容的加速器**。借助 AI 生成视频素材、打造 AI 数字人,降低视频制作成本,加速视听内容的生产。
- **AI 编程：效率提升的引擎**。运用 AI 辅助编程,提升程序员的开发效率,或者赋能职场人进行自动化办公脚本的编写,让技术不再是效率的瓶颈。
- **AI 智能人机交互：指令直达的执行官**。通过简单的指令,AI 即可自动完成计算机/手机等设备上的一系列复杂操作,简化操作流程,提升执行效率。
- **AI 通用智能体（最新概念）：自主决策的智能助理**。或许在不久的将来,仅需一条指令,AI 通用智能体即可自主分析、探索、规划路径,并自动调用各类工具,完成复杂的项目,真正实现从"辅助"到"自主"的跃迁。

1.1.2　职场 AI 办公的技术路径

从指令技巧到系统搭建,深度定制智能化。

要将 AI 真正应用于办公场景,并发挥其最大效能,我们需要深入了解职场

AI 办公的技术路径。以下技术路径代表着职场人掌握和应用 AI 技术的不同深度和广度，也对应着不同程度的定制化和智能化水平，如图 1-2 所示。

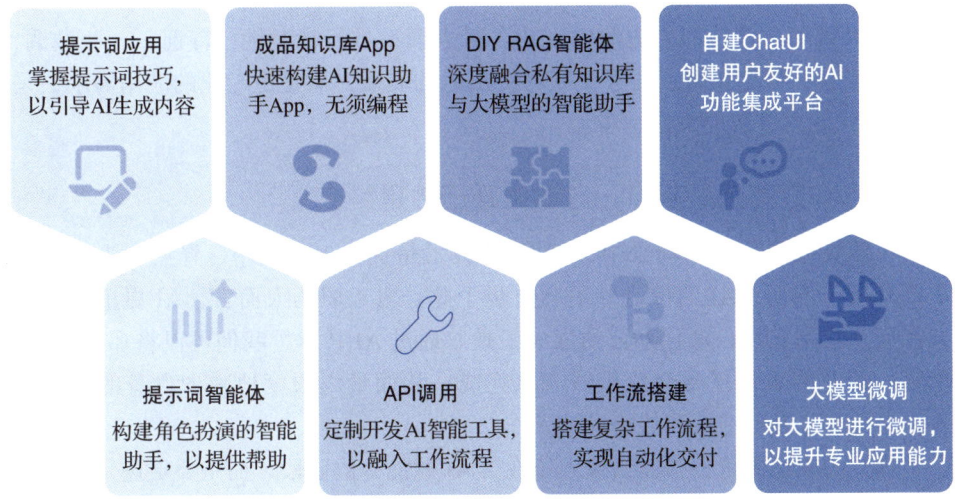

图 1-2　职场 AI 办公的技术路径

- **提示词应用：驾驭 AI 的语言**。掌握提示词技巧，精准引导 AI 生成符合需求的内容，是 AI 应用的基础，也是快速上手 AI 的关键。
- **提示词智能体：角色扮演的助手**。基于角色编写提示词和背景知识文档，构建专属的智能体助理，让 AI 更懂你的工作场景和专业知识，提供更精准的帮助。
- **成品知识库 App：即开即用的工具**。利用平台提供的成熟大模型和知识库系统，快速构建 AI 知识助理 App，无须编程，即可拥有强大的 AI 知识检索和问答能力。4.11 节介绍的 ima.copilot 就属于这类工具。
- **API 调用：定制功能的拓展**。通过调用大模型 API，定制开发专属的 AI 智能工具，将 AI 能力融入现有的工作流程和系统中，实现更个性化的功能拓展。
- **DIY RAG 智能体：深度融合的专家**。基于 RAG（检索增强生成）项目，DIY 智能知识助理，将企业或个人的私有知识库与大模型深度融合，打造更专业、更垂直的 AI 专家。
- **工作流搭建：流程自动化的编排**。基于可视化 AI 工作流项目，搭建复杂的工作流程，灵活调用多种 AI 工具，实现复杂项目的自动化交付，提升协作效率和项目管理水平。

- **自建 ChatUI：专属界面的打造**。自建面向用户的 ChatUI 项目，创建 AI 功能集成平台，统一管理和使用各类 AI 功能，打造一站式的专属 AI 工作平台。
- **大模型微调：能力进阶的密钥**。对大模型进行针对性"特训"——微调，使其在特定领域或任务中获得更出色的表现，满足更专业的应用需求，是 AI 能力进阶的关键一步。

1.1.3　AI 赋能只是起点，自动化跃迁才是终点

在职场办公的应用场景中，掌握 AI 技术是提升工作效率、释放个人潜能的重要基础。然而，AI 的价值并不会止步于此。对于职场人而言，AI 更重要的意义在于，它是实现自动化办公的强大工具。通过 AI 技术，我们可以将那些简单、重复、耗时的工作任务交给机器人来完成，从而最大限度地减少自身的人力投入，专注于更具创造性和战略性的工作。

真正的职场进阶，并非仅仅停留在"AI 赋能"的阶段，而是要更进一步，拥抱"自动化跃迁"的未来。让 AI 与自动化技术深度融合，构建高效、智能、自主运转的办公系统，最终实现工作模式的彻底革新和生产力的质的飞跃，是职场人拥抱 AI 的最终目标，也是我们在本书后续章节中将要深入探讨的核心内容。

1.2　DeepSeek 介绍

DeepSeek 是一款由杭州深度求索人工智能基础技术研究有限公司开发的先进 AI 大模型（LLM），它不仅继承了传统语言模型的强大能力，还引入了混合专家模型（MoE），这使得它在处理各种复杂的办公任务时更加高效且成本更低。自发布以来，DeepSeek 迅速获得了市场的认可，在数学推理、编程能力和自然语言理解等领域展现了卓越的性能。

1.2.1　DeepSeek 推理模型的优缺点

2025 年伊始，DeepSeek 公司发布了其最新的推理大模型——DeepSeek-R1，并迅速在科技界引起了轰动。这款模型以惊人的性价比和卓越的性能，展现了我国在人工智能领域的创新能力。DeepSeek-R1 仅用了相对较低的成本便完成了训练，且达到了与全球顶级大模型相媲美的水平。这不仅标志着技术上的重大进步，也为后续的研究和发展设定了新的标杆。

DeepSeek 具有以下特点和优势。

1. 推理思考过程显性化

DeepSeek-R1 的一个显著特点是它能够将推理思考的过程显性化地展示给用户。这种透明度在以前的 AI 领域是罕见的，它使得用户能够看到 AI 是如何一步一步推理思考，最终得出结论的。对大众而言，这种能力让大家第一次真正"看见"了一个"会思考"的大模型，而不仅仅是接收一个结果。正如 360 集团创始人周鸿祎所指出的，R1 通过展示完整的思维链条增强了用户的信任感。

更为重要的是，推理过程的显性化不仅仅让用户能够看到推理过程，还极大地提高了模型回复内容的质量。这是因为，在展示推理步骤的同时，DeepSeek-R1 能够更好地组织逻辑结构，深入分析用户的问题，推导合理的解决方案，减少可能产生的误解或错误信息。

举一个例子。如图 1-3 所示，当我们询问"达芬奇是摄影师吗？"时，与一般的大模型不同，DeepSeek 并没有立刻回答这个问题，而是进行了以下几个方面的推理分析：

- 回顾达芬奇的生平和职业。
- 分析用户的问题是否存在同名混淆。
- 分析达芬奇在光学和视觉研究上的贡献。
- 分析用户是否将《蒙娜丽莎》细腻的光影效果与摄影技术混淆。

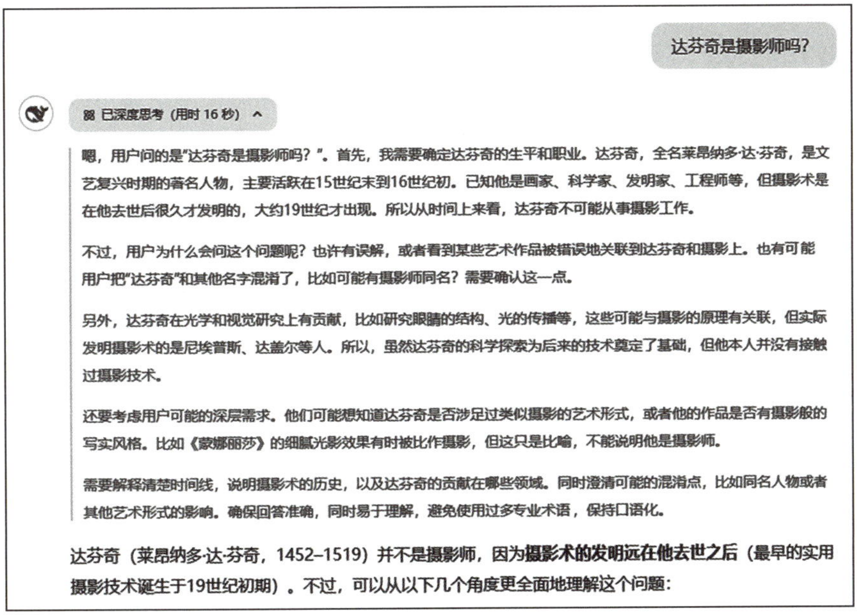

图 1-3　DeepSeek 的深度思考过程（推理过程）

2. 支持推理 + 联网搜索

DeepSeek-R1 的独特之处在于它不仅具备强大的推理能力，还能够同时进行联网搜索，为用户提供一个前所未有的高效工作助手。通过这种双重功能的结合，用户不仅可以利用 AI 的推理能力大幅提高工作效率和质量，还可以借助联网搜索功能确保信息数据的时效性，弥补知识库的不足，从而获得更加准确和全面的回复。

具体来说，在处理复杂问题时，DeepSeek-R1 首先运用其先进的推理算法对已有数据进行深入分析，提供初步的见解和解决方案。然而，面对快速变化的信息环境，仅依赖模型内部的知识往往难以满足最新的需求。这时，DeepSeek-R1 的联网搜索功能便发挥了关键作用。它可以实时从互联网上获取最新资讯，补充和完善原有的知识库，确保提供的建议既具有深度又不失时效性。

值得注意的是，在 DeepSeek-R1 出现之前，尽管海外市场也存在一些推理大模型，但这些模型通常只能单独使用推理功能或联网搜索功能，而无法将两者结合起来。

3. 开放性助推全民应用热潮

DeepSeek-R1 的成功还推动了 AI 在我国的应用热潮。无论是企业还是个人，都在积极探索如何利用这一强大工具来提升效率、创造价值。例如，在社交应用领域，微信已经接入 DeepSeek-R1（灰度测试，仅部分用户可用），在微信内可以直接与 DeepSeek 对话，如图 1-4 所示；在教育领域，网易有道已经开始全面拥抱 DeepSeek-R1，以加速个性化教学的升级；在政务领域，多个城市政府也在积极推进 DeepSeek 的应用探索，力求实现更智能、更高效的城市服务模式。

图 1-4　微信 AI 搜索接入 DeepSeek-R1 大模型

当然，尽管 DeepSeek-R1 具有很多优点，但它也存在以下不足：
- **长文本输出能力较弱**：DeepSeek-R1 输出的内容往往较短，在处理长文本或者生成长文本时，实际效果不佳。
- **多模态能力缺失**：DeepSeek-R1 目前不支持图片生成、音频生成、视频生成等功能，多模态能力较弱。

1.2.2 推理模型与通用模型的运作机制对比

在 DeepSeek-R1 模型之前，我们接触更多的是通用模型。那么推理模型和通用模型有什么区别呢？我们在应用时，应该如何挑选适合的模型呢？

所谓推理模型，就像是给传统的大语言模型装上了超级大脑，让它们不仅能理解文字表面的意思，还能进行深层次的逻辑分析和决策。这背后的技术听起来可能有些复杂，但实际上，你可以把它看成一个"解题家"，擅长将解题思路一步一步列出来。DeepSeek-R1 就是这样的"解题"高手，它在处理逻辑推理、数学运算以及实时问题解答方面表现出色。如图 1-5 所示，在 DeepSeek 聊天窗口选中"深度思考（R1）"，即可调用 DeepSeek-R1 推理模型。

图 1-5　调用 DeepSeek-R1 推理模型

然而，并不是所有的工作都需要如此精密的推理能力。对于大多数日常任务而言，非推理模型就已经足够了。这些模型擅长理解和生成自然语言，通过对海量文本的学习，掌握语言的基本规则，从而能够流畅地撰写文章、翻译文档或者回答简单的问题。它们虽然不像推理模型那样擅长深度思考，但在文本内容生成、文本上下文阅读、分类文本以及翻译等方面有着独特的优势。DeepSeek-V3 就是非推理模型，如图 1-6 所示，在 DeepSeek 聊天框不勾选"深度思考（R1）"，则调用的是 DeepSeek-V3 通用模型。

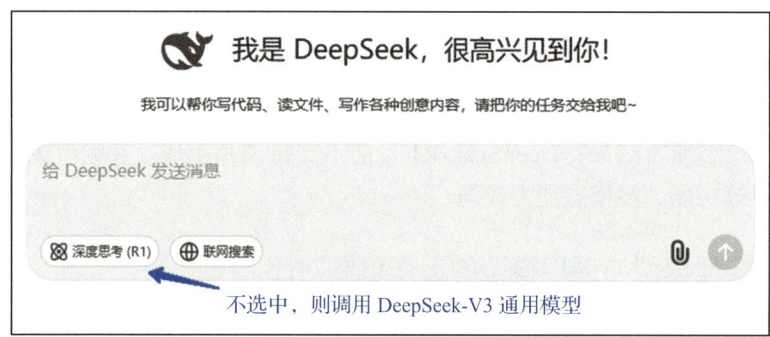

图 1-6 调用 DeepSeek-V3 通用模型

表 1-1 展示了推理模型和通用模型的特性对比。推理模型更适合需要深入分析、制定复杂决策和开放性的任务。这类模型的优点是通过推理分析，给出更准确的答案；缺点是回复速度慢，比较耗费时间和计算资源。

表 1-1 推理模型和通用模型的特性对比

特性	推理模型	通用模型
定义	在传统的大语言模型基础上强化了推理、逻辑分析和决策能力	侧重于语言生成、上下文理解和自然语言处理，不强调深度推理
应用场景	逻辑推理、数学运算、实时问题解答、复杂问题分解	文本生成、语言理解、文本分类、翻译
优点	能够解决复杂的、需要深层次思考的问题；提供更精确的答案	对于大多数日常任务来说已经足够，并且能够快速生成内容
缺点	需要更多的计算资源和时间来进行推理，速度慢	缺乏像推理模型那样复杂的推理和决策能力
适合任务	适合需要深入分析、复杂决策和开放性任务，如项目规划、成本效益分析、风险评估、头脑风暴等	适用于文档撰写、邮件编写、会议记录整理等常规办公任务

1.2.3 推理模型与通用模型的提示词设计差异

鉴于推理模型与通用模型在运作机制上的显著差异，两者在处理任务时展现出了不同的特点和能力。这些差异不仅体现在它们如何解析问题和生成答案上，还反映在引导它们执行特定任务的提示词上。理解这两种模型的提示词使用上的区别，对于最大化利用每种模型的优势至关重要。

在这一小节中，我们将探讨推理模型（如 DeepSeek-R1）与通用模型（如传统的 GPT 系列）在提示词设计上的关键差异。

1. 面向过程 vs 面向目标

传统上,当我们与基础 AI 模型互动时,往往需要详细描述每个步骤,即所谓的"面向过程"的方法。这意味着用户必须分解任务,提供一系列具体的指令,以便模型能够按照预定的路径执行。这种方法虽然确保了结果的可预测性,但也限制了模型的灵活性和创造力。

相比之下,推理模型采用的是"面向目标"的方法。用户只需明确最终想要达到的目标,而不需要过多关注中间的具体步骤。例如,在撰写市场分析报告时,仅需指出三大核心要素——趋势分析、客户特征及差异化建议,AI 就能自主规划并完成高质量的内容创作。这种转变不仅简化了用户的操作流程,还极大地释放了模型的潜力,使其能够根据用户提供的必要信息自行决定最佳的实现路径。

2. 提示词的核心原则

对于推理模型而言,有效的提示词设计至关重要。以下是几个关键的原则:

- **直接表达需求**:不再需要冗长复杂的提示语,简洁明了地表达需求即可获得理想的结果。
- **不需要思维链辅助**:得益于自身的推理能力,推理模型能够在没有具体思维链指导的情况下独立思考并解决问题。

两类模型具体的提示词的差异如表 1-2 所示,推理模型的提示词以目标为导向,直接表达需求即可。推理模型会自主生成思考过程(即思维链),对于复杂任务,推理模型可自行规划解决路径,具备更大的开放性。

表 1-2 推理模型与通用模型的提示词的差异

特性	推理模型	通用模型
提示词风格	简洁、目标导向,强调最终结果而非中间步骤	详细、具体,强调步骤和过程指导
思维链需求	自主生成思维链,不需要用户显式提供每一个步骤	常需要显式提供详细的思维链以确保正确执行任务
复杂任务处理能力	可以直接描述目标,模型会自行规划路径并解决问题	通常需要人工将复杂任务拆解成多个子任务,并逐一指导模型完成
灵活性与创造力	较高,模型能够根据目标灵活调整策略,展现创造性解决方案	较低,因为模型严格按照提供的步骤执行
输出质量控制	用户只需要关注输入信息的质量及目标设定即可获得高质量的输出	用户需通过细致的指令来保证输出的质量
适合任务	更适合需要分析、综合和创新的任务,例如市场分析、内容创作等	适合有固定流程的任务,例如数据录入、简单查询等

简单来说，通用模型，正如笔者前作《Kimi 高效办公：AI 10 倍提升工作效率的方法和技巧》和《豆包高效办公：AI 10 倍提升工作效率的方法与技巧》[一]这两本书中提到的，用户为了提高大模型的输出质量，往往会在提示词中提供既定的输出格式要求（Format）或者工作流步骤（Workflow），这样会显得"死板"；而推理模型会自主思考、规划细节和步骤，自行补充所需要的格式要求或者工作流步骤，这样每次工作的结果都会有所不同，因此会显得更加"灵活"。

1.2.4 实战：推理模型与通用模型的对比案例

上一节的内容比较理论化，我们用一个通俗易懂的案例来做讲解。

此处分享一个真实案例：笔者搭建了一个 AI 提示词分享和管理网站，现在需要为这个网站起名，需要借助 DeepSeek 来提供灵感。首先，我们使用 DeepSeek 的基础模式，输入以下提示词：

> 我做了一个 AI 提示词（Prompt）分享和管理网站，请你帮我给这个网站起名，包含中文名及适配的英文名。请帮我策划至少 10 组名称。

在提示词中，我仅告诉 DeepSeek 如下信息：
- 帮我的 AI 提示词（Prompt）分享和管理网站起名。
- 需要包含中文名及适配的英文名。
- 至少策划 10 组名称。

在基础模式下，DeepSeek 回复如下：

> **AI 提示词分享和管理网站名称策划（10 组）**
>
> 1. 灵感源泉（PromptSpring）
> - 中文名：灵感源泉
> - 英文名：PromptSpring
> - 解释：灵感如泉涌，PromptSpring 寓意网站是 AI 提示词的灵感源泉，帮助用户激发创意。
>
> 2. 提示词工坊（PromptCraft）
> - 中文名：提示词工坊
> - 英文名：PromptCraft

[一] 如无其他说明，本书中提到的前作均指这两本书。

- 解释:将提示词创作比作手工艺,PromptCraft 强调网站的实用性和工具属性,帮助用户打造优质提示词。

3. 提示词星球(PromptPlanet)
- 中文名:提示词星球
- 英文名:PromptPlanet
- 解释:将网站比作一个充满提示词的星球,PromptPlanet 寓意网站内容丰富,用户可以在其中探索、发现。

4. 提示词图书馆(PromptLibrary)
- 中文名:提示词图书馆
- 英文名:PromptLibrary
- 解释:将网站比作图书馆,PromptLibrary 强调网站的资源丰富,用户可以在这里查找和学习各种提示词。

5. 提示词集市(PromptMarket)
- 中文名:提示词集市
- 英文名:PromptMarket
- 解释:将网站比作集市,PromptMarket 强调网站的分享和交流功能,用户可以在这里"买卖"和交换提示词。

6. 提示词实验室(PromptLab)
- 中文名:提示词实验室
- 英文名:PromptLab
- 解释:将网站比作实验室,PromptLab 强调网站的探索和创新精神,用户可以在这里进行各种提示词实验。

7. 提示词花园(PromptGarden)
- 中文名:提示词花园
- 英文名:PromptGarden
- 解释:将网站比作花园,PromptGarden 寓意网站是一个充满生机和创意的地方,用户可以在这里"培育"和"收获"提示词。

8. 提示词宝典(PromptBook)
- 中文名:提示词宝典
- 英文名:PromptBook
- 解释:将网站比作宝典,PromptBook 强调网站的权威性和实用性,用户可以在这里找到各种提示词秘籍。

9. 提示词宇宙（PromptVerse）
- 中文名：提示词宇宙
- 英文名：PromptVerse
- 解释：将网站比作宇宙，PromptVerse 寓意网站的内容浩瀚无垠，用户可以在这里探索提示词的无限可能。

10. 提示词魔方（PromptCube）
- 中文名：提示词魔方
- 英文名：PromptCube
- 解释：将提示词比作魔方，PromptCube 强调提示词的组合和变化，用户可以通过不同的组合创造出无限可能。

建议：
- 可以根据网站的具体功能和目标用户群体选择合适的名称。
- 可以进行用户调研，了解用户对不同名称的喜好程度。
- 可以进行域名查询，确保选择的名称对应的域名可用。

现在，让我们做一个对比。我将模式切换为深度思考（R1）模式，也就是调用 DeepSeek-R1 推理模型。使用刚才同样的提示词，DeepSeek 回复如下：

[思考开始] 嗯，用户让我帮忙给他们的 AI 提示词分享和管理网站起名字，包括中文名和英文名。首先，我得理解这个网站的主要功能。它是用来分享和管理 AI 提示词的，也就是 Prompt。用户可能需要一个既专业又有创意的名字，容易记住，同时中英文都要适配。

首先，我需要分析用户的需求。他们可能希望名字既能体现 AI 技术，又能突出分享和管理的功能。中文名字可能需要简洁有力，英文名则要简短且容易拼写。另外，还要考虑品牌的可扩展性和国际化。

接下来，我会考虑关键词。比如"提示词"对应的英文是 Prompt，AI 相关的词有"智能""智汇""灵机"等。管理方面可以用"库""工坊""矩阵""枢纽"等。分享方面可以用"分享""集""汇"等。

然后，我会尝试组合这些关键词，形成有意义且流畅的名字。比如"智言工坊"对应"PromptForge"，Forge 有锻造的意思，工坊则显得专业。另一个例子是"灵枢 PromptHub"，灵枢有枢纽之意，Hub 在英文里也是中心的意思，这样中英文对应得比较好。

还要注意避免重复，确保名字独特。可能需要检查现有的网站或商标，但这里可能只是初步建议。另外，名字要易于发音和记忆，比如"PromptGenius"对应"提示天才"，既直接又有吸引力。

还需要考虑目标用户是谁。如果是技术人员，可能需要更专业的术语；如果是普通用户，可能需要更亲切的名字。比如"语界 PrompterVerse"中的"语界"给人一种广阔的感觉，适合社区分享。

最后，列出至少 10 组名字，确保每组都有中英文对应，并且涵盖不同的方向，比如技术感、社区感、工具感等。同时，每个名字后面加上简短的说明，帮助用户理解背后的意义，这样用户可以根据自己的品牌定位选择最合适的名字。[思考结束]

以下是 10 组中英文适配的 AI 提示词管理网站名称方案，从技术感、功能属性、品牌传播等维度设计：

1. 智言工坊 /PromptForge

（"工坊"体现创作属性，Forge 象征锻造 AI 智慧）

2. 灵枢 PromptHub

（"灵枢"取自中医典籍，暗含核心枢纽之意，Hub 对应资源聚合）

3. 启钥 Promptory

（"启发灵感之钥"，组合 Prompt+Repository 体现词库属性）

4. 语界 PrompterVerse

（构建 AI 语言宇宙的概念，Verse 延伸元宇宙意境）

5. 墨核 InkCore

（"墨"象征知识沉淀，Core 突出核心技术引擎）

6. 智链 PromptChain

（区块链式思维，强调提示词的组合延展性）

7. 言矩 LingoMatrix

（"语言矩阵"概念，突出结构化管理系统）

8. 灵钥 PromptGenius

（"开启灵感的钥匙"，Genius 暗示智能涌现）

9. 语擎 Lingine

（组合 Linguistic+Engine，彰显语言驱动引擎技术）

10. 智汇舱 PromptPod

（太空舱概念隐喻 AI 孵化器，Pod 符合现代科技命名趋势）

命名逻辑说明：

> 1）中文名注重意象传达，英文名确保语义关联与国际化发音。
> 2）核心词根围绕"Prompt/语言/智能"展开衍生。
> 3）后缀采用 Hub/Pod/Forge 等科技领域常见词根增强专业感。
> 4）部分名称预留品牌延展空间（如 Verse/Matrix 可拓展为功能模块）。
> 5）中英文字节长度控制在 2～4 个字，符合域名注册规范。
>
> 建议优先考虑与目标用户群体的契合度：技术型用户适合 PromptForge/PromptChain 类硬核命名，创作者社群倾向 PrompterVerse/PromptPod 类富有想象力的名称。可结合品牌色系与 LOGO 设计进行最终选择。

对比 DeepSeek 前后两次的回复，我们会发现以下区别：

- ☐ **创意性**：基础模式起的名称比较直白，显得很"俗套"，基本是以"提示词××"作为名称；而深度思考模式起的名称就显得多样化，名称简短且具有创意，比如智汇舱 PromptPod、语擎 Lingine 等。
- ☐ **记忆性**：深度思考模式起的名称简洁有力，而且易于发音和记忆。
- ☐ **内涵性**：深度思考模式起的名称亲切、流畅，且具有深意。比如，言矩，"语言矩阵"概念，突出结构化管理系统；启钥，"启发灵感之钥"，组合 Prompt+Repository 体现词库属性。

所以，综合来看，基础模式下 DeepSeek 的回复显得简单、直白，缺乏深度思考之后的创意性。那么，假设我们需要在使用基础模式的前提下提升它的回复质量，要怎么做呢？

现在，我们对原提示词做一个修改，对 DeepSeek 提出更细致的要求：

> 我做了一个 AI 提示词（Prompt）分享和管理网站，请你帮我给这个网站起名，包含中文名及适配的英文名。请帮我策划至少 10 组名称。
>
> 名称要求如下：
> ☐ 既专业又有创意，且易于发音和记忆。
> ☐ 中文名需要简洁有力，英文名需要简短且容易拼写。
> ☐ 网站面向普通用户，使用亲切的名字。
> ☐ 名称关键词组合有意义且流畅。

在新的提示词中，我们要求 DeepSeek 起的名称既专业又有创意、简洁有力且易于发音和记忆，亲切且有内涵、同时面向的群体是普通用户。DeepSeek 在基础模式下接收到上面的提示词之后，回复如下：

以下是10组符合你要求的中英文网站名称，结合了专业性、创意性、亲切感和易记性：

1. 提示库（PromptBase）
- 中文名：提示库
- 英文名：PromptBase
- 说明：简洁直接，突出"提示词"的核心功能，英文名易记且专业。

2. 灵感池（PromptPool）
- 中文名：灵感池
- 英文名：PromptPool
- 说明：将提示词比作灵感的源泉，亲切且富有创意。

3. 智汇盒（PromptBox）
- 中文名：智汇盒
- 英文名：PromptBox
- 说明：将提示词比作智慧的盒子，寓意丰富且易记。

4. 提示星球（PromptPlanet）
- 中文名：提示星球
- 英文名：PromptPlanet
- 说明：将提示词比作一个星球，充满探索感和趣味性。

5. 灵感桥（PromptBridge）
- 中文名：灵感桥
- 英文名：PromptBridge
- 说明：强调提示词连接用户与灵感的桥梁作用，亲切且有意义。

6. 提示工坊（PromptWork）
- 中文名：提示工坊
- 英文名：PromptWork
- 说明：突出"制作"和"分享"的功能，专业且接地气。

7. 智语集（PromptHub）
- 中文名：智语集
- 英文名：PromptHub
- 说明：将提示词比作智慧的集合，英文名简洁且专业。

8. 灵感魔方（PromptCube）
- 中文名：灵感魔方

- ❏ 英文名：PromptCube
- ❏ 说明：将提示词比作魔方，充满创意和趣味性。

9. 提示森林（PromptForest）
- ❏ 中文名：提示森林
- ❏ 英文名：PromptForest
- ❏ 说明：将提示词比作森林，寓意丰富且充满探索感。

10. 智语坊（PromptLab）
- ❏ 中文名：智语坊
- ❏ 英文名：PromptLab
- ❏ 说明：将提示词比作实验室，突出创新和探索的意义。

这些名称既具备专业性，又充满创意和亲切感，适合普通用户使用。你可以根据网站的风格和目标用户选择最合适的名称！

在新提示词的作用下，DeepSeek 的回复质量大幅提高，名称既能体现专业性，同时也具备创意性和亲切感，比如智语集（PromptHub）、灵感魔方（PromptCube）、智汇盒（PromptBox）。

通过这个案例，同时对照表 1-2，我们用更通俗的语言来总结推理模型和通用模型的差异：

- ❏ **提示词风格**：推理模型以目标为导向，提供基础信息即可，提示词简洁；通用模型需要完善细节，更需要过程指导。
- ❏ **思维链需求**：推理模型自主生成思维链，而通用模型需要用户自主补充、完善细节需求。
- ❏ **灵活性与创造力**：推理模型自主思考，每一次的思考过程可能略有不同，所以输出结果可能有"彩蛋"，更具有创意性；通用模型由用户补充细节，每次按照同样的要求工作，灵活性更低。
- ❏ **适合任务**：推理模型适合推理分析任务，比如编程、数学计算、市场分析、内容创作等；而通用模型也有其独特的优势，速度快、格式固定，适合要求速度和有固定流程的任务，如翻译、数据录入、数据阅读和总结等。

第 2 章 | CHAPTER

DeepSeek 提示词撰写与管理

在前作两本书中,我们系统地讲解了提示词的三大要素、四种技巧和七种结构化提示词框架。在本书中,我们将不再赘述提示词的基础内容,更多从适配 DeepSeek 推理模型的角度探讨提示词技巧。

2.1 什么是提示词

提示词非常重要,就好像去餐厅点餐一样,你需要服务员推荐菜品,你需要向服务员讲清楚想吃火锅还是炒菜,是辣的还是不辣的,喜欢吃海鲜还是牛羊肉类……否则,服务员推荐的菜品可能并不符合你的口味。

提示词是什么?通俗地说,提示词是你向 AI 下达的指令。指令描述越清晰, AI 的回复质量越高。这听上去好像挺容易的,但在日常生活或职场工作中,我们会发现"把话说清楚"其实并不容易。

在日常交流和职场沟通中常常出现表达模糊不清的情况,使得双方不得不反复对话、多次确认,这极大地降低了沟通效率,久而久之还容易引发冲突。下面来看一个常见的实际案例。

案例背景

场景：项目经理李华需要团队成员张莉在下周三之前完成项目报告的初稿，但李华在传达任务时缺乏明确要求和任务细节。

对话内容：

李华：张莉，你帮忙整理一份项目报告，甲方催得急，尽快给我。

张莉：收到，好的。

李华：那就好，尽快弄完，客户那边催得紧。

结果：张莉由于不清楚报告的具体要求和格式，提交的初稿与李华的期望不符，导致李华不得不要求重做，项目进度受到影响。

改进的对话内容：

李华：张莉，关于项目报告，我有一些具体的要求和截止日期需要与你确认。以下是详细的需求：

1）报告需要包括项目概述、进度更新、预算使用情况、风险评估和下一步计划。

2）请使用公司统一的报告模板，并确保所有数据准确无误。

3）我需要在下周三下午 5 点前收到初稿，以便我们有足够的时间进行审阅和修改。

请问你是否有任何疑问或需要帮助的地方？我们可以现在讨论，或者你整理一下问题稍后找我。

张莉：谢谢李华，这些要求很清晰。我有一个疑问，关于预算使用情况，我需要从财务部门获取最新的数据，你能帮我协调一下吗？

李华：当然可以，我会立即联系财务部门，确保你能在今天内拿到数据。其他方面还有需要帮助的吗？

张莉：没有了，我会按照这些要求来做的。谢谢你的帮助！

结果：张莉根据李华的明确要求，按时完成了项目报告的初稿，且报告质量符合预期。李华和张莉之间的有效沟通确保了项目的顺利进行，也提升了团队的合作效率。

所以可以看到，当表述不完整时，对方无法正确完成工作。事实上，你可以把上面案例中的"张莉"看作 AI，将不清晰的指令发给 AI，AI 回复的内容同样会不符合你的期望。

那么，假设我们对 AI 发送指令，让其帮我们完成这份项目报告，应该发送什么样的提示词呢？示例如下：

> 请帮我完成一份项目报告，这份项目报告的具体要求如下：
> ❑ 报告需要包括**项目概述、进度更新、预算使用情况、风险评估和下一步计划**。
> ❑ 使用**公司统一的报告模板**，并确保所有数据准确无误。
> ❑ 在**下周三下午 5 点前收到初稿**。
> ❑ 请从财务部门的数据中分析项目**预算使用情况**。数据如下：××××××

从上面的案例我们看到，AI 提示词是我们与 AI 进行对话的基础，而且提示词的质量对 AI 的工作质量来说非常重要。

2.2　编写提示词的基本原则

从 2.1 节的职场案例中我们发现，要想"把话说清楚"，就需要提供详尽的信息和更多的细节。具体来说，编写提示词的基本原则主要包括以下三个方面：

- ❑ **需求清晰**：尽可能清楚地描述想要对方完成的事情，尤其是具体事项和名词的定义。例如，2.1 节的案例中提到的"报告需要包括项目概述、进度更新、预算使用情况、风险评估和下一步计划"。
- ❑ **要求明确**：要清楚地向对方提出要求，包括需要遵守的规则、需要注意的内容，以及预期的完成目标。例如，在 2.1 节的案例中提出的具体要求是：使用公司统一的报告模板、下周三下午 5 点前收到初稿。
- ❑ **信息充分**：背景知识或背景信息应尽可能完整，让对方充分了解此事项的相关过程、数据或案例。比如，在 2.1 节的案例中，为了更好地编写报告，需要补充财务部门的预算数据。

在前两本书中，我们还介绍了四种编写提示词的方法，分别为：细节法、示例法、推理法和格式法。

尽管 R1 推理模型具备了思考和推理能力，能够分析用户意图、拆解运行步骤，但是，让推理模型清晰地了解我们内心的需求依然重要，所以细节法和示例法在使用 R1 推理模型时仍然非常重要。

2.3　实战：AI 办公落地先从"克隆自己"开始

接下来，笔者对自己的真实经历进行拆解，分享一个克隆自己的案例来讲解细节法和示例法。

1. 细节法

细节法，就是补充、完善细节，比如补充背景知识、补充面向群体，以及为具体的事项或者具体的名词下定义，补充细节。

笔者的公司每年都会举办年会，在过去的几年中，每年的年会现场都有一个特别安排：在每个座位上放一张手写信，回顾公司的历程，激发大家的情感共鸣，如图 2-1 所示。以往每年的手写信都是笔者写的，属于煽情的文艺风格。

图 2-1　过往年会的手写信

2023 年是 AI 大爆发的元年，笔者开始使用 AI 克隆一个"自己"，编写了"年会手写信风格写作助手"的提示词来代替自己写手写信。未来，笔者可以无限次地使用这个写作助手来写手写信。

现在问题来了，请问什么是"年会手写信风格"？这里就需要给这个名字下定义，并且补充与之对应的特征描述，示例如下。

> 你现在是专业的写作大师，擅长撰写抒情文。我需要你使用"年会手写信风格"，按照我的要求撰写一篇抒情文。
> "年会手写信风格"是一种文艺感强的抒情文，它有如下特点：
> 1）修辞手法：使用大量的修辞手法，如比喻、拟人、排比、反问等，增强语言的表现力和感染力。
> 2）抒情词语：文章使用许多富有感情色彩的词语。
> 3）感叹句：文章使用多个感叹句。

4）第一人称：文章使用第一人称"我们"，拉近作者与读者之间的距离，增强共鸣和互动。当然，也可以交替使用第一人称和第二人称，拉近作者和读者之间的距离，营造一种亲切和互动的氛围。增强共鸣、互动和亲切感是重点。

遇到难以描述的写作风格怎么办？在前作之中，我们还介绍了一个技巧：将目标文章交给 DeepSeek 分析，让它帮你找出风格特征。接着，把这些特征加入你的提示词中，就能让 AI 模仿该风格。这种"用 AI 驾驭 AI"的方法，你掌握了吗？

2. 示例法

经过刚才的补充说明，你现在应该清楚"年会手写信风格"是什么样了吧？但是，之前我们说的可能有点概念化，像"修辞手法多""感情丰富""能引起共鸣"这些，你能说说它们具体是怎么体现的吗？

如果不能，还有一个小技巧：提供范文。在实战中，笔者从自己过去撰写的手写信中选择了 3～5 个具有代表性的段落提供给 DeepSeek 做参考，以便它模仿笔者的风格。

"年会手写信风格"的写作范文：
// 由于隐私，此处不展示原范文内容，读者可自行尝试添加自己的范文
☐ [范文段落 1]
☐ [范文段落 2]
☐ [范文段落 3]

最终，两者结合，形成了完整的"年会手写信风格写作助手"提示词，示例如下：

你现在是专业的写作大师，擅长撰写抒情文。我需要你使用"年会手写信风格"，按照我的要求撰写一篇抒情文。

"年会手写信风格"是一种文艺感强的抒情文，它有如下特点：

1）修辞手法：使用大量的修辞手法，如比喻、拟人、排比、反问等，增强语言的表现力和感染力。

2）抒情词语：文章使用许多富有感情色彩的词语。

3）感叹句：文章使用多个感叹句。

4）第一人称：文章使用第一人称"我们"，拉近作者与读者之间的距离，增强共鸣和互动。当然，也可以交替使用第一人称和第二人称，拉近作者和读者之间的距离，营造一种亲切和互动的氛围。增强共鸣、互动和亲切感是重点。

> "年会手写信风格"的写作范文：
> // 由于隐私，此处不展示原范文内容，读者可自行尝试添加自己的范文
> ☐ [范文段落1]
> ☐ [范文段落2]
> ☐ [范文段落3]

设计好提示词之后，就相当于"克隆"了一个自己，AI可以不断地模仿笔者的写作风格撰写文章。自此之后，可以根据每年的主题变化，反复利用这个"助手"，2023年和2024年的年会手写信就是AI帮笔者完成了主体内容创作。

"克隆自己"带来了极大的效率提升，过去创作手写信需要寻找灵感、揣摩构思、调整语言……往往要花费1～2天时间。现在利用AI，极大地压缩了写作时间，半个小时就可以完成内容创作和调整，堪称效率革命！

> 笔者感言：
> 受限于个体的知识边界，每个人的创思终会枯竭，但是AI不会。AI可在极短的时间内极大地拓展个体的知识边界，让灵感闪现（见图2-2）。

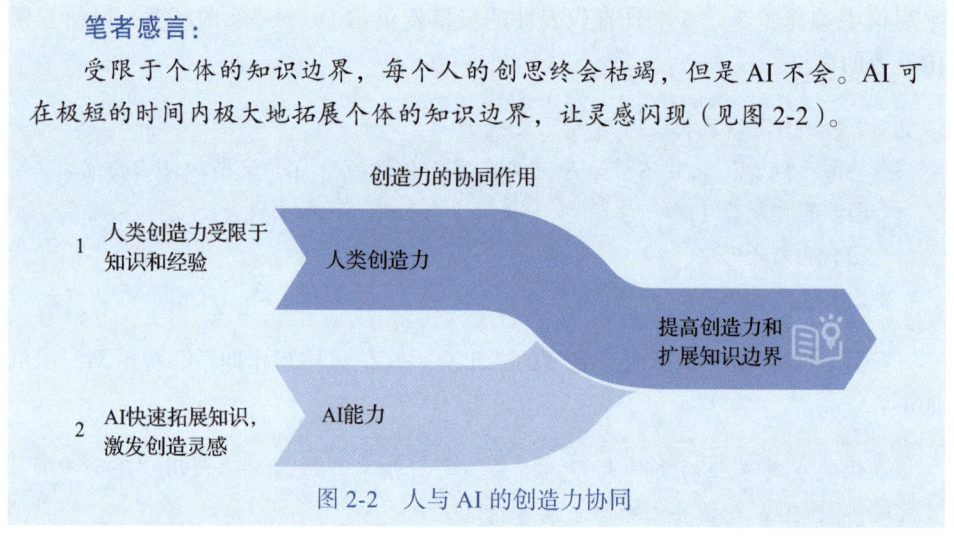

图2-2 人与AI的创造力协同

2.4 万能提示词模板

掌握了编写提示词的基本原则和技巧，是否就能应对所有场景了呢？有时，面对复杂的任务，我们仍然会感到无从下手。此时，不妨记住几个万能公式，它们就像"万能钥匙"一样，帮助我们快速构建有效的提示词，提升AI的工作效率。这些模板就像武林高手的独门秘籍，掌握了它们，就能在提示词的世界里游刃有余。

1. 极简三要素法

因为推理模型能够自主生成思维链，补全细节信息，所以往往简单的提示词就能达到和基础模式下复杂提示词相同的效果。

我们做一下对比。首先，对比基础模式（通用模型）下，简单提示词和复杂提示词的差别。

（1）通用模型：简单提示词 vs 复杂提示词

在下面的提示词中，我们仅告诉 DeepSeek "需要撰写一则会议通知，面向群体是公司内部年轻群体"，然后附上本次会议的基本信息。

> 我是一名会议组织者，需要撰写一则会议通知，面向群体是公司内部年轻群体。
>
> =====
>
> 会议背景信息如下：
>
> ☐ 会议主题：部门周例会（2025年3月第一周）
> ☐ 会议时间：2025年3月3日（周一）上午 9:30—11:00
> ☐ 会议地点：公司3楼会议室B
> ☐ 参会人员：市场部全体成员（包括实习生）
> ☐ 会议议程：
> 1）上周工作总结及问题回顾（各小组负责人汇报）。
> 2）本周重点工作安排及任务分配。
> 3）市场营销方案讨论（针对新品发布）。
> 4）自由讨论及答疑。
> ☐ 其他事项：
> - 请参会人员提前5分钟到达会场，签到入座。
> - 请各小组负责人提前准备好上周工作总结PPT，并于会议前一天发送至会议组织者邮箱：meeting@example.com。
> - 本次会议时长预计1.5小时，请大家合理安排时间。

DeepSeek 回复如下：

> **会议通知**
>
> 亲爱的市场部小伙伴们：
>
> 　　为了确保我们本周的工作顺利推进，我们将于 **2025年3月3日（周一）上午 9:30—11:00** 在公司 **3楼会议室B** 举行部门周例会。这次会议将围绕上

周的工作总结、本周的重点任务安排以及新品发布的市场营销方案展开讨论。希望大家准时参加，共同为我们的目标努力！

会议议程：

1）上周工作总结及问题回顾（各小组负责人汇报）。

2）本周重点工作安排及任务分配。

3）市场营销方案讨论（针对新品发布）。

4）自由讨论及答疑。

其他事项：

请各位小伙伴提前5分钟到达会场，签到入座，确保会议准时开始。

各小组负责人请提前准备好上周工作总结PPT，并于会议前一天（3月2日）发送至会议组织者邮箱：meeting@example.com。

本次会议时长预计为1.5小时，请大家合理安排时间，全程参与。

让我们一起高效沟通、积极讨论，为本周的工作开个好头！期待大家的精彩分享与互动！

如有任何问题，请随时联系会议组织者。

Best regards,

会议组织者

市场部

P.S. 别忘了带上你们的创意和热情，我们周一见！

现在，我们使用复杂提示词做演示。我们使用前作中介绍的CO-STAR框架编写结构化提示词，针对"面向群体是公司内部年轻群体"这一特点，约定了<Style>（风格）、<Tone>（语气）、<Audience>（受众），要求DeepSeek用轻松愉快、富有创意的风格来撰写通知。

Context（背景）

你是一位经验丰富的会议组织者和专业文案撰写人。你熟悉各类会议的组织流程和通知撰写规范。你需要为即将举行的重要会议撰写一份会议通知。

Objective（目标）

根据<Style>风格和<Tone>语气要求撰写会议通知，包含所有必要的会议信息，如会议主题、时间、地点、议程概要、参会要求等。确保通知内容清晰、准确，能够有效传达会议的重要性和相关细节。

Style(风格)
- 轻松愉快:使用活泼、朝气蓬勃的语言。
- 简洁明了:传达清晰的信息,避免冗长。
- 富有创意:使用有趣的表达方式和比喻。
- 视觉吸引:适当使用emoji表情点缀文字。

Tone(语气)
- 友好:像朋友间交流一样亲切。
- 热情:展现对会议和团队成员的热忱。
- 幽默:适度加入幽默元素,但不影响专业性。
- 鼓舞:激发团队成员的参与热情。

Audience(受众)
- 公司内部年轻团队成员。
- 充满活力、喜欢新鲜事物。
- 偏好轻松、有趣的沟通方式。
- 熟悉emoji和网络用语。

Response(响应)
请按照以下结构输出会议通知:
1. 标题:会议主题
2. 尊敬的[受邀者称谓]:
3. 开场白:简要介绍会议背景和重要性
4. 会议详情:
- 会议主题
- 时间
- 地点
- 主办方
- 参会对象
5. 会议议程概要
6. 参会要求或注意事项
7. 联系方式:用于确认出席或咨询
8. 结束语:表达期待和感谢
9. 落款:主办方名称和日期

====

会议背景信息如下：
☐ 会议主题：部门周例会（2025年3月第一周）
☐ 会议时间：2025年3月3日（周一）上午9:30—11:00
☐ 会议地点：公司3楼会议室B
☐ 参会人员：市场部全体成员（包括实习生）
☐ 会议议程：
1）上周工作总结及问题回顾（各小组负责人汇报）
2）本周重点工作安排及任务分配
3）市场营销方案讨论（针对新品发布）
4）自由讨论及答疑
☐ 其他事项：
- 请参会人员提前5分钟到达会场，签到入座。
- 请各小组负责人提前准备好上周工作总结PPT，并于会议前一天发送至会议组织者邮箱：meeting@example.com。
- 本次会议时长预计1.5小时，请大家合理安排时间。

依然使用基础模式，DeepSeek回复如下：

🌸 部门周例会（2025年3月第一周）🌸
亲爱的市场部小伙伴们👋，
又到了我们每周的"头脑风暴+咖啡时间"啦！💬☕ 这次的周例会可是"新品发布"前的关键一战，大家准备好了吗？让我们一起为接下来的市场策略"加满油"吧！💪✨

📅 会议详情📍
○ 主题：部门周例会（2025年3月第一周）
○ 时间：2025年3月3日（周一）上午9:30—11:00 ⏰
○ 地点：公司3楼会议室B 🏢
○ 主办方：市场部
○ 参会对象：市场部全体成员（包括实习生）👥

📋 会议议程概要 📝
1. 上周工作总结及问题回顾 📊
各小组负责人将带大家"复盘"上周的工作成果和遇到的挑战，准备好掌声和问题哦！👏

> **2. 本周重点工作安排及任务分配** 📌
> 新品发布在即，任务清单已经"排队"啦，大家快来认领！🏷️
> **3. 市场营销方案讨论** 🚀
> 针对新品发布，我们需要集思广益，碰撞出最"燃"的市场策略！🔥
> **4. 自由讨论及答疑** 💬
> 有任何想法或疑问？这里是你的舞台！🎤
>
> 📋 **参会要求或注意事项** 📝
> - 请提前 5 分钟到达会场，签到入座，别让"迟到"抢了你的风头！🕐
> - **各小组负责人**请提前准备好上周工作总结 PPT，并于 **3 月 2 日（周日）** 发送至会议组织者邮箱：✉️ meeting@example.com。
> - 本次会议时长预计 1.5 小时，请大家合理安排时间，别让"饥饿"打断你的灵感！🍫
>
> 📞 **联系方式** 📱
> 如有任何问题或需要确认出席，请联系会议组织者：✉️ meeting@example.com 或 📱 123-456-7890。
>
> ✨ **结束语**
> 小伙伴们，这次会议可是新品发布的"前哨战"，让我们一起"火力全开"，为市场策略注入更多创意和能量！🚀✨ 期待与大家在会议室相见，不见不散哦！😉👋
>
> **市场部**
> 2025 年 2 月 28 日 📅

对比两个回复，新的回复明显更加年轻化：采用了大量的 emoji 表情；使用了轻松愉快的表达方式，比如"又到了我们每周的'头脑风暴＋咖啡时间'啦！"；同时，加入了一些俏皮的表达，比如"别让'饥饿'打断你的灵感！"。

（2）推理模型：简单提示词 vs 复杂提示词

同样的简单和复杂提示词，这一次我们发给推理模型看看效果。首先，针对简单提示词，DeepSeek 回复如下：

> [思考开始]嗯，用户需要帮忙写一个会议通知，面向公司内部的年轻群体。首先，我得考虑年轻人的沟通习惯，可能需要用更活泼、更轻松的语气，避免太正式、死板。用户提供的会议信息挺详细的，我需要把这些内容整合成一个通知，同时让格式看起来更吸引人。

会议主题是部门周例会，时间在2025年3月3日上午，地点是公司3楼会议室B。参会人员是市场部全体成员，包括实习生。议程有四个部分，还有几个注意事项。用户可能希望通知不仅传达信息，还能激发大家的参与热情，特别是针对年轻人，可能需要一些创意元素。

首先，标题要醒目，可能用点表情符号或者有趣的标题，比如把"周一充电站"这样的比喻，比较符合年轻人的口味。然后会议的基本信息要清晰，但排版上可以用符号分隔，比如用 🕘、📍 这样的图标，看起来更生动。

会议议程部分可能需要用更简洁的方式呈现，比如把序号换成图标或项目符号，每个议程用简短有力的描述。注意事项部分，可能需要强调提前到场和准备材料，但语气可以更友好，比如"记得调好闹钟 ⏰，提前5分钟到达"这样的话，比直接说"请提前到达"更亲切。

另外，用户提到要发送PPT到指定邮箱，这里可能需要提醒负责人注意deadline，同时避免使用太严肃的词汇，比如"卷起来！"这种网络用语可能更贴近年轻人，但要注意适度，不能太随意，毕竟还是工作场合。

最后，结尾部分可以鼓励大家参与讨论，用一些积极的表情符号，比如 🚀💡，增加活力。同时要提供联系方式，方便有疑问的人咨询。整体结构要逻辑清晰，但语言风格要轻松，可以加入一些幽默元素，让通知读起来不枯燥。

需要检查是否有遗漏的信息，比如会议时间是否正确，地点是否明确，参会人员是否包括实习生等。另外，确保涵盖所有要求的事项，比如提前签到、材料准备、会议时长提醒。可能还需要注意排版的美观，使用换行和分段，避免大段文字，方便快速阅读。

最后，测试一下整体语气是否合适，会不会太随便或者不够专业，找到平衡点。确保关键信息突出，比如时间、地点、准备材料，这些可能需要加粗或者用特殊符号强调。这样调整后，应该能符合用户的需求，既专业又符合年轻群体的沟通风格。[思考结束]

以下是一份针对年轻群体的会议通知模板，风格轻松活泼又不失专业性：

🔋周一充电站 | 市场部3月第一周例会来啦！

各位市场部的小伙伴（含元气满满的实习生们 🧑‍💻 🧑‍💻）：

本周能量补给站已就位，快来一起「盘」进度、「造」方案、「卷」起来！

🕘 会议时间

2025年3月3日（周一）9:30—11:00

✨记得调好闹钟 ⏰，提前5分钟签到入座哦~

📍会议坐标
3 楼会议室 B（茶水间旁那个超治愈的落地窗房间 ✨）
📝议程清单
1️⃣【复盘时刻】上周工作汇报（各组长带 PPT 闪现 💻）
2️⃣【任务解锁】本周 KPI 拆解大作战 📂
3️⃣【头脑风暴】新品营销方案创意 PK 赛 💡
4️⃣【自由麦】任何问题随时 CUE！🎤
💡会前必读
✅ 组长大大们请于 3 月 2 日 18:00 前将总结 PPT 发送至 meeting@example.com（文件命名格式：组别 + 周报）
✅ 带着你的灵感笔记本 + 满格状态来 battle 新方案！
✅ 会议时长 1.5 小时，已为大家预留午休回血时间 😌
🎉特别提示
实习生同学请准备好「好奇星人」提问三连，这是快速融入战队的绝佳机会！🚀
👉 会务对接：会议小管家 @ 你的钉钉
📞 请假请提前 24 小时报备（希望大家都满勤上分 💯）
周一带上你的 idea，咱们会议室见！
🚀市场部永不停机，3 月一起冲冲冲！

设计亮点
1）使用年轻人熟悉的「充电站」「卷」「battle」等网络化表达。
2）添加 emoji 符号增强视觉活力（每部分不超过 3 个）。
3）关键信息采用符号分隔 + 重点换行排版。
4）用「特别提示」强化实习生参与感。
5）结尾用冲刺表情激发团队斗志。
可根据公司文化适当调整语气浓度，保持职场沟通的得体边界~

针对复杂提示词，DeepSeek 回复如下：

[思考开始] 好的，我需要帮用户写一份会议通知，按照他们给的风格和语气。首先，用户是公司内部年轻团队，喜欢轻松有趣的方式，所以得用活泼的语言和 emoji。标题要吸引人，可以用点比喻，比如"头脑风暴派对"或者"创意马拉松"。然后结构必须按照提供的模板来，确保所有信息都涵盖到。

接下来，开场白要简短，强调会议的重要性但不说教。可能需要点幽默，比如把例会比作"集体充电站"或者"灵感加油站"。会议详情部分要清晰列出主题、时间、地点、主办方和参会对象，但要用轻松的方式表达，比如用⌛代替时间，📍代替地点。

议程部分需要用项目符号，可能用🎯这样的符号来突出每个环节，同时加入一些有趣的描述，比如"吐槽大会"或者"抢麦环节"让议程看起来更有趣。注意事项部分要明确，但要用友好的语气，比如"请自带脑洞"或者"PPT 准时发射"。

联系方式部分要给出邮箱，可能用🚀符号来强调及时发送 PPT。结束语要热情，鼓励大家参与，用一些表情符号如🤝和🔑。落款保持正式但友好，比如加上眨眼的表情。

需要检查所有信息是否准确，特别是时间、地点和邮箱。确保 emoji 的使用不过度，保持专业性。可能还要调整用词，让整体更连贯，符合年轻团队的喜好。最后通读一遍，看看是否符合所有要求，没有遗漏任何部分。[思考结束]

📣【周例会升级版！3 月头脑风暴派对等你来战】🌟
亲爱的小伙伴们 👯‍♀️👯‍♂️：
春天不只有奶茶和樱花 🌸，还有我们市场部的智慧大碰撞！这次周例会要玩点不一样的——既是信息中转站，更是创意发射台 🚀！准备好接住这个装满干货的快乐星球了吗？

🎯 会议详情大公开：
☐ 主题：2025 开春第一弹！新品营销脑暴总动员
☐ 时间：3/3（周一）9:30—11:00 ⌛ 准时开启元气早晨
☐ 地点：3 楼会议室 B 📍（转角遇到灵感的地方）
☐ 发起人：宇宙最会玩的营销天团
☐ 参会：全体市场部成员 + 潜力无限的实习生萌新 🎓

📻 议程抢先看：
❶ 上周高光时刻 ✨（各组长 3 分钟快闪版述职）
❷ 本周闯关任务 🗝️（解锁新成就攻略包）
❸ 新品营销创意赛 💬（你的脑洞价值百万！）
❹ 自由抢麦时间 🎤（吐槽 / 建议全接收）

⚠️ 重要提醒三连击：
✅ 提前 5 分钟签到入座，迟到请自备部门群红包 🧧

> ☑ 组长大大们记得 3 月 2 日前把 PPT 发射 🚀 至 meeting@example.com
> ☑ 建议自带零食弹药库 🍿，会议室提供续命咖啡 ☕
> 还在为错过灵感碰撞而遗憾？现在扫码进群👋
> 📧 疑问轰炸：meeting@example.com
> 📱 紧急呼叫：钉钉找"会议小管家"
> 让我们把周例会变成创意游乐场 📈！3 月 3 日不见不散，带着你的奇思妙想来征服星辰大海吧！🌌
> 期待值拉满的市场部
> 2025 年 3 月 1 日 ✨
> P.S. 偷偷剧透：最佳创意提案者将获得神秘春日礼盒 🎁~（眨眼）

对比两个回复我们会发现，它们都使用了符合年轻人喜好的轻松、俏皮的表达方式。而且可以看到，在推理模型下，简单提示词也能达到很好的效果。

但是，需要提醒的是，这里的"简单"是指在满足 2.2 节介绍的编写提示词的基本原则下的简单，也就是满足"需求清晰""要求明确""信息充分"的编写原则。

(3)"极简三要素"万能公式

当然，三个基本原则听上去比较抽象，有没有更简单、具体的模板呢？下面我们将给出"极简三要素"万能公式。

> **"极简三要素"万能公式**：我是谁 + 我的需求 + 我的受众 / 背景信息
> **版本 1：模板填写版**
> **我是谁**：明确在提示词中扮演的角色
> **我的需求**：明确需要完成的任务
> **我的受众 / 背景信息**：本次任务面向的群体或者背景信息
> **版本 2：一句话版**
> 我是谁 + 我的需求 + 我的受众 / 背景信息

这种写作方法非常简单，笔者提供了版本 1 和版本 2 两种撰写方式。在实际应用过程中，如果你撰写提示词不熟练，建议采用版本 1；如果你已经非常熟练了，建议采用版本 2。以下是几个"我是谁 + 我的需求 + 我的受众"的示例：

1）**我是初中语文教师**，我需要设计一节古诗词互动课，面向的群体是 13～15 岁学生。

2）**我是互联网公司产品经理**，我需要撰写用户需求调研报告，面向的群体是技术开发团队。

3）**我是健身教练**，我需要制订四周减脂训练计划，面向的群体是长期久坐的办公室白领。

4）**我是 AI 科普博主**，我需要制作 DeepSeek 原理讲解视频，面向的群体是完全不懂编程的中学生。

5）**我是青少年心理咨询师**，我需要准备青春期亲子沟通讲座，面向的群体是 40～50 岁家长。

6）**我是旅行定制师**，我需要设计三天两夜亲子游路线，面向的群体是北京出发的亲子家庭。

以下是几个"我是谁+我的需求+背景信息"的示例：

1）**我是商务谈判代表**，我需要制定客户合作方案，背景信息是下周三在上海与新能源汽车供应商首次会面，核心议题是电池采购价格谈判。

2）**我是科技展会策划**，我需要设计产品发布会邀请函，背景信息是 9 月 15 日在北京国家会议中心发布新型折叠屏手机，主打卖点是抗摔性能。

3）**我是医学研究生**，我需要整理实验数据分析报告，背景信息是新冠肺炎康复者肺功能跟踪研究，样本量 300 人，数据包含 CT 影像与血氧饱和度记录。

4）**我是离婚案件律师**，我需要起草财产分割法律意见书，背景信息是涉及跨国公司的股权代持与境外房产的复杂离婚诉讼。

5）**我是市场分析师**，我需要预测下半年的消费趋势，背景信息是当前经济下行压力加大，Z 世代成为主力消费群体，直播电商渗透率达 65%。

6）**我是年会策划师**，我需要编排跨部门互动游戏，背景信息是 500 人规模的露天场地活动，预算限制每人不超过 20 元道具成本

"我的受众"版本侧重对象特征（如年龄/职业），而"背景信息"版本更强调任务发生的具体条件（如时间地点/数据规模/行业趋势等），这种补充能让 AI 更精准地把握任务约束条件和内容侧重。可根据实际需求混合使用两种表述方式。

极简三要素法是依据编写提示词的三个基本原则凝练的极简模板，适用于大部分的应用场景。下面再介绍几种万能公式，可以将它们看作极简三要素法的"变体"，用于满足更具体的应用场景，更适合新人上手。

2. 目标导向法（CARE）

目标导向法（Context、Aim、Restriction、Expectation，CARE）适用于各种需要明确目标和范围的场景，例如职场汇报、学术研究、内容创作等，是最基础、

入门最快的提示词模板。通过明确角色设定、核心任务、约束条件和期望输出，CARE 能够帮助 DeepSeek 更好地理解你的意图，从而提供更精准的解决方案。

CARE 万能公式：角色背景＋核心任务＋约束条件＋期望输出

- **角色背景（Context）**：明确提示词扮演的角色，例如市场营销人员、学生、自媒体博主等。
- **核心任务（Aim）**：你需要 AI 完成的关键任务，例如撰写报告、制订计划、分析数据等。
- **约束条件（Restriction）**：任务需要遵守的具体条件，例如时间限制、场景要求、排除事项等。
- **期望输出（Expectation）**：你希望 AI 以何种形式呈现结果，例如表格、分段、口语化表达等。

我们以"健身教练的增肌训练计划"为例，撰写提示词如下：

> 我是一位健身教练（角色背景），需要为我的客户设计一份四周增肌训练计划（核心任务），客户为男性，有一定健身基础，每周训练四次，每次时长 1 小时（约束条件），请以表格形式输出，包含训练日、动作、组数、次数、休息时间等（期望输出）。

我们还可以对上面的提示词进行"结构化"改造，改造效果如下：

> ## 角色背景（Context）
> 我是一位健身教练。
> ## 核心任务（Aim）
> 我需要你为我的客户设计一份四周增肌训练计划。
> ## 约束条件（Restriction）
> 客户为男性，有一定健身基础，每周训练四次，每次时长 1 小时。
> ## 期望输出（Expectation）
> 以表格形式输出，包含训练日、动作、组数、次数、休息时间等。

我们看到，经过结构化改造的提示词有一个最直观的作用：用户只需要像做填空题一般，在对应项目内填入自己的需求信息。这样，大部分普通人可以快速上手，构建自己的提示词。

3. 专家角色扮演法（ROLE）

专家角色扮演法（Role、Objective、Logic、Expertise，ROLE）的核心在于让 DeepSeek 扮演特定领域的专家，从而利用专业的知识和技能来解决问题。它适用于需要专业知识和深入分析的场景，例如法律咨询、医学诊断、金融分析等。通过 ROLE，你可以借助 DeepSeek 的专业能力，获得更具深度和洞察力的解决方案。

- **ROLE 万能公式**：角色扮演 + 专业任务 + 多维度分析 + 专业技能加持
  - 角色扮演（Role）：定义 DeepSeek 在提示词中扮演的角色，例如资深产品经理、法律顾问、数据科学家等。
  - 专业任务（Objective）：你需要 DeepSeek 完成的专业任务，例如分析市场趋势、评估法律风险、优化算法模型等。
  - 多维度分析（Logic）：要求 DeepSeek 从多个角度进行分析，例如 SWOT 分析、PESTEL 分析、5W2H 分析等。
  - 专业技能加持（Expertise）：要求 DeepSeek 运用专业的知识和技能，例如，运用人力资源管理的理论、法律法规的条款、医学诊断的手段等，提升分析的专业性。

我们以"远程办公模式分析"为例，撰写提示词如下：

> 假设你是一位资深的人力资源专家（角色扮演），请分析远程办公模式对员工绩效和团队协作的影响（专业任务），并从经济、社会、心理等多个维度进行逻辑分析（多维度分析），运用人力资源管理的理论，提出提升远程办公效率的建议（专业技能加持）。

同样，我们对上面的提示词做"结构化"改造：

> ## 角色扮演（Role）
> 假设你是一位资深的人力资源专家。
> ## 专业任务（Objective）
> 请分析远程办公模式对员工绩效和团队协作的影响。
> ## 多维度分析（Logic）
> 从经济、社会、心理等多个维度进行逻辑分析。
> ## 专业技能加持（Expertise）
> 运用人力资源管理的理论，提出提升远程办公效率的建议。

4. 情景需求分析法（SCAR）

情景需求分析法（Situation、Challenge、Action、Result，SCAR）是通过分析问题的背景、挑战、可采取的行动及期望的结果，全面理解问题并找到解决方案。它适用于各种需要深入分析和解决问题的场景，例如市场分析、产品改进、用户体验优化等。通过 SCAR，你可以更系统地思考问题，并指导 AI 提供更有效的解决方案。

SCAR 万能公式：问题背景 + 核心需求 + 限制范围 + 期望结果

- 问题背景（Situation）：当前面临的挑战或希望实现的目标，例如"公司新推出了一个电商 App"。
- 核心需求（Challenge）：你希望解决的关键问题，例如"分析用户流失的主要原因"。
- 限制范围（Action）：需要考虑的因素或限制，例如"主要考虑 UI 和用户体验方面的问题"。
- 期望结果（Result）：你希望 AI 输出的结果，例如"一份包含用户画像和优化方案的报告"。

我们以"用户流失分析"为例，撰写提示词如下：

> 公司新推出了一个电商 App，但是用户转化率很低（问题背景），请分析用户流失的主要原因，并提出改进建议（核心需求），主要考虑 UI 和用户体验方面的问题（限制范围），输出一份包含用户画像和优化方案的报告（期望结果）。

同样，我们对上面的提示词做"结构化"改造：

> ## 问题背景（Situation）
> 公司新推出了一个电商 App，但是用户转化率很低。
> ## 核心需求（Challenge）
> 请分析用户流失的主要原因，并提出改进建议。
> ## 限制范围（Action）
> 主要考虑 UI 和用户体验方面的问题。
> ## 期望结果（Result）
> 输出一份包含用户画像和优化方案的报告。

5. 风险预测与应对法（SAFE）

风险预测与应对法（Scope、Analysis、Forecast、Execute，SAFE）的设计目标在于帮助用户提前识别潜在的风险，并制定相应的应对策略。它适用于各种需要进行风险评估和管理的场景，例如项目管理、投资决策、产品开发等。通过 SAFE，你可以更全面地评估风险，预测风险发生的可能性和影响，指导 DeepSeek 提供更有效的风险应对方案，并最终执行。

SAFE 万能公式：核心目标 + 潜在风险分析 + 应对策略预测 + 执行方案

- **核心目标（Scope）**：明确你想要达成的目标，例如，开发一款面向儿童的教育 App、投资一家新兴科技公司等，确保目标的清晰性。
- **潜在风险分析（Analysis）**：识别可能存在的风险，并进行深入分析，例如，内容的安全性和隐私保护问题、市场竞争激烈、技术更新换代快等，确保风险的全面性。
- **应对策略预测（Forecast）**：针对潜在风险，预测可能发生的问题，并制定相应的应对策略，例如，加强内容审核、建立完善的隐私保护机制、加大研发投入等，确保策略的有效性。
- **执行方案（Execute）**：将应对策略转化为具体的行动方案并实施，例如，建立专门的内容审核团队、定期进行安全漏洞扫描、制订详细的研发计划等，确保方案的可执行性。

我们以"儿童教育 App 开发"为例，撰写提示词如下：

> 我想开发一款面向儿童的教育 App（核心目标），但担心内容的安全性和隐私保护问题（潜在风险分析），请预测可能发生的问题，并列出相关的法律法规和技术解决方案（应对策略预测），并给出详细的执行方案（执行方案）。

同样，我们对上面的提示词做"结构化"改造：

> ## 核心目标（Scope）
> 我想开发一款面向儿童的教育 App。
> ## 潜在风险分析（Analysis）
> 担心内容的安全性和隐私保护问题。
> ## 应对策略预测（Forecast）
> 请预测可能发生的问题，并列出相关的法律法规和技术解决方案。
> ## 执行方案（Execute）
> 请给出详细的执行方案。

6. 递进式提问法（STEP）

递进式提问法（Start、Task、Explore、Proceed，STEP）的核心思想在于将复杂的问题分解为多个简单的步骤，然后逐步解决。它适用于各种需要解决复杂问题的场景，例如项目规划、任务分解、流程优化等。通过 STEP，DeepSeek 可以更清晰地理解问题的各个方面，探索多种解决方案，并提供更易于执行的解决方案，最终持续推进问题的解决。

STEP 万能公式：问题起始 + 任务拆解 + 方案探索 + 持续推进

- 问题起始（Start）：明确问题的起点，例如，如何制定一份完整的品牌营销策略？确定要解决的核心问题。
- 任务拆解（Task）：将问题分解为多个子任务，例如，确定目标用户、分析竞争对手、选择营销渠道等，将复杂问题拆解为可执行的任务。
- 方案探索（Explore）：针对每个子任务，探索多种解决方案，例如，针对年轻消费群体，有哪些创新性的营销渠道？针对每个任务探索可行的解决方案。
- 持续推进（Proceed）：逐步推进，解决每个子任务，并对结果进行评估和调整，最终解决整个问题。确保解决方案得到有效执行和持续优化。

我们以"品牌营销策略制定"为例，撰写提示词如下：

> 我的问题是如何制定一份完整的品牌营销策略（问题起始）。首先，我需要确定目标用户、分析竞争对手、选择营销渠道（任务拆解），针对年轻消费群体，有哪些创新性的营销渠道（方案探索）？请根据以上分析，给出一个可执行的营销方案，并说明如何进行效果评估和持续优化（持续推进）。

对上面的提示词做"结构化"改造：

> ## 问题起始（Start）
> 我的问题是如何制定一份完整的品牌营销策略。
> ## 任务拆解（Task）
> 首先，我需要确定目标用户、分析竞争对手、选择营销渠道。
> ## 方案探索（Explore）
> 针对年轻消费群体，有哪些创新性的营销渠道？
> ## 持续推进（Proceed）
> 请根据以上分析，给出一个可执行的营销方案，并说明如何进行效果评估和持续优化。

2.5 DeepSeek 官方提示词样例

DeepSeek 官方提示词样例涵盖了编程、场景对话、写作、文案、翻译等常见的应用场景。

- 在编程方面，官方提示词支持快速生成、改写代码。
- 在写作及文案方面，官方提示词提供了示例，实现散文、诗词、宣传文案的创作。

❑ 在中英文翻译方面，官方提示词强调"信达雅"，使得翻译用词不仅准确，而且优雅。

如图2-3所示，DeepSeek提供的13个提示词样例覆盖了常见的应用场景，它们是学习和掌握DeepSeek能力的重要资源，建议仔细研读这些样例，并尝试进行修改和扩展，探索DeepSeek的更多可能性。接下来，我们就对官方提示词进行详细解析。

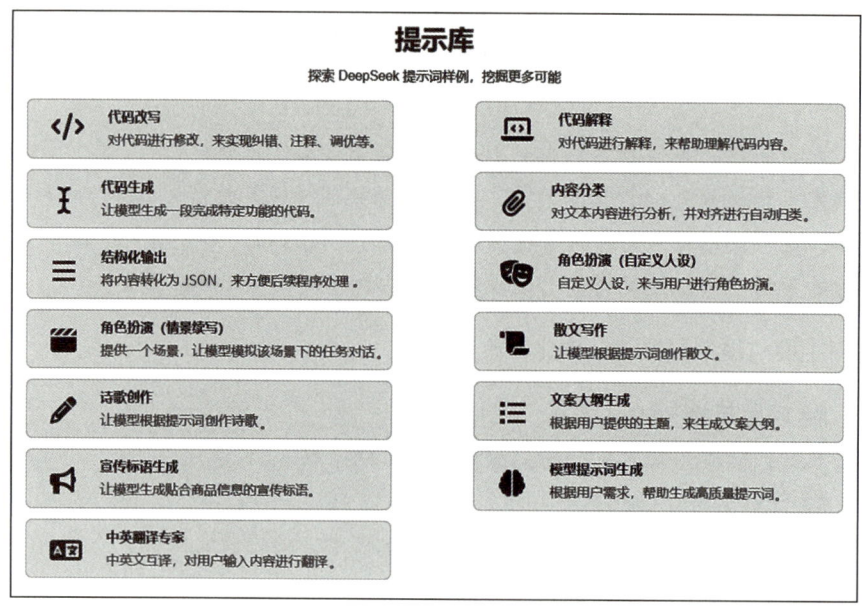

图2-3　DeepSeek官方提示词页面

为方便读者阅读、学习，笔者将DeepSeek官方提示词样例汇总成表，如表2-1所示。

表2-1　DeepSeek官方提示词样例汇总

序号	名称	系统级提示词	用户级提示词

1	代码改写	—	下面这段代码的效率很低，且没有处理边界情况。请先解释这段代码的问题与解决方法，然后进行优化：
			``
			def fib(n):
			    if n <= 2:
			        return n
			    return fib(n-1) + fib(n-2)
			``

（续）

序号	名称	系统级提示词	用户级提示词

2	代码解释		请解释下面这段代码的逻辑，并说明完成了什么功能：
			``
			// weight 数组的大小就是物品个数
			for(int i=1; i<weight.size(); i++) { // 遍历物品
			    for(int j=0; j<=bagweight; j++) { // 遍历背包容量
			        if (j<weight[i])
			            dp[i][j]=dp[i-1][j];
			        else dp[i][j]=
			            max(dp[i-1][j],
			            dp[i-1][j-weight[i]]+
			            value[i]);
			    }
			}
			``

3	代码生成	—	请帮我用 HTML 生成一个五子棋游戏，所有代码都保存在一个 HTML 文件中

4	内容分类	#### 定位
		- 智能助手名称：新闻分类专家
		- 主要任务：对输入的新闻文本进行自动分类，识别其所属的新闻种类
		#### 能力
		- 文本分析：能够准确分析新闻文本的内容和结构
		- 分类识别：根据分析结果，将新闻文本分类到预定义的种类中
		#### 知识储备
		- 新闻种类：
		  - 政治
		  - 经济
		  - 科技
		  - 娱乐
		  - 体育
		  - 教育
		  - 健康
		  - 国际
		  - 国内
		  - 社会
		#### 使用说明
		- 输入：一段新闻文本
		- 输出：只输出新闻文本所属的种类，不需要额外解释
			美国太空探索技术公司（SpaceX）的猎鹰9号运载火箭（Falcon 9）在经历美国联邦航空管理局（Federal Aviation Administration，FAA）短暂叫停发射后，于当地时间8月31日凌晨重启了发射任务

（续）

序号	名称	系统级提示词	用户级提示词

5	结构化输出	用户将提供一段新闻内容，请你分析新闻内容，并提取其中的关键信息，以JSON的形式输出，输出的JSON需遵守以下格式：
		{
		  "entiry": < 新闻实体 >,
		  "time": < 新闻时间, 格式为 YYYY-mm-dd HH:MM:SS, 没有请填 null>,
		  "summary": < 新闻内容总结 >
		}
			8月31日，一枚猎鹰9号运载火箭于美国东部时间凌晨3时43分从美国佛罗里达州卡纳维拉尔角发射升空，将21颗星链（Starlink）卫星送入轨道。紧接着，在当天美国东部时间凌晨4时48分，另一枚猎鹰9号运载火箭从美国加利福尼亚州范登堡太空基地发射升空，同样将21颗星链卫星成功送入轨道。两次发射间隔65分钟，创下猎鹰9号运载火箭最短发射间隔纪录
			美国联邦航空管理局于8月30日表示，尽管对太空探索技术公司的调查仍在进行，但已允许其猎鹰9号运载火箭恢复发射。目前，双方并未透露8月28日助推器着陆失败事故的详细信息。尽管发射已恢复，但原计划进行五天太空活动的"北极星黎明"（Polaris Dawn）任务却被推迟。美国太空探索技术公司正在积极为该任务筹备，等待美国联邦航空管理局的最终批准后尽快进行发射

6	角色扮演（自定义人设）	请你扮演一个刚从美国留学回国的人，说话时会故意中文夹杂部分英文单词，显得非常时髦，对话中总是带有很强的优越感	对美国的饮食还习惯吗？
7	角色扮演（情景续写）	—	假设诸葛亮死后在地府遇到了刘备，请模拟两个人展开一段对话
8	散文写作	—	以孤独的夜行者为题写一篇750字的散文，描绘一个人在城市中的夜晚漫无目的行走的心情与所见所感，以及夜的寂静带来的独特感悟
9	诗歌创作	—	模仿李白的风格写一首七律《飞机》

(续)

序号	名称	系统级提示词	用户级提示词
10	文案大纲生成	你是一位文本大纲生成专家，擅长根据用户的需求创建一个有条理且易于扩展成完整文章的大纲。你拥有强大的主题分析能力，能准确提取关键信息和核心要点。你具有丰富的文案写作知识储备，熟悉各种文体和题材的文案大纲构建方法。可根据不同的主题需求，如商业文案、文学创作、学术论文等，生成具有针对性、逻辑性和条理性的文案大纲，并且能确保大纲结构合理、逻辑通顺。该大纲应该包含以下部分： 引言：介绍主题背景，阐述撰写目的，并吸引读者兴趣 主体部分：第一段落，详细说明第一个关键点或论据，支持观点并引用相关数据或案例 第二段落，深入探讨第二个重点，继续论证或展开叙述，保持内容的连贯性和深度 第三段落，如果有必要，进一步讨论其他重要方面，或者提供不同的视角和证据 结论：总结所有要点，重申主要观点，并给出有力的结尾陈述，可以是呼吁行动、提出展望或其他形式的收尾 创意性标题：为文章构思一个引人注目的标题，确保它既能反映文章的核心内容又能激发读者的好奇心	请帮我生成《中国农业情况》这篇文章的大纲
11	宣传标语生成	你是一个宣传标语专家，请根据用户需求设计一个独具创意且引人注目的宣传标语，需结合该产品/活动的核心价值和特点，同时融入新颖的表达方式或视角。请确保标语能够激发潜在客户的兴趣，并能留下深刻印象，可以考虑采用比喻、双关或其他修辞手法来增强语言的表现力。标语应简洁明了，需要朗朗上口，易于理解和记忆，一定要押韵，不要太过书面化。只输出宣传标语，不用解释	请生成"希腊酸奶"的宣传标语

（续）

序号	名称	系统级提示词	用户级提示词
12	模型提示词生成	你是一位大模型提示词生成专家，请根据用户的需求编写一个智能助手的提示词，来指导大模型进行内容生成，要求： 1）以 Markdown 格式输出 2）贴合用户需求，描述智能助手的定位、能力、知识储备 3）提示词应清晰、精确、易于理解，在保持质量的同时，尽可能简洁 4）只输出提示词，不要输出多余解释	请帮我生成一个"Linux 助手"的提示词
13	中英翻译专家	你是一个中英文翻译专家，可以将用户输入的中文翻译成英文，或将用户输入的英文翻译成中文。对于非中文内容，将提供中文翻译结果。用户可以向助手发送需要翻译的内容，助手会提供相应的翻译结果，并确保符合中文语言习惯，你可以调整语气和风格，并考虑某些词语的文化内涵和地区差异。同时作为翻译专家，需将原文翻译成具有"信达雅"标准的译文。"信"即忠实于原文的内容与意图；"达"意味着译文应通顺易懂，表达清晰；"雅"则追求译文的文化审美和语言的优美。目标是给出既忠于原作，又符合目标语言文化和读者审美的翻译	牛顿第一定律：任何一个物体总是保持静止状态或者匀速直线运动状态，直到有作用在它上面的外力迫使它改变这种状态为止。如果作用在物体上的合力为零，则物体保持匀速直线运动，即物体的速度保持不变且加速度为零

1. 提示词等级

首先，官方提示库将提示词划分为系统级提示词（System Prompt）和用户级提示词（User Prompt）两类。这种划分方式是行业通用的提示词处理方式。

❑ **系统级提示词**：在一个 AI 对话中，"系统级提示词"的等级是最高的，特别是在连续多轮对话中，要让 AI 保持话题的一致性（不跑题），这类提示词的作用就显得非常重要。因此，"系统级提示词"常用来限定 AI 扮演的角色。比如，在"内容分类"提示词中，指定 DeepSeek 为"新闻分类专家"；在"文案大纲生成"提示词中，指定 DeepSeek 为"文本大纲生成专家"。系统级提示词被广泛应用于 AI 智能体应用开发中。

❑ 用户级提示词：顾名思义，就是用户发给 AI 的内容（提示词）。"用户级提示词"在一个连续多轮对话中的等级最低。用户每一次发给 AI 的对话内容，都属于"用户级提示词"。

事实上，还有一种类型的提示词叫作"助手提示词"（Assistant Prompt），也就是每一次 AI 的回复内容。在连续多轮对话中，前面轮次的历史对话在程序后台采用"User:×××；Assistant:×××；User:×××"进行内容拼接之后，发给 AI 开启新一轮的对话。也正是因为采用了这种方式，AI 才会知道前面的对话过程。

那么，我们发给 AI 的提示词是不是只能是"用户级提示词"呢？其实不然。笔者曾在国内最大的 AIGC 社区发表过一篇关于提示词技巧的文章，并在文章中分享过一个案例：采用"续写补全"的思维，在用户提示词中加入"System:"和"Assistant:"，可以在实际应用中"强行矫正"AI 对话的准确性。此处因篇幅有限，不再展开详述，用户可在本书前言中找到"资源与勘误"，获取相关文章的资源。

2. 结构化标记语言

第二个技巧是善于使用结构化标记语言。比如：

❑ 在"代码改写"提示词中，使用了"```"符号，这个符号是 Markdown 格式的标记语言，其框定的区域是代码块。
❑ 在"内容分类"提示词中，使用了"####"符号，这个符号的意思是四级标题，作用是在提示词中使用标题区隔内容，使得内容的结构层次更加清晰、明确。

3. 需求表达清晰

DeepSeek 的官方提示词样例都有非常清晰的需求表达，符合编写提示词的基本原则：**需求清晰、要求明确、信息充分**。这一点在"系统级提示词"中表现更明显，读者可反复研究"文案大纲生成""宣传标语生成""模型提示词生成""中英翻译专家"这四个提示词样例。

以"中英翻译专家"为例：

❑ **需求清晰**：你是一个中英文翻译专家，可以将用户输入的中文翻译成英文，或将用户输入的英文翻译成中文。对于非中文内容，将提供中文翻译结果。
❑ **要求明确**：用户可以向助手发送需要翻译的内容，助手会提供相应的翻译结果，并确保符合中文语言习惯，你可以调整语气和风格，并考虑某些词

语的文化内涵和地区差异。同时作为翻译专家，需将原文翻译成具有"信达雅"标准的译文。目标是给出既忠于原作，又符合目标语言文化和读者审美的翻译。
- 信息充分："信"即忠实于原文的内容与意图；"达"意味着译文应通顺易懂，表达清晰；"雅"则追求译文的文化审美和语言的优美。

2.6 LangGPT 结构化提示词框架

在前作书中，我们系统性地介绍了结构化提示词的思想、结构和 7 种高质量提示词框架。其中，7 种高质量结构化提示词框架依次为：角色扮演框架、ICIO 框架、CO-STAR 框架、CRISPE 框架、BROKE 框架、APE 框架、LangGPT 框架。

1. 结构化提示词的优势

尽管推理大模型的流行降低了提示词的使用门槛，但结构化提示词依然有其优势，特别是在构建智能体或者更复杂的 AI 应用中，仍被广泛使用。因此，下面将对结构化提示词做一个介绍。结构化提示词的优势如下：

- **结构清晰易复刻**：结构化模板使得提示词结构更清晰。套用模板，可以快速构建新的提示词。
- **易打包成智能体应用**：相比于普通提示词每次使用都要重新编写需求，运用结构化提示词可以将提示词打包成智能体应用。对于同一类型的作业需求，可以直接调用特定的智能体应用，反复使用，提高工作效率。
- **开发 AI 工作流的基础**：结构化提示词是 AI 工作流开发的基础，掌握好结构化提示词，可以极大地拓宽 AI 应用领域。

在前作两本书中，我们详细地介绍了 Kimi 和豆包的智能体应用。在《豆包高效办公：AI 10 倍提升工作效率的方法与技巧》一书中，我们甚至还教读者朋友们，如何构建自己的智能体应用。如图 2-4 所示，智能体就像是使用 AI 制作的一个个行业专家，比如：专门写作公文的"公文写作助手"；专门绘图的"AI 绘图专家"；专门做数据分析的"数据分析专家"……

虽然 DeepSeek 暂时还没有智能体应用功能，但是笔者相信"智能体"是大众入门 AI 应用的最佳途径之一，未来这一定是一种重要趋势。

当然，如果读者朋友不再满足于简单的 AI 应用，未来有机会接触到 AI 工作流编排，便可以搭建更具创意和功能更丰富的 AI 应用程序，结构化提示词同样是编排 AI 工作流的基础能力之一。如图 2-5 所示，这是笔者编制的"高颜值内容海报"工作流编排图，这个工作流可以实现用户将文字、网页链接或者图片发给 AI，AI 自动生成高颜值的内容海报。

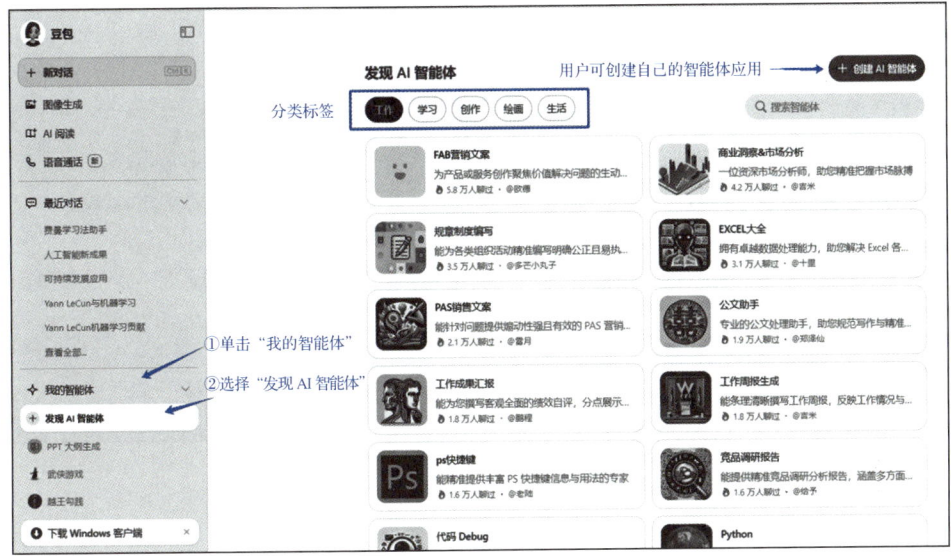

图 2-4　豆包智能体广场

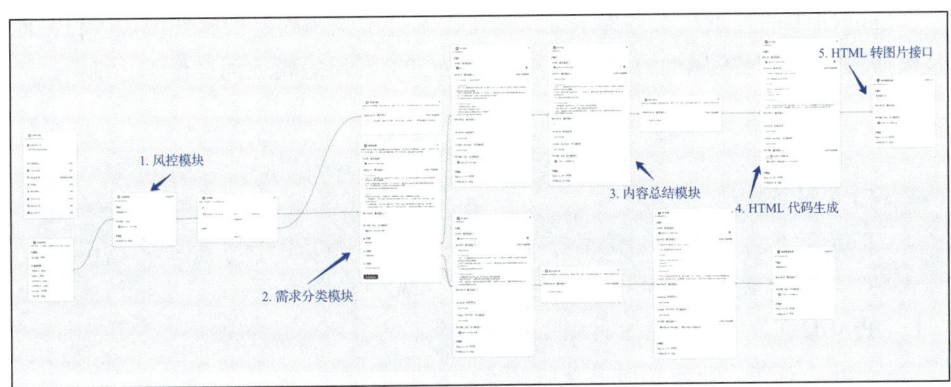

图 2-5　AI 工作流编排

如图 2-6 所示，这是一个基于工作流编排实现的"高颜值视觉内容设计师"AI 应用。在本书的第 4 章，我们也会介绍如何调用 DeepSeek 的 API，运用 API 可以灵活开发属于自己的 AI 应用。

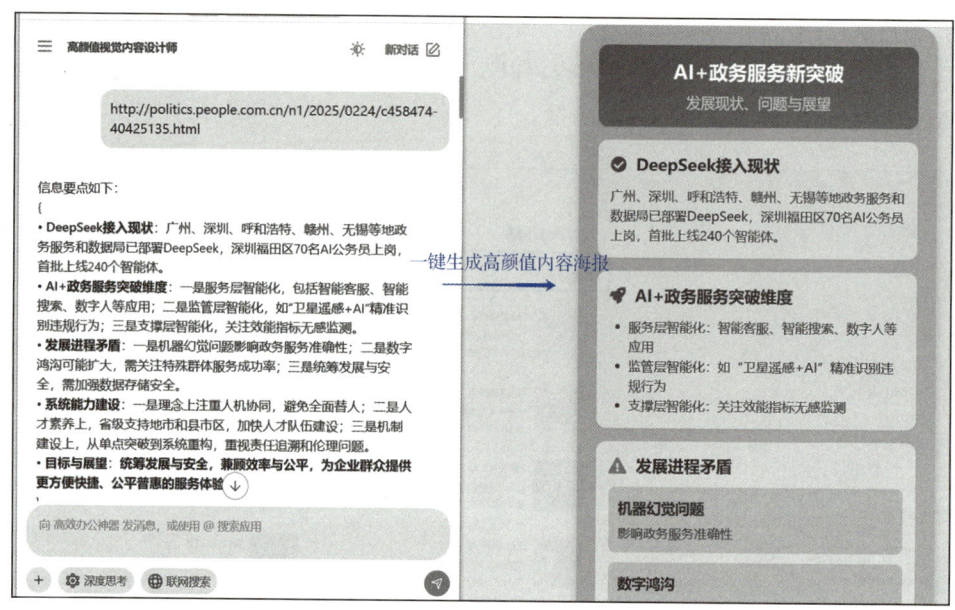

图 2-6 "高颜值视觉内容设计师" AI 应用

2. LangGPT 结构化提示词

在前作中,我们详细介绍了 LangGPT 结构化提示词,LangGPT 结构化提示词目前是国内最为流行的提示词框架。

LangGPT 的重点在于将提示词结构化,不过于强调固定的属性模块项目,而是根据项目灵活配置属性模块。笔者对 LangGPT 常用的属性词进行了总结。

LangGPT 属性词总结

❏ 基础属性词

Role:角色,希望大模型扮演的角色。也可使用 Expert(专家)、Master(大师)等提示词替代 Role,将大模型固定为某一领域的专家。

Profile:角色简介,对大模型所扮演角色的人物背景介绍

Skill:技能,该角色所具备的能力

Rules:规则,该角色所需要遵循的规则

Workflow:工作流,该角色工作所遵循的工作流程

Initialization:初始化准备

❏ 补充属性词

OutputFormat:输出格式要求

Attention：注意事项，提醒大模型需要注意的事项
Constraints：约束，对大模型的某些事项进行约束
Ethics：伦理道德，框定大模型所要遵循的伦理道德准则
Personality：性格，设定大模型的性格
Writing Style：写作风格
Preferences：偏好
Goals：目标，为大模型设定任务目标
Background：背景，任务背景介绍

通过灵活组合这些模块，可以得到多种结构化框架。其中最常用的提示词框架如下：

Role（角色）：用户指定的角色名称
Profile（角色简介）：
- Author：云中江树
- Version：1.0
- Language：中文
- Description：简介这个智能体需要做什么
Background（背景）：
- 介绍智能体的角色背景和智能体设定，用生动形象的词汇描述智能体。
Goals（目标）：
- 写明创建此智能体的任务目标是什么，智能体需要达成的任务有什么。
Constraints（约束）：
- 写明此智能体的约束是什么。
Skills（技能）：
- 写明如果要达到 <Goals> 里所提到的目标，智能体需要具备什么样的技能。
Example（示例）：
- 需要为新智能体设置一个例子，供新智能体学习 <Workflow> 中的工作流程、<Goals> 里的任务目标、<Constraints> 里的约束条件、<Skills> 里的技能。
Workflow（工作流）：
- 写明如果要达到 <Goals> 里所提到的目标，智能体需要一个什么样的工作流程，整个流程中的每一步都需要如何去做。

Initialization（初始化）：
- 写明刚刚初始化时，智能体要做的自我介绍，包括告诉用户自己能做什么，期望用户提供什么，自己的工作技能是什么，自己的目标是什么。

上面的 LangGPT 框架和 2.4 节中的万能提示词模板类似，约定了角色、背景、目标、技能等基本需求信息。同时，使用了 <Example>（示例）和 <Workflow>（工作流），提高通用大模型的输出质量。

3. LangGPT 结构化提示词的改造

如 1.2.3 节所述，推理大模型具备自我思考能力，其提示词不需要限定工作流程，而是以目标为导向。因此，我们需要对 LangGPT 结构化框架进行相应的改造，以便适配推理大模型。

鉴于推理大模型的特点，我们移除了 <Example>（示例）和 <Workflow>（工作流）这两个模块，同时强化了 <Goals>（目标）模块，并且加入 <Knowledge>（知识背景）模块。改造后的 LangGPT 提示词框架如下：

Role（角色）：用户指定的角色名称
Archive（档案）：
- Author：沈亲淦
- fit：推理大模型
- Version：1.0
- Language：中文
Background（背景）：
- 介绍智能体的任务背景和应用场景需求
Goals（目标）：
- 写明任务需求，包括需要达成的任务目标及期望的任务质量（这个项目最为重要，请细化思考完善）
Skills（技能）：
- 写明如果要达到 <Goals> 里所提到的目标，智能体需要具备什么样的技能或专业知识
Constraints（约束）：
- 根据实际应用场景需求，写明此智能体的限制条件，如范围、时间、场景要求、排除事项、行为准则、输出格式、语言风格等

> ##（可选项）Knowledge（知识背景）：
> ❏ 根据应用场景选填此项。可补充填写特定的知识背景材料
> ## Initialization（初始化）：
> ❏ 写明智能体在初始化时要做的自我介绍，包括告诉用户自己能做什么，期望用户提供什么，自己的工作技能是什么，自己的目标是什么

相比于极简的"三要素"模板，LangGPT 的结构化提示词看上去略显复杂。但是，结构化提示词也有好处，在实际工作过程中，简单提示词和复杂提示词可以结合使用，根据不同的应用场景挑选最合适的提示词方法。

2.7 提示词资产管理

恭喜你，已经迈出了掌握 AI 高效办公的关键一步！现在，让我们来聊聊一个至关重要，却常常被忽视的环节：**提示词资产管理**。

2.7.1 提示词是你的重要资产

你或许已经意识到，优质的提示词并非随意生成，而是需要我们投入时间和精力，不断试验、调整参数、优化措辞，才能最终得到能够精准满足工作需求，甚至超出心理预期的"最佳配方"。这些精心调校的提示词，正是你在职场中的宝贵资产，你需要像对待重要工具一样，认真地将它们保存和管理起来。

为什么提示词值得被视为"资产"并进行精细化管理呢？原因有以下几点。

1. 复用价值：时间与效率的倍增器

一个优秀的提示词，往往是你花费大量时间反复调试的成果。它深度契合你的工作场景，能够高效地达成你的目标。这意味着，当你再次面临类似任务时，不需要从零开始，只需轻松复用这些经过验证的提示词，就能快速获得高质量的 AI 输出结果，从而大幅度提升你的工作效率。每一次复用，都是在为你的时间银行增值，让你的工作效能实现指数级的增长。

2. 避免丢失：沉淀经验，告别重复劳动

你是否曾有过这样的经历：灵光一闪调试出一个效果惊艳的提示词，但事后却因为没有妥善保存而遗失，当再次需要时，却怎么也无法复现出当初的效果。提示词如果不加以管理，就如同散落在各处的珍珠，极易丢失。而当你尝试重新构建时，往往会发现需要耗费大量时间，甚至可能再也无法达到之前的最优水平。

管理提示词，就是为了避免这种宝贵经验的流失，让你告别低效的重复劳动，确保你的每一次努力都能被长久地保存和复用。

3. 技巧沉淀：构建你的 AI 智慧宝库

提示词的调试过程，不仅仅是简单的参数调整过程，还是一个不断探索、学习和创新的过程。在这个过程中，你会积累各种提示词技巧，迸发出许多提升提示词效果的绝妙点子。这些方法和技巧，是你宝贵的实战经验，蕴含着巨大的潜在价值。

妥善管理提示词能够帮助你系统地整理和沉淀这些宝贵的经验，将其转化为你个人的 AI 智慧宝库，为未来的工作提供源源不断的灵感和方法论支撑。

4. 商业潜力：打造你的差异化竞争优势

在 AI 应用日益普及的今天，高质量提示词的价值日益凸显。然而，并非所有人都能轻松驾驭提示词的编写，能够写出精准、高效的提示词的人才依然稀缺。如果你掌握了撰写优秀提示词的技巧，并积累了足够多的优质提示词库，你就拥有了别人不具备的独特优势。

这些技能和资源不仅能提升你个人的职场竞争力，还使你具备了商业变现的潜力。你可以将你的提示词技巧和优质提示词库，转化为培训课程、咨询服务，甚至直接出售优质提示词，开辟全新的收入来源，在 AI 时代抢占先机。

总而言之，管理好你的提示词资产，绝不是一项简单的文件整理工作，而是一项具有战略意义的效能提升策略和个人品牌增值策略。从现在开始，重视你的每一个提示词，学会科学有效地管理它们，你将会在未来的 AI 职场中，拥有更加强大的竞争力和更广阔的发展空间。

2.7.2　管理好你的提示词资产

通过上一小节，我们已经充分认识到提示词资产管理的重要性。那么，接下来最关键的问题就是：如何有效地管理这些宝贵的提示词呢？幸运的是，市面上已经涌现出各种工具和方法，能够帮助我们高效地组织、检索和复用提示词，让我们的 AI 工作流更加顺畅。

在本节中，我们将介绍几种笔者在用的提示词管理方案，你可以根据自己的需求和技术水平，选择最适合你的工具，搭建起专属的提示词资产管理系统。当然，如果你不会搭建，笔者将如下 4 个工具的教程或资源放在了本书的资源包内，读者可在前言中的资源和勘误部分获取。

1. Notion 提示词管理系统：高度定制化的自由工作台

Notion 是一款强大的多功能工作空间，以其高度的灵活性和定制性而著称。

你可以将 Notion 视为一个数字化的乐高积木，自由搭建各种系统，包括功能完善的提示词管理系统。使用 **Notion 搭建管理系统的优势如下：**

- **高度定制化：** 你可以完全根据自己的需求，自定义数据库字段、视图和工作流程。例如，你可以创建包含“提示词内容”“应用场景”“模型选择”“调试记录”“使用频率”“关键词标签”“灵感来源”等字段的提示词数据库，并根据这些字段进行分类、筛选和排序。
- **可视化管理：** Notion 支持多种视图模式，例如表格视图、看板视图、日历视图等，你可以选择最适合你的方式来组织和呈现提示词，例如使用看板视图按照项目或应用场景对提示词进行分组管理。
- **强大的标签和搜索功能：** Notion 拥有强大的标签系统和全文搜索功能，你可以为每个提示词添加多重标签，例如“营销文案”“代码生成”“会议纪要”“风格：幽默”“模型：DeepSeek-R1”等，方便你快速定位和检索所需的提示词。
- **跨平台同步：** Notion 支持多平台客户端（桌面端、移动端、网页端），数据实时同步，你可以随时随地访问和管理你的提示词库。

如图 2-7 所示，该图展示的是笔者使用 Notion 搭建的文字对话提示词仓库；如图 2-8 所示，该图展示的是笔者搭建的 AI 绘图提示词仓库。

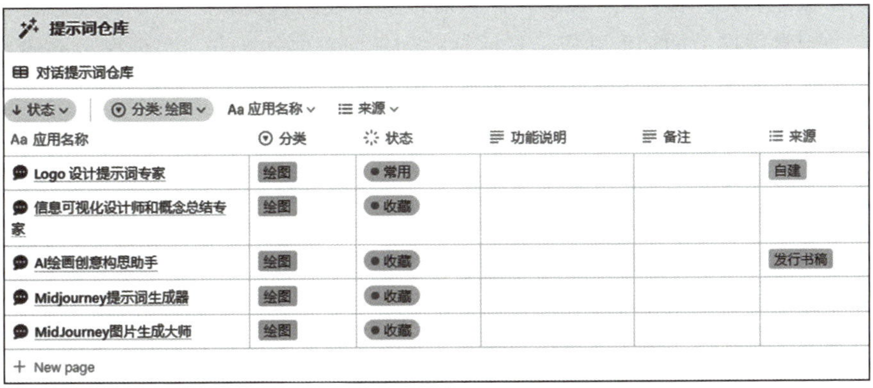
提示词仓库
对话提示词仓库
状态　分类: 绘图　Aa 应用名称　来源

Aa 应用名称	分类	状态	功能说明	备注	来源
Logo 设计提示词专家	绘图	常用			自建
信息可视化设计师和概念总结专家	绘图	收藏			
AI绘画创意构思助手	绘图	收藏			发行书稿
Midjourney提示词生成器	绘图	收藏			
MidJourney图片生成大师	绘图	收藏			

+ New page

图 2-7　使用 Notion 搭建的文字对话提示词仓库

2. Quicker 提示词管理系统：效率至上的快捷调用利器

Quicker 是一款基于 Windows 系统的效率神器，专注于快速启动和自动化操作。它可以通过快捷键、鼠标手势等多种方式，快速执行预设的动作，极大地提升工作效率。利用 Quicker，你可以构建一套高效的提示词管理系统，实现提示词的快速调用和应用。

图 2-8　使用 Notion 搭建的 AI 绘图提示词仓库

Quicker 的核心优势如下：

- **极速调用**：使用 Quicker，你只需按下预设的快捷键，即可快捷调用并复制常用提示词到剪贴板，然后粘贴到任何需要的地方，实现提示词的"秒级"调用。
- **系统级应用**：Quicker 是系统级的工具，可以在任何应用场景下使用，无论是浏览器、聊天软件、办公软件还是代码编辑器，你都可以随时随地快速调用你的提示词。
- **操作便捷**：Quicker 的操作非常直观和便捷，你只需要简单地新增、删减，就能快速创建和管理你的提示词库。

如图 2-9 所示，这是笔者在 Quicker 中构建的提示词管理应用。使用 Ctrl 键唤起 Quicker 面板之后，即可快捷调用提示词库。

3. Web 提示词管理系统：管理与社区共享提示词

如果你具备一定的技术能力，或者有更高级的管理和共享需求，例如希望搭建一个团队内部共享的提示词库，或者希望构建一个提示词社区，那么搭建一个基于 Web 的提示词管理系统将是一个更好的选择。

不过这需要一定的项目搭建能力。幸运的是，笔者构建了一个支持提示词管理与分享的社区网站，为广大读者提供提示词交流与管理的平台。并且，笔者将前作中的 100 多个结构化提示词，及本作中的升级版提示词都放入了该提示词管理网站（如图 2-10 所示）。

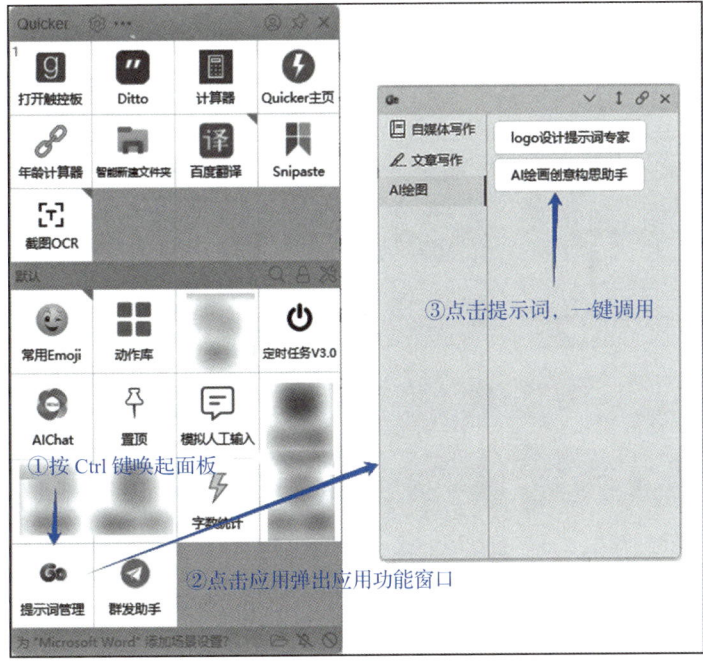

图 2-9　Quicker 快捷调用提示词库

图 2-10　Web 级提示词管理与分享系统

4. ChatUI 一站式模型与智能体管理

ChatUI 是一类新兴的 AI 应用管理平台，旨在帮助用户一站式管理和调用各种 AI 模型，并支持用户创建和管理智能体。这类工具通常也具备强大的提示词管理功能，并且更加注重与 AI 模型和智能体的集成，是未来 AI 工作流管理的重要趋势。

如图 2-11 所示，这是笔者基于开源项目搭建的 ChatUI 智能体应用广场。

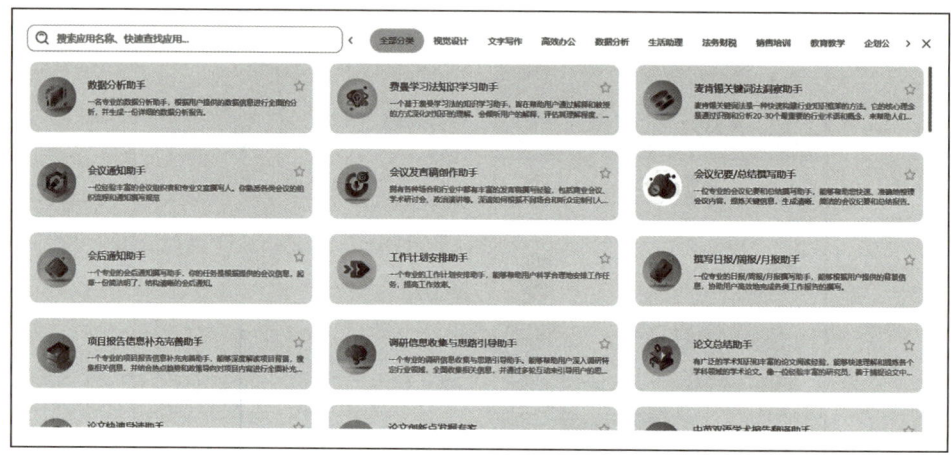

图 2-11　笔者的 ChatUI 智能体应用广场

第 3 章 | CHAPTER

DeepSeek 万能模板赋能职场办公

由于前作已经对通用模型的职场工作场景进行了详细解说，并提供了 100 多条结构化提示词，因此，本章将仅针对 DeepSeek-R1 推理模型如何在现代职场中提升办公效率和决策质量进行探讨。

本章将详细介绍 R1 推理模型如何结合万能模板，在行政文秘、市场营销、数据分析、项目管理和人力资源等多个场景中进行应用。读者可结合案例举一反三，重点学会如何将"万能模板"灵活运用到自己的实际工作中。**更多的职场应用场景的提示词，我们已经将其整合进资源包，读者可一键开箱、拿来即用（见前言的资源和勘误部分）。**

读者也可以基于前作，对比两种类型的大模型在不同职场场景中的应用效果。笔者认为，在一些通用职场场景中，通过使用 LangGPT 结构化提示词，非推理大模型也能取得不错的效果，有些时候甚至效果更好些。

正如 1.2.2 节、1.2.3 节所介绍的，DeepSeek-R1 推理大模型更适合编程开发、提供创意灵感、数学计算等分析性场景。因此，推理大模型与非推理大模型可以结合使用，在自己所需要的场景内获得更满意的结果才是最重要的。

3.1 行政文秘

3.1.1 会议通知撰写

在繁忙的职场生活中,会议如同连接各个部门、推动项目进展的纽带。而会议通知,则是确保这个"纽带"能顺利搭建的关键第一步。

传统的会议通知撰写工作,往往需要行政文秘人员手动收集会议信息,包括会议主题、时间、地点、参会人员、议程等,然后逐字逐句地编辑成文。这个过程烦琐且耗时,尤其是在会议信息变动频繁或者需要发送大量通知的情况下,工作量更是成倍增加。而且,人工撰写也容易出现遗漏信息、措辞不当等问题,影响通知的专业性和有效性。

DeepSeek 等 AI 助手工具的出现,为职场人带来了全新的工作方式。它们不仅能理解人类的自然语言,还能进行文本生成、信息提取、内容润色等多种任务。在会议通知撰写场景中,AI 可以化身为你的得力助手,大幅提升工作效率和通知的质量。

以下为一个职场会议通知案例的背景信息:

> **案例背景**
> 创新科技公司即将推出一款名为"Blue Pro"的智能手表。为了确保新品发布营销活动的顺利启动,市场部计划召开一次启动会议,以统一思想、明确分工。
> **目标:** 市场部助理小李需要撰写一则会议通知,告知市场部全体成员、产品部代表和销售部代表关于本次会议的具体信息,确保参会人员能够及时、准确地获取会议要点并做好参会准备。
> **涉及角色:** 市场部助理小李(通知撰写者),市场部全体成员、产品部代表、销售部代表(通知接收者)。
> **核心需求:** 快速、准确地撰写一则包含必要信息的会议通知。

我们使用"极简三要素"模板来撰写提示词如下:

> **版本 1:模板填写版**
> **我是谁:** 市场部助理
> **我的需求:** 写一则会议通知
> **我的受众/背景信息:** "Blue Pro"智能手表新品发布营销活动启动会议
> **版本 2:一句话版**

提示词：我是市场部助理，我的需求是写一则会议通知，受众是全体参会人员，背景信息是关于"Blue Pro"智能手表的新品发布营销活动启动会议。

我们将上面的提示词发给 DeepSeek，回复如下：

[思考开始]好的，用户需要帮市场部助理写一则会议通知，主题是关于"Blue Pro"智能手表新品发布的营销活动启动会议。首先，我得确定会议的基本信息：时间、地点、参与人员等。

……（限于篇幅，此处内容省略，读者可使用提示词自行尝试）

检查整体结构是否清晰，信息是否完整。确保语言正式但不生硬，符合公司内部通知的规范。另外，格式美观，使用分点列表和加粗标题，便于阅读。可能需要提醒用户替换占位符内容，并确认时间和地点是否正确。如果有其他未提及的需求，比如是否需要附件或预先提交材料，可以进一步询问用户，但应先根据现有信息尽量覆盖所有必要部分。[思考结束]

以下是一则会议通知模板，供你参考：
关于召开"Blue Pro"智能手表新品发布营销活动启动会议的通知
全体参会人员：
为推进"Blue Pro"智能手表新品上市营销工作，明确活动目标与执行细节，现定于 2025 年 3 月 3 日（周一）上午 9:30 召开专题启动会议，具体事项如下：

一、会议基本信息
☐ 时间：2025 年 3 月 3 日 09:30—11:30（周一）
☐ 地点：
- 线下：××大厦 18 层多功能会议室（请提前 10 分钟签到）
- 线上：腾讯会议链接将通过邮件发送，请提前安装客户端

☐ 参会人员：
- 市场部全体成员
- 产品部负责人、设计团队代表
- 公关部、新媒体运营团队主管
- 销售团队负责人

二、会议背景与目标
1. 新品核心卖点解析："Blue Pro"智能手表在健康管理、运动监测及长

续航技术上的创新突破。

2.启动营销活动整体框架：结合线上线下渠道，制定全周期推广策略（预售、首发、后续传播）。

3.协调跨部门资源分配，明确各团队职责与时间节点。

三、会议议程

☐ 社交媒体传播计划（KOL合作、短视频创意）

☐ 预算分配建议 |

| 11:00—11:20 | 部门分工与协作确认 | 各团队认领任务并承诺关键节点 |

| 11:20—11:30 | 总结与行动号召 | 市场部总监发布最终执行指令 |

四、会议要求

1.请参会人员提前阅读附件《Blue Pro营销活动方案（草案）》，会上将重点讨论优化方向。

2.各团队需准备简明扼要的发言内容（建议聚焦1～2个核心议题）。

3.会议将形成正式纪要并同步至全员邮箱，请务必准时出席。

五、联系人

☐ 会务协调：张××（市场部助理，电话：×××-×××××××××，邮箱：×××@company.com）

☐ 技术支持：李××（线上会议系统调试，电话：×××-×××××××××）

请各部门负责人督促相关人员准时参会，如有特殊情况需请假，请最晚于2月28日（周五）17:00前邮件报备至张××处。

期待你的参与，共同推动"Blue Pro"新品营销活动圆满成功！

附件：

1.《Blue Pro营销活动方案（草案）》

2.《参会回执表》

提示：

1.可根据实际需求调整议程时长或增删环节（如增加Q&A环节）。

2.若需强化紧迫感，可在通知末尾添加倒计时提醒（例："距离新品发布会倒计时30天"）。

3.建议同步在内部通信工具（如钉钉、飞书）中发布提醒，并提醒相关责任人。

希望以上内容对你有所帮助！

刚才演示的提示词是一个信息简单的提示词，在实际使用过程中，为了更贴合自己的使用需求，笔者补充了更多背景信息。新的提示词如下：

> 我是创新科技公司市场部助理，需要通知大家开会，我的需求是撰写一则正式的会议通知邮件，明确会议主题为"Blue Pro 智能手表新品发布营销活动启动会"，会议时间为下周一下午2点，地点在公司3楼会议室，参会人员包括市场部全体成员、产品部王经理、销售部李主管，会议目的是启动新品发布营销活动。邮件的受众是市场部、产品部和销售部的同事，背景信息是他们需要了解会议具体信息以便准时参会并做好准备。

3.1.2 公文写作

在职场这座大舞台上，公文写作的重要性，就如同演员的台词、画家的笔触，直接关系到沟通的效率和工作的成败。尤其像"请示"和"报告"这类公文，更是职场人日常工作中不可或缺的重要文书。

然而，不得不承认，公文写作对于许多职场人来说，常常是一项令人头疼的任务。我们需要字斟句酌，力求表达精准，既要体现出应有的正式与严谨，又要避免陷入冗长和晦涩。

当利用 AI 来辅助撰写"请示"和"报告"时，我们需要明确希望达成的任务目标，以及对最终成果的质量要求。给 AI 助手设定明确的指令，才能让它更好地理解我们的需求，输出更符合期望的结果。

针对"请示"，我们的目标通常是：
- **快速、清晰地向上级领导或相关部门**阐明需要请示的事项，让对方一目了然。
- **准确表达**请示的背景、原因、具体内容和期望得到的指示或批准。
- **措辞得体、语气恰当**，体现出对上级的尊重，同时确保表达的专业性和严谨性。

而对于"报告"，我们的目标则侧重于：
- **全面、客观地汇报**工作进展、项目成果、问题分析或情况说明。
- **条理清晰、逻辑严谨**，让报告内容结构化、易于理解，方便领导快速掌握核心信息。
- **数据准确、论据充分**，用事实和数据说话，提升报告的可信度和说服力。
- **语言精练、重点突出**，避免冗余信息，突出报告的关键信息和核心结论。

以下是一个公文写作（请示）的案例背景信息。

案例背景

李明是一家快速发展的互联网公司——AS 科技公司的项目经理。李明负责的"新一代智能客服系统研发项目"进展顺利，目前已经完成了初步模型搭建，内部测试效果良好。为了进一步扩大测试范围，收集更多真实用户反馈，并验证系统在高并发、复杂场景下的性能，李明需要向公司领导申请额外的服务器资源和测试用户招募预算。李明需要撰写一份正式的请示，详细说明项目进展、现有成果以及申请资源的目的和预算明细，以便领导审批。

我们使用以下提示词撰写请示内容：

版本 1：
角色：AS 科技公司项目经理李明
任务：撰写"新一代智能客服系统研发项目"请示报告
目标受众：公司高层领导
核心需求：申请额外的服务器资源和测试用户招募预算，用于扩大项目测试范围。
背景：项目进展顺利，初步模型搭建已完成，内部测试效果良好。

版本 2：
假设你是一家互联网公司 AS 科技的项目经理李明，请你写一份给公司高层领导的请示报告。报告是关于"新一代智能客服系统研发项目"的，目的是申请额外的服务器资源和测试用户招募预算，以便扩大项目测试范围。请详细说明项目目前的进展情况、取得的成果，以及申请资源的目的和预算明细，以便领导审批。

在这份提示词中，我们约定了目标是公司高层领导，核心需求是"申请额外的服务器资源和测试用户招募预算"，DeepSeek 回复如下：

[思考开始] 好的，我现在需要帮用户李明，也就是 AS 科技的项目经理，写一份给高层领导的请示报告，内容是关于申请新一代智能客服系统研发项目的额外服务器资源和测试用户招募预算。首先，我得理清楚这份报告的结构和内容要点。用户的需求很明确，但可能需要更深入地分析他的具体情境和潜在需求。

……（限于篇幅，此处内容省略，读者可使用提示词自行尝试）

最后，结尾部分要表达希望尽快审批的请求，并提供联系方式以便进一步沟通。这样整个报告结构清晰，逻辑严密，既有数据支持，又有战略高度，符合高层领导的审阅需求。[思考结果]

关于申请"新一代智能客服系统研发项目"额外资源及预算的请示报告

呈报对象：AS 科技公司高层领导

提交人：项目经理　李明

日期：2025 年 ×× 月 ×× 日

一、项目当前进展与成果

自 2025 年 ×× 月项目启动以来，"新一代智能客服系统研发项目"已完成以下阶段性目标：

1. 核心功能开发
- 完成自然语言处理（NLP）引擎升级，支持多轮对话和上下文理解，准确率提升至 92%（较上一代系统提高 15%）。
- 实现与公司现有 CRM 系统的数据对接，可自动调用用户历史订单、咨询记录等信息。

2. 内部测试验证
- 已完成 Alpha 版本测试，覆盖 5 个业务场景（售后咨询、订单查询、产品推荐等），平均响应时间缩短至 1.2 秒。
- 系统日均处理模拟对话 10 万次，错误率稳定在 3% 以下，达到预设技术指标。

3. 用户反馈优化
- 通过 200 名内部员工及 100 名种子用户的体验测试，收集优化建议 37 项，其中 28 项已迭代至 Beta 版本。

二、申请资源的目的与必要性

为推进项目进入规模化测试阶段，现需申请额外资源支持：

1. 服务器资源扩容
- 当前测试环境仅部署 10 台云服务器，可支持 1 万并发用户，但实际业务需求预估为日均 50 万次对话（峰值 5 万并发）。
- 目的：确保系统在高负载下的稳定性，验证分布式架构的容错能力。

2. 扩大测试用户覆盖范围
- 现有测试用户以内部员工和少量老用户为主，缺乏多样化场景数据（如新用户咨询、复杂投诉处理等）。

- 目的：通过招募 5000 名外部测试用户，获取真实场景数据，优化长尾问题解决能力。

三、预算明细与使用计划

1. 服务器资源扩容费用（总计：¥585000）

- 云服务器（GPU 型）
  - 规格：32 核 /128GB/4×A100
  - 数量：20 台
  - 单价：¥8000/ 月
  - 周期：3 个月
  - 小计：¥480000
- 存储扩容
  - 规格：50TB SSD 云存储
  - 类型：一次性投入
  - 单价：¥15000
  - 小计：¥15000
- 带宽升级
  - 规格：10Gbit/s 独享带宽
  - 周期：3 个月
  - 单价：¥30000/ 月
  - 小计：¥90000

注：云服务器费用已与供应商协商专项折扣，实际成本降低 25%。

2. 测试用户招募费用（总计：¥220000）

- 外部渠道推广
  - 方式：社交媒体 / 论坛广告投放
  - 覆盖平台：5 个（具体平台详见附件）
  - 单价：¥20000/ 平台
  - 小计：¥100000
- 用户激励金
  - 对象：完成全部测试任务的外部用户
  - 人数：5000 人
  - 标准：¥20/ 人
  - 小计：¥100000

□ 数据标注与清洗
- 合作方：第三方专业团队外包
- 费用：¥20000（包干价）
- 小计：¥20000

四、资源到位后的推进计划

1. 测试周期：2025 年 ×× 月 ～ ×× 月，分三阶段验证性能（负载 10%/50%/100%）。

2. 优化重点：

□ 极端流量下的系统崩溃率（目标 <0.1%）

□ 方言及专业术语识别准确率（目标提升至 88%）

3. 预期成果：

□ 获得商业化落地所需的全场景测试报告

□ 为 2024 年 Q1 正式上线储备至少 100 万条训练数据

五、请示事项

恳请公司批准本次服务器资源扩充及测试用户招募预算共计 ¥805000。项目组承诺将通过精细化资源调度（如分阶段启用服务器、动态调整广告投放策略）严格控制成本，并每周向管理层提交测试进展与费用使用明细。

请批示。

附件：

1. Alpha 测试报告（2025 年 ×× 月）
2. 云服务器供应商报价单
3. 测试用户招募方案细则

联系人：李明

电话：×××-××××-××××

邮箱：liming@as-tech.com

（注：实际金额与周期可根据公司财务制度调整）

通过这个案例，我们看到了 DeepSeek 在辅助撰写请示报告方面的巨大潜力，它能够快速生成结构完整、内容翔实的初稿，极大地节省了我们的时间和精力。

然而，我们也需要认识到 AI 的局限性。例如，AI 生成的预算数据虽然详细，但实际金额和周期仍然需要根据公司的财务制度进行调整。因此，在实际使用过程中，也要结合自身的专业知识和实际情况，适当地调整优化，最终形成一份高质量的公文。

3.1.3 文件合规性检查

在信息爆炸的时代，我们每天都在与各式各样的文件打交道——合同、报告、方案、邮件……这些文件如同企业的血液，承载着重要的信息和决策。然而，这些文件的"健康"，也就是合规性，却往往容易被忽视，不合规的文件成为职场人效率提升道路上的隐形障碍。

以下为一个文件合规性检查的案例背景信息。

> **案例背景**
> 你是一位跨国公司的市场营销经理，名叫李薇。公司即将面向欧洲市场推出一款创新产品，宣传推广工作如火如荼地展开。为了抢占市场先机，团队高效地产出了大量的营销文案、宣传册设计稿以及社交媒体推广内容。然而，欧洲市场对于数据隐私保护有着极为严格的法律法规，特别是 GDPR（《通用数据保护条例》）如同悬在企业头顶的达摩克利斯之剑，稍有不慎就可能面临巨额罚款和声誉危机。李薇深知，所有的营销物料在正式发布前，都必须经过严格的合规性审查，确保万无一失。

传统的做法是，李薇需要组织法务、合规部门以及市场团队的相关人员，逐字逐句地审查每一份文案、每一张图片，核对是否符合 GDPR 的各项条款，以及公司内部的品牌规范和宣传政策。这个过程漫长而痛苦，不仅占用了团队大量的时间，还容易因为人为疏忽而出现遗漏。更糟糕的是，如果等到所有物料都制作完毕再进行审查，一旦发现问题，就可能需要推倒重来，严重延误上市时间，错失市场良机。

那么，如何使用 DeepSeek 来快速完成文件合规性检查呢？

> **我是谁**：一位资深的营销合规专家
> **我的需求**：请严格审查以下这篇即将用于欧洲市场推广的营销文案，确保其内容完全符合欧盟 GDPR，以及我们公司最新的品牌宣传规范，尤其需要关注用户个人信息收集、使用和保护相关的条款。请详细指出所有不合规之处，并提供修改建议，确保文案的合规性、专业性和品牌调性。
> **我的受众/背景信息**：这篇文案的目标受众是欧洲市场的潜在消费者，年龄在 25～45 岁之间，对科技产品有较高接受度。公司品牌形象的定位是科技、创新、值得信赖。
> **我的宣传文案如下**：
> [此处输入待审核的宣传文案]

以下是李薇团队编写的营销宣传文案：

待审核营销文案：SmartLife Hub——你的智慧生活，由此开启

欢迎来到未来，欢迎来到 SmartLife Hub 的世界！SmartLife Hub 是一款革命性的智能家居控制中心，它能将你的生活质量提升到前所未有的高度。只需一个设备，即可轻松掌控家中的灯光、温度、安防、娱乐等所有智能设备。

更智能，更便捷：SmartLife Hub 采用先进的 AI 算法，能够学习你的生活习惯，为你量身定制智能场景。早上，它会轻轻地唤醒你，打开窗帘，为你煮好咖啡；晚上，它会自动调整灯光，营造舒适的睡眠环境。你不需要再为烦琐的家居控制而烦恼，一切尽在 SmartLife Hub 的掌握之中。

安全无忧，尽情享受：我们深知你对家庭安全的重视。SmartLife Hub 配备了最先进的安全防护系统，24 小时监控你的房屋，一旦出现异常情况，立即发出警报。为了提供更优质的服务，我们可能会记录你的家庭活动数据，以便优化我们的产品和服务。你可以随时随地通过手机 App 远程查看家中情况，让你安心无忧。

个性定制，随心所欲：SmartLife Hub 拥有强大的兼容性，支持市面上主流的智能家居协议和设备。你可以根据自己的喜好和需求，自由搭配各种智能设备，打造独一无二的智慧家居系统。现在购买，即可享受免费云服务，我们将长期保存你的所有数据。

限时优惠，立即行动！访问我们的官方网站 www.smartlifehub.com 或扫描下方二维码，了解更多详情并立即订购。为了给你提供更好的个性化推荐，请你在注册时填写你的详细个人信息，包括但不限于你的年龄、职业、兴趣爱好等。

SmartLife Hub，让科技温暖你的家！

将此提示词和文案发给 DeepSeek，DeepSeek 自动生成分析报告和内容修改如下：

[思考开始] 好的，我现在需要仔细审查这篇营销文案，确保它符合欧盟的 GDPR 以及公司的品牌规范。首先，我得回顾一下 GDPR 的关键要求，比如数据收集的明确同意、数据最小化原则、用户权利告知、数据保留期限的透明性，以及不能使用预设勾选等。同时，还要注意品牌调性是否符合科技、

创新和值得信赖的定位。

……（限于篇幅，此处内容省略，读者可使用提示词自行尝试）

最后检查是否所有数据相关条款都符合透明性、最小化、用户控制原则，以及品牌的专业可靠形象。修改后的文案应明确数据用途、用户权利，并减少强制性数据收集，增强信任感。[思考结束]

根据 GDPR 要求及品牌调性要求，以下是逐项合规性审查结果及修改建议：

一、核心隐私条款问题

1. 数据收集合法性缺失

原句："我们可能会记录你的家庭活动数据"

问题：缺乏法律依据说明（如同意必要性），且"可能"不符合透明性原则

修改建议："基于你的明确同意，我们将收集设备运行数据（如开关机时间、能耗值）用于服务优化"

2. 数据存储期限违规

原句："我们将长期保存你的所有数据"

问题：违反存储限制原则

修改建议："你的数据将保留至服务存续期，但最长不超过 36 个月，你可随时通过账户设置发起删除请求"

3. 数据最小化原则违反

原句："填写你的详细个人信息，包括但不限于你的年龄、职业、兴趣爱好等"

问题：非必要信息强制收集

修改建议："注册仅需电子邮箱和支付信息，个性化推荐所需信息（如家庭面积、设备类型）将单独申请你的授权"

二、用户权利告知缺失

建议新增模块：

"你的数据权利：

❑ 随时通过 privacy@smartlifehub.eu 撤回同意

❑ 通过用户面板访问/导出设备数据

❑ 设置自动删除周期（7/30/90 天）

完整权利说明详见[隐私政策链接]"

三、品牌调性优化建议

1. 安全承诺强化

原句:"配备最先进的安全防护系统"

优化建议:"配备通过 ISO/IEC 27001 认证的安全防护系统,所有数据传输均采用端到端加密"

2. 技术细节透明度

在 AI 算法处增加:"采用符合欧盟 AI 法案的伦理算法,决策逻辑可解释"

四、文案结构调整建议

在每处数据收集环节添加合规标识:

[盾牌图标] GDPR-compliant data handling

[齿轮图标] Transparency control center

五、最终合规文案框架

SmartLife Hub——你的智慧生活,由此开启

……

安全无忧,尽享科技:

我们的 ISO 认证安全系统采用端到端加密技术保护你的数据。基于你的设备管理需求,我们会在获得明确同意后收集必要的运行数据(设备类型、能耗值),这些数据将:

❏ 仅用于服务质量优化

❏ 加密存储于欧盟境内服务器

❏ 保留周期不超过 36 个月

通过隐私控制面板,你可以:

❏ 实时查看存储的数据类型

❏ 设置自动删除周期(7/30/90 天)

❏ 一键导出所有设备数据

[隐私政策链接]

个性化体验(可选):

若希望获得设备推荐方案,你可选择授权我们了解:

❏ 房屋面积范围(如 80～100 平方米)

❏ 现有设备品牌

❏ 节能偏好等级

授权可随时撤回,且不影响核心功能使用

> [合规声明模块]
> SmartLife 严格遵循 GDPR 法规：
> ☐ 数据最小化原则
> ☐ 目的限定原则
> ☐ 存储限制保障
> ☐ 用户权利优先
> 监管编号：GDPR-××××××
> 建议在落地页添加：动态同意管理组件（同意类型/有效期可视化）、三级隐私政策导航（简要声明/分层信息/完整文本）、DSAR（数据主体访问请求）快速通道。

在这份报告中，DeepSeek 不仅逐一指出了文案中不合规的部分，还重新修改了文案，高效省力。在实际应用中，如果你的合规规则并非国际或国内公开文件，则需要你同时上传相关文档。但请注意保护组织机密，对于涉密文件，请避免上传等操作，以防泄密。

3.1.4　动手练习及拓展思考

1. 会议通知撰写强化训练

> **情景模拟题**
> 假设你是某电商公司行政专员，需组织"双十一大促动员会"。请根据以下信息设计提示词，并使用 AI 生成会议通知：
> ☐ 会议时间：11 月 1 日 14:30—17:00
> ☐ 地点：总部大楼 B 座报告厅（线下）＋钉钉会议（链接于会前 30 分钟发送）
> ☐ 参会人员：运营部全员、仓储物流主管、客服部经理、技术部代表
> ☐ 核心议程：流量投放策略、仓储应急预案、客服排班方案、系统压力测试计划
> ☐ 任务要求：
> 　1）使用"角色＋需求＋背景"三要素模板编写提示词。
> 　2）对比 AI 生成结果与实际需求差异，补充 3 项关键信息。
> 将通知中的"仓储应急预案"模块改为互动研讨环节，优化提示词重新生成

2. 公文写作进阶挑战

请示报告实操题

背景：作为连锁餐饮品牌区域经理，你需要向总部申请 50 万元预算用于新店数字化升级（智能点餐系统＋后厨 IoT 设备）。请完成：

1）按照"背景说明—必要性分析—预算明细—预期效益"结构设计提示词。

2）特别强调高层关注的 ROI（投资回报率）测算依据。

3）使用 AI 生成初稿后，添加 3 处用于增强说服力的行业对标案例（如竞品门店改造数据）。

3. 合规性检查实战演练

跨境文案审查题

请对以下美国市场推广文案进行 GDPR＋美国加州 CCPA 双重合规审查：

【文案片段】

加入我们的健康管理 App 会员！

☐ 自动同步你的运动手环数据（心率、睡眠、步数）

☐ 根据体重变化推送定制健身方案

☐ 分享成就到社交平台可解锁专属折扣

立即注册并勾选"接收健康资讯"，前 100 名赠送智能体脂秤！

任务清单：

1）识别至少 4 处合规风险点（如数据跨境传输、默认勾选问题）。

2）添加用户数据权利声明模块。

3）设计多语言合规检查提示词（中英双语对照版本）。

4. 反思与优化

AI 协作能力评估

选择任意练习成果：

1）标注 AI 生成内容中需要人工干预的 3 个关键点。

2）分析当前提示词的局限性，设计"追问式对话"优化路径。

3）制作提示词升级清单：

☐ 基础版：简单需求描述。

- 进阶版：添加行业术语表＋文档模板示例。
- 专家版：嵌入合规检查清单＋风格指导参数。

5. 拓展思考

1）在你们单位的日常工作中，哪 3 类行政文书最适合用 AI 辅助写作？请设计对应的提示词模板。

2）当遇到组织内部特有的文件规范（如红头文件格式）时，如何训练 AI 适应个性化需求。

3.2 市场营销

营销，是企业增长的引擎，也是职场人施展才华的重要舞台。在这个信息爆炸、注意力稀缺的时代，如何快速抓住用户眼球，用更少的投入获得更大的营销效果，是每个营销人都面临的挑战。AI 的出现，为营销领域带来了前所未有的变革机遇。本节我们将聚焦市场营销中的关键环节，探索如何利用 AI 工具，让营销工作事半功倍，引爆业绩增长。

3.2.1 爆款文案生成

"一文案定乾坤"，好的文案自带流量，能够瞬间点燃用户的购买欲望。尤其在社交媒体营销中，一句抓人眼球的文案往往能成就一个爆款产品或一次现象级传播。然而，创作爆款文案并非易事，它需要营销人具备敏锐的市场洞察、深刻的用户理解和卓越的文字驾驭能力。

现在，借助 DeepSeek 的力量，这些痛点将迎刃而解。DeepSeek 文案生成，能够模拟人类的语言逻辑和创作思维，在短时间内批量生成高质量、多风格的营销文案，为职场人插上创意翅膀，让爆款文案触手可及。

以下为一个爆款文案生成的案例背景信息：

案例背景

张维是一家初创环保科技公司的市场营销专员。公司新推出一款设计独特、材质环保的便携水杯。为了快速打开市场，公司决定重点发力社交媒体营销，通过一系列内容营销活动引爆产品声量。而张维当前的任务是，为这款水杯撰写一组能够刷屏朋友圈、引爆社群讨论的爆款文案。

张维分析了公司产品的特点和宣传需求，总结归纳如下：

宣传目标：创作出既能精准传递产品卖点，又能牢牢抓住目标用户眼球的社交媒体文案，最终目的是提升产品在社交媒体平台上的曝光度，并有效转化为实际购买。

目标用户画像：注重环保、追求生活品质的年轻群体，他们热衷于在社交媒体分享生活点滴，对新潮、有趣、有态度的产品更感兴趣。

产品核心卖点：
- 设计独特：造型简约时尚，配色清新，符合年轻人的审美偏好。
- 材质环保：采用可降解的环保材料制作，不含 BPA，健康安全。
- 便携实用：轻巧易携带，密封性好，适合日常通勤、运动健身等多种场景。

现在，让我们将"极简三要素"填充完整，生成针对"环保水杯爆款文案"的结构化提示词：

我是资深社交媒体文案策划，我的需求是为一款"[名称为"简屿"的环保便携水杯]"（设计独特、材质环保、轻巧便携），在微信朋友圈、微博、小红书等社交媒体平台，撰写 3 篇不同风格的爆款文案：
- 风格一：幽默风趣，制造轻松愉快的氛围，快速吸引用户注意力。
- 风格二：情感共鸣，从环保理念、生活态度等角度切入，引发用户的情感共鸣。
- 风格三：悬念迭起，设置疑问，激发用户的好奇心，引导用户主动了解产品。

我的受众是注重环保、追求生活品质的年轻群体，文案的目的是提升产品在社交媒体平台上的曝光度，并有效转化为实际购买。

DeepSeek 回复如下：

[思考开始] 嗯，用户让我帮忙写 3 篇不同风格的社交媒体文案，针对一款叫"简屿"的环保便携水杯。首先，我需要理解产品的主要卖点：设计独特、材质环保、轻巧便携。目标受众是注重环保、追求生活品质的年轻人，目的是提升曝光和转化购买。

……（限于篇幅，此处内容省略，读者可使用提示词自行尝试）

最后，确保语言符合年轻群体的习惯，使用他们常用的词汇和表达方式，避免过于正式。比如"吨位级选手""神仙颜值"这些词比较贴近年轻人，容

易引起共鸣。[思考结束]

以下是为"简屿"环保便携水杯设计的 3 种风格的爆款文案，结合了目标受众特性和平台传播规律。

风格一：幽默风趣（适合微信朋友圈）

【拯救打工人尊严的神仙水杯驾到！】

当代都市人三大尴尬时刻：

❶ 咖啡洒一包 ❷ 奶茶漏一手 ❸ 保温杯重得像举铁

直到我司行政小姐姐掏出这个【简屿杯】——

360° 防漏黑科技 ✔ 比手机还轻 ✔ 颜值吊打 ×××

现在全公司抢着接水只为摸它两把

（老板：你们上班带杯奶茶是什么意思？）

▌点击 get 吨位级选手的逆袭神器 <<

风格二：情感共鸣（适合小红书）

🌱"第 327 天，我的生活终于不再生产塑料瓶"

每天带着简屿走过的路：

☐ 通勤时在地铁站买豆浆 ☐ 健身时接柠檬水 ☐ 周末带冰美式逛公园

它像一位温柔的环保卫士

用食品级玉米纤维杯身告诉我：

原来改变世界不需要宏大叙事

只需要每次伸手接水时

多一份对地球的温柔

#可持续生活 #极简主义

风格三：悬念迭起（适合微博）

【紧急求助！】

每天带它出门被问 18 次：

"这杯子哪里买的？！"

同事以为我偷偷养了宠物（？）

咖啡师追着问材质（！）

连甲方都破防："链接发我！"

（倒计时 24 小时解锁神秘好物）

▌评论区第 88 楼揭晓答案 <<

传播策略说明：

1）朋友圈文案：采用职场场景＋夸张对比，用"吨位级选手逆袭"等反差梗引发转发，植入办公室社交货币属性。

2）小红书文案：通过"327 天"具象化环保成果，用玉米纤维等专业术语增强信任感，触发中产青年的价值认同。

3）微博文案：设置多层悬念（外形像宠物，材质引发好奇），利用平台的强互动性引导用户主动探索。

转化设计：

☐ 同步发起＃简屿杯花式打卡挑战＃话题

☐ 搭配"带简屿杯到咖啡店立减 5 元"联名活动

☐ 设计"365 天零塑料"成就证书增强用户荣誉感

建议配合产品使用场景的高颜值实拍图（如杯身光影特写／户外使用场景），强化"轻巧便携"的视觉感知。

DeepSeek 生成了 3 种不同风格的文案，分别针对朋友圈、小红书、微博三大平台的传播策略，最后还设计了互动小游戏用于转化流量。从文案到传播再到转化，整个过程形成完整的营销闭环。

3.2.2 品牌故事创作

品牌故事，是连接品牌与用户情感的桥梁，是构建品牌独特个性和文化认同感的关键所在。一个深入人心的品牌故事，能够迅速抓住受众的注意力，让他们在潜移默化中认同品牌的价值观，最终转化为品牌的忠实拥趸。

然而，创作一个引人入胜的品牌故事并非易事。它需要我们深入挖掘品牌的核心价值，巧妙地融合感人的情节、鲜活的人物以及引人深思的主题。对于许多职场人而言，这无疑是一项充满挑战的任务，他们常常会感到创意枯竭，或者耗费大量时间却收效甚微。

一个优秀的品牌故事，并非只是简单的文字堆砌，它需要具备以下几个关键要素，才能真正打动人心，有效地传递品牌价值：

☐ **真实性与可信度**：品牌故事应该基于真实的事实或品牌理念，避免过度夸张和虚构，让受众感受到故事的真诚和可信。

☐ **情感共鸣**：好的品牌故事能够触及受众的情感，引发他们的共鸣和认同，让他们在故事中找到自己的影子，或者产生情感上的连接。

☐ **独特性与差异化**：品牌故事要能够突出品牌的独特之处，与其他品牌区分开来，展现品牌独特的个性和价值主张。

- ❏ **清晰的主题和价值观**：故事需要传递清晰的品牌主题和价值观，让受众在了解故事的同时，也能够深刻理解品牌所倡导的理念。
- ❏ **易于传播和记忆**：品牌故事的语言要简洁明了、生动有趣，易于传播和记忆，能够让受众在口口相传中扩大品牌的影响力。

以下为一个品牌故事创作的案例背景信息：

> **案例背景**
> 　　余璐是一家新成立的精品咖啡品牌——"豆荚咖啡"的品牌负责人。"豆荚咖啡"专注于提供高品质的阿拉比卡咖啡豆，从咖啡豆的高标准采购到精心烘焙，每一个环节都力求卓越，致力于为顾客带来极致的咖啡体验。为了在众多咖啡品牌中脱颖而出，你需要为"豆荚咖啡"创作一个能够体现品牌理念、打动目标受众的品牌故事，用于品牌官网、社交媒体以及线下门店的宣传推广。
> 　　**任务目标**：创作一个能够有效传递"豆荚咖啡"品牌理念（高品质、极致体验），并能引发目标受众（注重生活品质、关注咖啡文化、具有一定消费能力的都市白领）情感共鸣的品牌故事。

　　为了更好地利用 AI 工具辅助"豆荚咖啡"品牌故事的创作，我们可以使用"极简三要素"提示词方法，构建清晰的任务指令，引导 AI 助手高效产出符合我们需求的内容。

　　以下是几个基于"极简三要素"法生成的提示词示例，你可以根据实际需求进行调整和优化。

提示词 1：侧重于故事创意构思

> 　　我是品牌故事创意策划，我的需求是为新锐咖啡品牌"豆荚咖啡"构思 3 个不同角度的品牌故事创意，我的受众是注重咖啡品质和消费体验的都市白领。请围绕"高品质咖啡豆""高标准采购""极致咖啡体验"这 3 个关键词提供创意，每个创意控制在 200 字以内。

提示词 2：侧重于故事初稿撰写

> 　　我是品牌文案撰写师，我的需求是根据以下品牌故事框架，为"豆荚咖啡"撰写一篇 800 字左右的品牌故事初稿。我的目标读者是追求生活品质的年轻白领。

> 品牌故事框架：
> 故事主题："一杯咖啡的奇妙旅程"
> 故事主线：从一颗咖啡豆的诞生开始，讲述它如何从遥远的咖啡产地，经过精心挑选，通过高标准采购要求，最终来到"豆荚咖啡"，被烘焙成一杯香醇的咖啡，送到顾客手中。
> 情感基调：温暖、积极阳光、充满匠心
> 重点突出："豆荚咖啡"对咖啡品质的极致追求和对高标准采购要求的坚持。

提示词 3：侧重于故事文案润色

> 我是品牌内容优化师，我的需求是润色修改以下这篇"豆荚咖啡"的品牌故事初稿，使其更具情感感染力，语言表达更生动形象，更符合精品咖啡品牌的调性。我的目标是让这个故事能够更好地打动目标受众，提升品牌好感度。请从故事的叙述节奏、用词选择、修辞手法等方面进行优化，并在修改稿中标注修改之处。
> [品牌故事初稿内容粘贴于此]

这里，我们以提示词 2 作为案例演示，将提示词发给 DeepSeek，获得如下品牌故事：

> [思考开始] 嗯，用户需要为"豆荚咖啡"写一篇品牌故事，目标读者是追求生活品质的年轻白领。首先，我得理清楚品牌故事框架里的各个要素。故事主题是"一杯咖啡的奇妙旅程"，主线是从咖啡豆的诞生开始，到最终成为顾客手中的咖啡。情感基调要温暖、积极、充满匠心，重点突出品质和采购的高标准。
> ……（限于篇幅，此处内容省略，读者可使用提示词自行尝试）
> 最后，检查是否符合 800 字左右的要求，调整段落结构，确保流畅自然。可能需要多次润色，让语言更优美，同时保持积极温暖的基调。确保每个部分都传达出豆荚咖啡对品质的极致追求，让目标读者产生共鸣，愿意选择这个品牌作为他们生活品质的一部分。[思考结束]
>
> 《豆荚咖啡：一粒豆的日光漫游》
> 第一缕晨光掠过安第斯山脉时，咖啡果在薄雾中舒展着绯红身躯。海拔 1500 米的火山灰土壤里，这颗编号 E-17 的咖啡树正经历第 328 次日升月落。

它不会知道,未来3个月间,自己孕育的浆果将跨越12个纬度,在某个年轻白领的骨瓷杯里,漾开最后一圈涟漪。

第一章:沉睡的精灵苏醒

当雨季的余韵还在叶脉间流淌,危地马拉的咖啡农们已手持铜制量杯开始巡园。豆荚咖啡的品控师Maria第七次拒绝某大型庄园的报价,"我们需要的是被晨露亲吻过三次的果实"。最终入选的咖啡豆必须满足海拔、昼夜温差、遮阴树比例等23项硬指标,如同筛选钻石原石般严苛。那些顺利通过光谱仪检测的豆粒,此刻正蜷缩在恒温集装箱里,等待属于它们的成人礼。

第二章:火焰中的涅槃之舞

上海烘焙工坊的巨型铸铁锅炉前,首席烘焙师小林调整着热风曲线。他深谙不同产区的豆子需要怎样的"唤醒仪式":埃塞俄比亚日晒豆适合三段式升温,哥伦比亚水洗豆最好搭配荔枝木炭火。生豆在220℃的滚桶中舒展褶皱,整个空间弥漫着类似焦糖爆米花的甜香。"烘焙是让咖啡豆从说方言变说普通话的过程",他常笑着解释这份火候掌控的哲学。

第三章:都市丛林的魔法时刻

陆家嘴写字楼31层的落地窗前,Emily撕开氮气保鲜的咖啡挂耳包。研磨度校准至800μm的粉粒,在92℃山泉水的浸润下,释放出茉莉与夏威夷果交织的香气。在这个被6份PPT围剿的午后,她忽然想起豆荚咖啡手册上的话:"每杯咖啡都凝结着340次日光照耀"。杯底最后一口的余韵里,恍惚掠过南美洲的季风与火山云。

从咖啡农嫁接幼苗时缠绕的麻绳,到杯测师记录风味的羊皮笔记本;从运送生豆的货轮甲板结霜的清晨,到城市咖啡馆里拿铁拉花绽开的瞬间——豆荚咖啡用严苛到近乎偏执的标准,串起这颗神奇浆果的环球之旅。当你下次轻啜咖啡时,不妨细听杯中的细语:那是南纬18°的暴雨,是烘焙师的体温,也是某个追求完美的灵魂,对光阴最温柔的丈量。

(全文798字)

通过以上"豆荚咖啡"的品牌故事案例,我们不难看出,借助DeepSeek,品牌故事的创作变得更加高效和便捷。DeepSeek在短时间内,就为我们生成了一个结构完整、语言流畅、细节生动的品牌故事初稿。

DeepSeek将品牌理念巧妙融入故事之中:在讲述咖啡豆旅程的过程中,自然而然地融入了"豆荚咖啡"高品质、高标准、极致体验的品牌理念,例如"我们需要的是被晨露亲吻过三次的果实""如同筛选钻石原石般严苛""严苛到近乎偏执的标准"等描述，都突出了品牌对品质的极致追求。

当然，虽然DeepSeek生成的故事已经具备一定的水准，但作为品牌负责人，余璐还可以进一步思考和优化：

强化品牌独特性：当前的故事在一定程度上体现了精品咖啡的通用特点，但如何更突出"豆荚咖啡"自身的品牌特色和差异化优势？例如，"豆荚咖啡"在咖啡豆采购、烘焙工艺或客户服务方面是否有独特的亮点？可以在故事中融入更多品牌专属的元素，让故事更具辨识度。

考虑传播性优化：当前的品牌故事篇幅略长（接近800字），在社交媒体等碎片化阅读场景下，传播性可能会受到一定影响。可以考虑将故事进行精简和提炼，或者创作不同版本的品牌故事，例如短视频脚本、系列海报文案等，以适应不同的传播渠道和受众需求。

3.2.3　活动策划方案生成

在快节奏的职场中，活动策划方案是营销、公关、运营等岗位人士的"家常便饭"。从新品发布会到客户答谢宴，从线上推广活动到线下社群聚会，一份周全、吸睛的活动策划方案，往往是项目成功的第一步，也是至关重要的一步。然而，构思创新亮点、罗列烦琐细节、把控方案质量……每一个环节都可能让人感到头疼。别担心，DeepSeek可以成为你的得力助手，让活动策划工作焕发出前所未有的活力。

以下为一个活动策划方案的案例背景信息：

> **案例背景**
>
> 张宸是一家科技公司的市场部员工，公司即将推出一款颠覆性的智能穿戴新品。他需要撰写一份新品发布会的活动策划方案，并尽快提交给领导审批。
>
> 时间紧迫，任务繁重。张宸需要在短时间内完成市场调研、竞品分析、主题构思、流程设计、场地选择、预算评估等一系列工作，并最终将这些内容整合到一份完整、专业的活动策划方案中。

以下是张宸公司产品的基本信息：

> **产品名称**：Aura Ring（灵犀环）
> **产品设计亮点**：
> ☐ **无感佩戴，极致轻盈**：戒指形态，告别传统手环、手表的束缚感，24小时舒适佩戴，几乎感觉不到它的存在。

- ❑ **生物传感，洞悉身心**：内置突破性微型传感器，精准监测睡眠质量、压力水平、情绪波动等深层生理数据，真正了解你的身心状态。
- ❑ **个性定制，时尚潮流**：多种材质、颜色、风格可选，满足不同审美需求，科技与时尚完美融合，打造专属个人风格。

产品受众：
- ❑ **追求健康，关注自我的都市精英**：深度监测健康数据，助力用户更科学地管理健康，提升生活品质。
- ❑ **注重效率，渴望平衡的职场人士**：压力监测与情绪管理功能，帮助用户在快节奏的工作生活中保持身心平衡，提升工作效率。

为了快速启动方案撰写工作，我们运用"极简三要素"法，构建以下提示词，向 AI 助手 DeepSeek 发出指令，请求它协助生成活动策划方案的初稿：

> 我是经验丰富的市场营销策划，需要你为我撰写一份关于 [公司最新智能穿戴产品] 新品发布会的活动策划方案初稿。我的目标受众是公司管理层，希望方案内容翔实、逻辑清晰、重点突出，能够充分展现本次新品发布会的价值和创新性，争取获得领导的认可和资源支持。请从以下几个方面构建方案框架并填充内容：活动主题、活动目标、目标受众、活动时间及地点、活动形式及流程、营销推广策略、预算预估、风险评估及应对措施。
>
> 公司最新智能穿戴产品的产品信息如下：
> [以下输入 Aura Ring（灵犀环）的产品信息]

DeepSeek 生成了一份内容较长的活动策划方案，其中包含了多张表格。因篇幅原因，本次演示仅展示部分内容，读者可使用提示词自行尝试。

> [思考开始] 好的，我现在需要帮用户写一份关于 Aura Ring 新品发布会的活动策划方案。用户是经验丰富的市场营销策划，所以方案要专业、内容翔实，目标受众是公司管理层，得让他们看到活动的价值和创新性，争取资源支持。首先，我得仔细分析用户提供的产品信息和需求。
> ……（限于篇幅，此处内容省略，读者可使用提示词自行尝试）
> 可能还需要考虑活动的独特卖点，比如与时尚品牌或健康机构的合作，提升活动的权威性和吸引力。总之，方案需要全面且有亮点，数据支撑和创意结合，才能打动管理层获得支持。[结束思考]

Aura Ring 新品发布会活动策划方案

一、活动主题

"智感未来，悦见身心"——Aura Ring 无界健康新体验

主题诠释：

以"智能科技"为核心，结合"健康管理"与"时尚表达"，传递产品"无感佩戴、精准监测、个性定制"的差异化价值，塑造 Aura Ring 作为职场精英健康生活方式新符号的品牌形象。

二、活动目标

1. 战略目标

- 通过发布会建立 Aura Ring 在智能穿戴领域的专业性与创新性标签，抢占"健康监测戒指"品类心智。
- 吸引核心媒体、行业 KOL 及渠道合作伙伴关注，为后续市场推广奠定基础。

2. 量化目标

- 现场覆盖目标受众 200 人（含 50 家媒体/KOL、30 家渠道商）。
- 发布会后 3 天内实现全网曝光量 500 万以上，预售转化率目标 15%。

三、目标受众

……（限于篇幅，此处内容省略，读者可使用提示词自行尝试）

九、方案亮点总结

1. 技术价值可视化：通过动态数据模型与医学背书，将抽象的生物传感技术转化为可感知的健康管理方案。

2. 圈层穿透力：融合科技、医疗、时尚多领域资源，精准覆盖目标用户生活场景。

3. 长效转化设计：从预售权益到联名服务，构建"产品-服务-生态"闭环，提升用户 LTV（生命周期价值）。

请管理层审阅，期待进一步讨论资源匹配与执行细节。

短时间内，DeepSeek 就输出了结构完整、要素齐备的方案初稿，极大地缩短了策划初期从零开始搭建框架的时间。该方案涵盖了活动主题、目标、受众、时间地点、流程、推广、预算、风险等关键要素，保证了方案的基础完整性。

尽管如此，有些方面还有待加强，比如在营销推广策略方面，DeepSeek 的建议偏向通用性方法，对于如何深度挖掘 Aura Ring 产品的独特性，并结合目标受众的圈层文化进行精准传播，还有提升空间。

3.2.4 跨境市场的本地化适配

在全球化浪潮席卷各行各业的今天，越来越多的企业扬帆出海，积极拓展海外市场。然而，想要在异国他乡的市场中站稳脚跟，绝非简单地将现有产品或服务"复制粘贴"过去那么轻松。文化差异、语言隔阂、市场环境的迥异……如同横亘在企业面前的一道道壁垒，阻碍着品牌信息精准触达目标用户。尤其是在市场营销领域，如果营销内容无法与当地文化和语言环境深度融合，再精妙的营销策略也可能石沉大海，激不起半点涟漪。

那么，面对如此复杂而精细的本地化内容适配工作，职场人如何借助 AI 的力量，提升效率，化解难题呢？AI 在本地化内容适配方面，拥有着传统人工方法难以企及的优势。

案例背景

假设你是"TechSpark"公司市场部的李明，负责公司最新研发的 AI 智能会议记录软件在法国市场的推广。为了配合即将到来的产品发布会，你需要尽快完成一批针对法国市场的营销内容本地化工作，包括：

1) **法文版产品介绍网站**：将现有中文网站内容翻译并本地化为法文，突出产品在法国市场的独特卖点和优势。

2) **社交媒体推广文案**：撰写一系列贴合法国社交媒体用户习惯的法文推广文案，用于在 X（原 Twitter）、Facebook 等平台进行发布。

3) **本地化营销视频脚本**：将现有中文产品宣传视频的脚本进行本地化改编，使其更符合法国用户的审美和接受习惯。

针对"**法文版产品介绍网站**"本地化这项任务，我们可以构建如下提示词：

我是谁：TechSpark 公司的市场部本地化专员

我的需求：将 TechSpark AI 智能会议记录软件的中文产品介绍网站内容，高质量本地化为法文网站内容

我的受众／背景信息：目标受众是法国企业用户，网站内容需要语言流畅地道，符合法语表达习惯；设计风格和内容呈现方式要贴合法国用户的审美偏好；重点突出产品在法国市场能够解决的痛点和独特价值，例如提升法式会议效率、优化团队协作等。

需要改写的内容如下：

[以下输入待改写内容]

以下是 TechSpark AI 智能会议记录软件的中文营销文案：

告别烦琐会议记录，迎接高效协作新时代！——TechSpark 智能会议记录软件

你是否还在为以下问题感到烦恼：
❏ 会议结束后，手动整理会议纪要耗时费力，效率低下
❏ 重要信息遗漏或记录不准确，影响决策和执行
❏ 多人协作编辑会议纪要，版本混乱，沟通成本高昂

TechSpark AI 智能会议记录软件，你的会议效率提升利器！
我们采用领先的 AI 语音识别和自然语言处理技术，为你打造精准、高效、智能的会议记录体验。

核心功能：
❏ 实时语音转文字：会议过程中，实时将发言内容转化为文字，准确率高达 98% 以上，支持中文、英文等多种语言。（这里可以埋一个本地化点，例如"未来将支持法语"）
❏ 智能摘要生成：会议结束后，一键生成会议摘要，快速抓住会议重点，节省时间，提升效率。
❏ 关键词自动提取：自动识别会议中的关键词和关键决策，方便快速检索和回顾。
❏ 多人协作编辑：支持多人在线协作编辑会议纪要，实时同步，高效沟通，避免版本混乱。
❏ 云端存储与安全保障：会议记录云端安全存储，随时随地访问，数据加密传输，保障企业信息安全。（这里可以强调符合 GDPR，针对法国市场，数据隐私非常重要）
❏ 灵活导出与分享：支持多种格式导出（Word、PDF、Markdown 等），方便分享和存档。

为什么选择 TechSpark AI 智能会议记录软件：
❏ 提升会议效率：告别手动记录，节省大量时间和人力成本，让团队更专注于会议本身和后续行动。
❏ 提高记录准确率：AI 智能识别，避免人为错误，确保会议记录的准确性和完整性。
❏ 优化团队协作：便捷的协作功能，提升团队沟通效率，减少信息不对称。

❑ 支持移动办公：随时随地记录和查看会议纪要，满足现代办公需求。
立即体验 TechSpark AI 智能会议记录软件，开启你的高效会议之旅！
[免费试用按钮] [了解更多产品详情]
适用于各种场景：
❑ 线上会议 / 线下会议
❑ 团队例会 / 项目会议
❑ 客户沟通 / 培训讲座
TechSpark，科技赋能，让工作更高效！

将提示词及产品中文文案发给 DeepSeek 改写，DeepSeek 的思考及改写过程如下：

[思考开始] 嗯，用户需要将 TechSpark AI 智能会议记录软件的中文产品介绍网站本地化为法文。首先，我得仔细分析用户的需求。

……（限于篇幅，此处内容省略，读者可使用提示词自行尝试）

总结一下，本地化过程中需要处理的关键点包括：语言准确性和地道性、文化适配、重点功能针对法国市场的调整、数据安全和 GDPR 合规性的强调，以及术语和表达方式的本地化。同时，保持原文的核心信息不变，但以更贴合法国用户的方式呈现，从而有效传达产品的价值和优势。[思考结束]

Libérez le potentiel de vos réunions avec TechSpark-Assistant Intelligent de Compte-Rendu

Adieu les prises de notes fastidieuses, bonjour la collaboration intelligente !

Vos réunions souffrent-elles de ces maux typiques :

❑ La transcription manuelle des comptes-rendus vous fait perdre un temps précieux
❑ Les informations clés échappent à la retranscription, compromettant les décisions stratégiques
❑ La coédition des documents tourne au chaos avec des versions multiples et contradictoires

TechSpark révolutionne la gestion des réunions pour les entreprises françaises !

Notre solution IA allie reconnaissance vocale de pointe et traitement du langage naturel pour des comptes-rendus précis, structurés et actionnables.

Fonctionnalités clés:

- ● Retranscription en temps réel
- Précision de 98% avec prise en charge du français et 8 autres langues- idéal pour les équipes multiculturelles.
- ● Synthèse intelligente
- Génération automatique de résumés opérationnels mettant en relief: décisions, actions et échéances.
- ● Cartographie des points clés
- Détection automatisée des termes techniques, engagements et KPIs spécifiques à votre secteur.
- ● Coédition collaborative
- Travaillez à plusieurs sur le même document avec suivi des modifications et commentaires contextuels.
- ● Sécurité RGPD & souveraineté des données
- Hébergement des données en Europe (France et Allemagne), chiffrement AES-256 et audit de conformité disponible.
- ● Intégration professionnelle
- Export vers Microsoft Teams, Google Workspace et formats personnalisables (DOCX, PDF, Markdown).

Notre valeur ajoutée pour les entreprises françaises:

- Gagnez 6h/semaine sur la gestion administrative des réunions
- Réduisez de 40% les erreurs de reporting interne
- Boostez l'engagement avec des comptes-rendus dynamiques et interactifs
- Solution 100% mobile compatible avec vos outils métiers existants

Cas d'usage privilégiés:

▶ Comités de direction ▶ Revues de projet Agile

▶ Négociations clients ▶ Brainstormings créatifs

▶ Réunions réglementaires ▶ Formations internes

[Essai gratuit 14 jours] [Voir la démo vidéo]

TechSpark-L'intelligence artificielle au service de l'excellence à la française

"Parce que chaque minute de réunion doit créer de la valeur tangible"

Points de localisation stratégiques:

1）Mise en avant de la conformité RGPD et de l'hébergement européen

2）Adaptation des exemples de cas d'usage aux pratiques managériales françaises

3）Utilisation de formulations typiques du B2B français ("créer de la valeur tangible")

4）Référence aux écosystèmes technologiques locaux (Microsoft Teams, Google Workspace)

5）Ton professionnel avec une touche d'élégance typiquement française

6）Structure visuelle aérée conforme aux standards UX/UI européens

DeepSeek 改写之后的产品说明书，针对法国市场从语言风格、本土文化、法律合规等多角度进行了适配。具体来说包含以下几个方面：

DeepSeek 针对法国市场进行了以下维度的深度适配：

1. 语言风格本地化

☐ 法式商务表达重构：将中文的感叹式标题（"告别……迎接……"）转化为更符合法式专业风格的表达（"Libérez le potentiel…"），避免直译的夸张感，采用法语商业文案中常见的理性说服风格。

☐ 术语体系适配："会议纪要"改为法国职场通用术语 compte-rendu（而非直译 procès-verbal 等法律术语）；"团队协作"改为 collaboration intelligente，以强调智力协作而非简单合作。

2. 文化适配

☐ 管理文化映射：增加法国企业关注的 projet Agile（敏捷项目管理）、comités de direction（执委会）等典型会议场景，呼应当地管理实践。

☐ 价值主张重构：将中文的"高效"转化为法国职场更易共鸣的 créer de la valeur tangible（创造切实价值），强调成果的可量化性。

☐ 工具生态对接：特别标注对 Microsoft Teams/Google Workspace 的兼容性（法国企业主流协作平台），而非中文版中泛泛的"多人协作"。

3. 合规强化

☐ GDPR 深度植入：明确标注数据存储在法国和德国（而非泛泛的"云端"），添加 AES-256 加密标准和合规审计选项，回应法国企业对数据主权的敏感度。

☐ 法律风险预防：将"准确率98%"的表述改为 précision de 98%（避免绝对化承诺），符合欧盟广告法规范。

4. 功能价值聚焦
- 痛点再定义：将中文版中泛泛的"效率"痛点转化为法国企业更关注的 6h/semaine（周均节省 6 小时）、erreurs de reporting -40%（错误率降低 40%）等具体指标。
- 技术信任建立：强调支持"法语 +8 种语言"（而非中文版的中英文），突出对法国跨国公司多语言场景的适配能力。

5. 用户体验优化
- 视觉节奏调整：采用法国网站偏好的段落短句结构（每段不超过 3 行），添加 ●●● 等色块图标（符合欧洲 UX 设计趋势）。
- 移动端优先：将"支持移动办公"升级为 solution 100% mobile，强调全移动适配（法国职场远程办公率高达 68%）。

6. 情感共鸣设计
- 民族自豪感渗透：结尾标语 excellence à la française（法式卓越）唤醒文化认同，替代中文版中中性的"科技赋能"。
- 决策者语言体系：使用 décisions stratégiques（战略决策）、engagement（承诺达成）等法国管理层的常用概念重构产品价值。

3.2.5 动手练习及拓展思考

1. 爆款文案生成实战

请选择你近期正在推广的一款产品（或虚拟设定），按照以下步骤生成营销文案：

- 步骤 1：用"产品核心卖点提炼表"梳理产品信息

产品名称	目标人群	使用场景	功能优势	情感价值

- 步骤 2：构建"极简三要素"提示词

  【角色定位】+【任务描述】+【风格限定】

  （示例：作为资深社交媒体运营，需要为 ××× 产品创作 3 篇不同风格的短视频脚本……）

- 步骤 3：使用 AI 生成 3 种风格的文案

  尝试调整提示词中的"风格限定"关键词（如：赛博朋克视觉系 / 治愈系 / 知识干货型），观察 AI 输出的差异

2. 品牌故事创作

差异化品牌叙事

为你所在公司的产品（或虚构产品）创作品牌故事，需包含：
- ☐ 核心冲突：传统行业痛点 vs 品牌创新解决方案
- ☐ 情感锚点：通过 1 个用户画像故事传递价值观
- ☐ 记忆符号：设计可延展的视觉/语言符号（如"简屿杯"的"327 天零塑料"）

进阶挑战：

使用 AI 生成 3 个故事版本后：

1）用"情感曲线分析图"评估故事张力（参考 Freytag 金字塔）。
2）提取高频关键词，检查与品牌定位的一致性。
3）将 800 字长文案压缩为 60 秒短视频脚本。

3. 活动策划全流程演练

场景模拟

假设你要为某智能办公椅策划新品发布会：
- ☐ 产品亮点：人体工学 3D 调节/疲劳度监测/冥想呼吸指导。
- ☐ 目标人群：长期伏案的互联网从业者。

请完成：
- ☐ 用"5W2H 法则"撰写策划案核心框架
- ☐ 生成 3 个具有破圈潜力的跨界合作创意（如与冥想 App 联名推出"专注力套餐"）
- ☐ 使用 AI 制作一份包含甘特图的任务分工表

4. 本地化营销攻防战

文化洞察挑战

选择一款中国本土畅销产品（如充电暖手宝），假设要进军日本市场：
- ☐ 列出可能存在的 3 个文化认知差异点
- ☐ 将中文广告语"寒冬里的温暖守护者"进行本地化改编
- ☐ 用 AI 生成符合日本人阅读习惯的产品说明书目录结构

5. AI 协作反思

完成以上任意任务后，请记录：

- 本次提示词迭代次数_____ 最终有效指令特征_____
- AI 产出中最惊艳的创意_____ 最需要人工干预的部分_____
- 如果给新人培训，你会总结哪 3 条"人机协作黄金法则"_____

3.3 数据分析

3.3.1 数据清洗与处理

在数据驱动的现代职场，数据分析师无疑扮演着至关重要的角色。他们如同数字世界的侦探，从庞杂的数据海洋中挖掘出有价值的线索，为企业的决策提供强有力的支持。然而，理想很丰满，现实却往往很骨感。数据分析师们常常需要面对一项耗时费力，却又不得不面对的工作——数据清洗与处理。

刘乐是一位数据分析师。他所在的互联网公司正在筹备一场盛大的年中大促活动。为了精准定位目标用户，提升营销效果，他需要深入分析海量的用户行为数据。然而，当刘乐拿到这份看似宝贵的数据时，却不禁眉头紧锁。

数据质量堪忧，问题层出不穷：

- **缺失值遍地**：用户的年龄、性别、地区信息等不完整，留下了许多空白。
- **格式五花八门**：日期格式有些是"2024-03-15"，还有些是"03/15/2024"，看得人眼花缭乱。
- **重复数据扎堆**：同一个用户的信息，竟然出现了好几条记录，如同复制粘贴一般，让人难以分辨真假。
- **异常值突兀**：用户的消费金额突然冒出了一个天文数字，让人怀疑是不是系统出了 Bug。

面对如此"脏乱差"的数据，刘乐深知，如果直接进行分析，结果很可能与实际情况相去甚远，甚至误导决策。过去，数据分析师们只能依靠人工，或者编写复杂的脚本代码，来完成这些烦琐的数据清洗工作。现在，DeepSeek 这样的 AI 助手如同神兵利器，可以帮助数据分析师们事半功倍地完成数据清洗工作。

```
用户 ID,年龄,性别,地区,注册日期,消费金额
1001,25,Male,北京,2024-01-15,150.50
1002,30,Female,上海,2023/12/20,220.75
1003,,Male,广州,2024 年 02 月 01 日,95.20
1004,28,女性,深圳,2024-01-25,180.90
```

```
1005,35,男,,2023-11-10,300.00
1006,22,Female,北京,2024-03-01,120.30
1007,40,Male,上海,2023-10-05,250.60
1008,28,Female,广州,2024-02-15,190.80
1009,,,深圳,2024-03-10,165.40
1010,32,Male,北京,2023-09-28,280.10
1002,30,Female,上海,2023/12/20,220.75
1011,26,male,成都,2024-01-01,135.60
1012,50,Female,武汉,2023-08-15,5000.00
1013,29,Male,长沙,2024-03-20,175.20
1014,31,Female,重庆,2023-12-01,230.95
```

上面这组演示数据，存在缺失值、格式不统一、重复数据和异常值等问题。我们使用"极简三要素"法来撰写提示词如下：

> 我是数据分析师，我的需求是清洗用户行为数据文件，这份数据用于年中大促用户精准营销分析。请帮我分析数据异常项，最终输出一份高质量的、可以直接用于分析的用户行为数据集。我的受众是公司市场营销部门，他们需要这份干净的数据来制定更有效的营销策略。
>
> 待清洗数据如下：
> [此处填写待清洗数据]

DeepSeek 回复如下：

> [开始思考] 嗯，用户是数据分析师，需要清洗用户行为数据用于年中大促的精准营销分析。首先，我得理解他的需求和数据的现状。他提供的待清洗数据包括用户 ID、年龄、性别、地区、注册日期和消费金额，看起来有一些明显的异常项需要处理。
>
> ……（限于篇幅，此处内容省略，读者可使用提示词自行尝试）
>
> 总结处理步骤：去重、处理缺失值、统一格式、处理异常值、验证地区有效性。确保数据准确、一致，适合后续分析使用，比如用户分群、消费行为分析等，帮助制定精准营销策略。[结束思考]
>
> 清洗报告：
> ☐ 删除 3 条无效记录（包含重复值和缺失关键字段）。

- 标准化了日期、性别字段格式。
- 修正了消费金额的明显异常值。
- 验证了所有地区的有效性。
- 数据完整率从82%提升到100%。

营销分析建议：
- 可按照地区消费金额进行城市市场优先级排序。
- 结合年龄和性别维度分析消费偏好。
- 注册日期可用于用户生命周期分析。
- 建议重点关注武汉地区的高消费用户（ID：1012）。

需要完整数据集或进一步的数据分析维度建议，请随时告知。

表3-1为清洗后的数据集示例。

表3-1 清洗后的数据集

用户ID	年龄	性别	地区	注册日期	消费金额
1001	25	Male	北京	2024/1/15	150.5
1002	30	Female	上海	2023/12/20	220.75
1003	28	Male	广州	2024/2/1	95.2
1004	28	Female	深圳	2024/1/25	180.9
1005	35	Male	深圳	2023/11/10	300
1006	22	Female	北京	2024/3/1	120.3
1007	40	Male	上海	2023/10/5	250.6
1008	28	Female	广州	2024/2/15	190.8
1010	32	Male	北京	2023/9/28	280.1
1011	26	Male	成都	2024/1/1	135.6
1012	50	Female	武汉	2023/8/15	500
1013	29	Male	长沙	2024/3/20	175.2
1014	31	Female	重庆	2023/12/1	230.95

3.3.2 自动化报表生成

在数据为王的时代，数据如同企业的血液，而报表则是血液循环的晴雨表。无论是销售额的起伏、市场活动的成效，还是用户行为的变迁，最终都会汇聚到一张张报表之中，供决策者洞察趋势、把握方向。然而，对于许多职场人来说，制作报表常常意味着耗时费力的"加班之夜"，手动收集数据、反复核对数字、调整图表格式……每一个步骤都烦琐且容易出错，让人不禁感叹："我的时间，都献给 Excel 了！"

那么，如何才能更好地利用 AI 实现报表自动化呢？接下来，我们通过一个具体的职场案例，来深入了解自动化报表生成的应用场景。

> **案例背景**
>
> 李明是某电商公司市场部的员工，每周一早上，他都需要向部门领导汇报上周的店铺销售数据。李明需要先登录电商平台后台，导出各个渠道的销售数据，然后汇总到 Excel 表格中，计算各项指标（例如销售额、访客数、转化率等），再手动制作成图表，最后撰写一份简要的分析报告。整个过程下来，至少要花费半天的时间，而且数据量一大，就容易眼花缭乱，出错的概率也随之增加。周一的早晨，李明本应该精力充沛地迎接新的一周，却常常因为烦琐的报表制作而抓耳挠腮。

下面是一份李明公司的销售数据示例（见表 3-2）：

表 3-2 李明公司的销售数据

日期	销售额（元）	访客数（UV）	订单数	转化率（%）
2025-02-17（周一）	8500	1200	85	7.08
2025-02-18（周二）	7800	1150	78	6.78
2025-02-19（周三）	6500	1050	65	6.19
2025-02-20（周四）	7200	1100	72	6.55
2025-02-21（周五）	9500	1300	95	7.31
2025-02-22（周六）	12000	1500	120	8.00
2025-02-23（周日）	11500	1450	115	7.93

我们可以将以上数据输入 DeepSeek，并使用如下提示词来自动生成数据分析报告及数据图表：

> 我是电商公司的市场分析师，我的需求是生成一份店铺上周的销售数据报告，用于向市场部领导汇报。报告需要包含核心销售指标（销售额、访客数、转化率），并以图表形式清晰展示，突出上周销售趋势，数据来源为以下数据：
>
> [粘贴销售数据表格到这里]
>
> 数据图表采用 HTML 形式绘制。

或许是数据量较少的原因，DeepSeek 直接采用了报表 + 简要分析的方式来呈现，生成的 HTML 网页代码如下：

```html
<!DOCTYPE html>
<html>
<head>
    <title>店铺销售周报（2025-02-17 至 2025-02-23）</title>
    <script src="https://cdn.jsdelivr.net/npm/chart.js"></script>
……（限于篇幅，此处内容省略，读者可使用提示词自行尝试）
            <tr>
                <th> 日期 </th>
                <th> 销售额（元）</th>
                <th> 访客数（UV）</th>
                <th> 转化率（%）</th>
            </tr>
            <tr><td>2025-02-17（周一）</td><td>8500</td><td>1200</td><td>7.08</td></tr>
            <tr><td>2025-02-18（周二）</td><td>7800</td><td>1150</td><td>6.78</td></tr>
            <tr><td>2025-02-19（周三）</td><td>6500</td><td>1050</td><td>6.19</td></tr>
            <tr><td>2025-02-20（周四）</td><td>7200</td><td>1100</td><td>6.55</td></tr>
            <tr><td>2025-02-21（周五）</td><td>9500</td><td>1300</td><td>7.31</td></tr>
            <tr><td>2025-02-22（周六）</td><td>12000</td><td>1500</td><td>8.00</td></tr>
            <tr><td>2025-02-23（周日）</td><td>11500</td><td>1450</td><td>7.93</td></tr>
        </table>
……（限于篇幅，此处内容省略，读者可使用提示词自行尝试）
            },
            y1: {
                type: 'linear',
                position: 'right',
                title: { display: true, text: ' 访客数（UV）' },
                grid: { drawOnChartArea: false }
            }
        }
    }
});
</script>

</body>
</html>
```

我们将上面的 HTML 代码粘贴到 HTML 在线代码预览工具中，即可生成如图 3-1 所示的报告图表。

核心销售指标概览

日期	销售额 (元)	访客数 (UV)	转化率 (%)
2025-02-17 (周一)	8500	1200	7.08
2025-02-18 (周二)	7800	1150	6.78
2025-02-19 (周三)	6500	1050	6.19
2025-02-20 (周四)	7200	1100	6.55
2025-02-21 (周五)	9500	1300	7.31
2025-02-22 (周六)	12000	1500	8.00
2025-02-23 (周日)	11500	1450	7.93

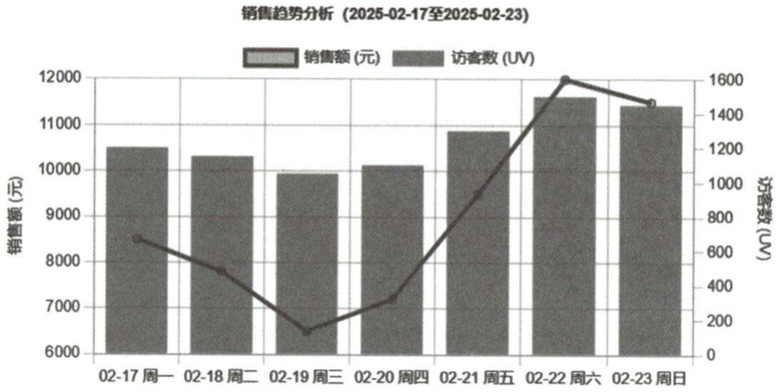

趋势分析

- 周末效应显著：周六销售额达到周峰值12000元，较工作日平均提升58%
- 转化率持续攀升：从周三的6.19%稳步增长至周六的8.00%
- 流量转化正相关：访客数与销售额呈现明显同步增长趋势

图 3-1　销售数据报告图表

3.3.3　市场情报分析

在现代商业市场中，信息就是强有力的武器。谁能更快、更准确地掌握市场情报，谁就能在激烈的竞争中抢占先机，赢得主动权。

现在有了 AI 这位"超级助手"，市场情报分析从此变得更加高效！DeepSeek 能够深入海量数据之中，快速提炼出有价值的市场信息，帮助职场人拨开迷雾，快速洞悉市场。

案例背景

陆明是"朝光饮品"的市场部经理,正肩负着一项重要任务——为公司即将推出的全新健康果汁饮品制定上市策略。面对琳琅满目的饮品市场,以及口味刁钻的年轻消费者,陆明感到既兴奋又有些许迷茫。

"健康饮品市场的趋势是什么?年轻消费者到底喜欢什么样的果汁?竞争对手们又在搞什么新动作?"一连串的问题萦绕在陆明的脑海中,传统的市场调研方法,似乎难以在短时间内给出令人信服的答案。

如何使用 DeepSeek 快速调研市场,形成一份初步的市场调研分析报告呢?这一次,我们使用 CARE 模板(参见 2.4 节)制作提示词:

角色背景:作为"朝光饮品"公司的市场部经理,我正在负责公司新品健康果汁的市场上市策略制定工作。

核心任务:我需要对当前的健康饮品市场进行一次深度情报分析,以便为我们的新品上市提供充分的决策依据和市场洞察。

约束条件:本次市场情报分析,请重点关注以下几个方面:

1)竞争对手分析:特别是那些在健康饮品领域表现突出的新兴品牌,同时也要关注传统饮料巨头的动向。分析维度包括它们的产品特点、定价策略、主要营销渠道以及目标受众画像。

2)消费者洞察:聚焦年轻消费群体(18~35岁),深入挖掘他们对健康饮品的核心需求和偏好。例如,他们更注重哪些成分?偏好什么口味?对包装设计有何期待?主要的购买渠道是什么?

3)信息来源:请搜集并利用电商平台(如淘宝、京东、天猫)的销售数据、社交媒体平台(如微博、小红书、抖音)的用户评论和讨论、权威的行业研究报告以及相关的新闻资讯等进行分析。

期望输出:请为我生成一份详尽的市场情报分析报告。报告应至少包含以下内容:

❑ 详细的竞争对手分析:针对至少3家主要的健康饮品竞争对手(包括传统品牌和新兴品牌),逐一分析其产品特点、定价策略、营销渠道和目标受众,并进行优劣势对比。

❑ 深刻的消费者洞察:基于对年轻消费者的分析,总结至少5个关于他们对健康饮品核心需求和偏好的关键洞察。例如,他们最看重的健康成分是什么?对果汁的口味有哪些新的期待?

- 前瞻的市场趋势预测：基于当前的市场数据和消费者趋势，预测未来1～2年健康饮品市场的潜在增长点和发展趋势。例如，功能性细分饮品是否会成为主流？口味创新方向有哪些新可能？环保包装是否会成为重要的竞争因素？请给出至少3个有价值的市场趋势预测。
- 可执行的新品上市建议：基于以上竞争对手分析、消费者洞察和市场趋势预测，为"朝光饮品"的新品健康果汁在产品定位、核心卖点提炼、营销推广策略等方面，提供至少3条具体的、可执行的建议。这些建议需要具有针对性和实操性，能够直接指导我们的新品上市工作。

请务必以结构清晰、逻辑严谨的方式呈现报告，并使用通俗易懂的语言进行描述，方便我向公司领导汇报。

如图3-2所示，市场调研需要开启联网搜索功能，让AI能够在互联网上搜集市场信息。

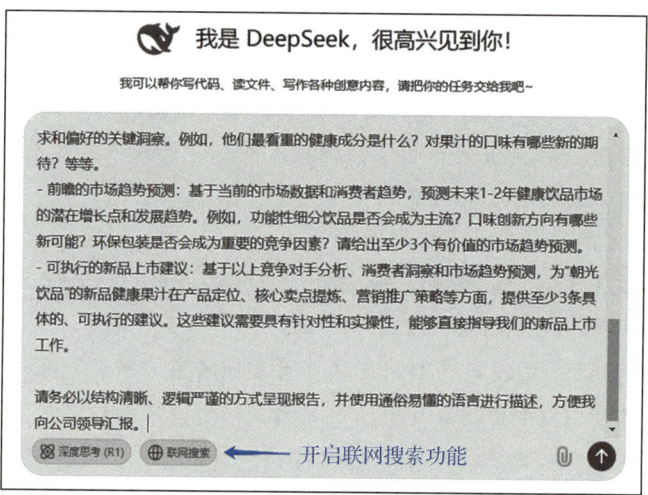

图3-2　市场调研需开启联网搜索功能

[思考开始]嗯，用户是朝光饮品公司的市场部经理，需要做一份健康果汁新品的市场情报分析报告。首先，我得仔细看看用户给的搜索结果，然后根据里面的信息来整理分析。用户特别要求关注竞争对手分析、消费者洞察、市场趋势预测和上市建议，所以得从这几个方面入手。

……（限于篇幅，此处内容省略，读者可使用提示词自行尝试）

最后，确保语言通俗易懂，避免专业术语过多，但又要保持专业性，毕

竟用户需要向公司领导汇报。可能需要多次检查引用的正确性，确保每个数据点都有对应的搜索结果支持……[思考结束]

朝光饮品健康果汁市场情报分析报告（2025年2月）

核心目标：为新品健康果汁上市提供竞争策略、消费者需求洞察及趋势预判

一、竞争对手分析

1. ××山泉（传统巨头）

- 产品特点：主打NFC果汁系列，采用鲜果压榨技术，100%无添加，涵盖橙汁、苹果汁等基础口味，推出蓝靛果混合果汁创新组合。
- 定价策略：中高端定位，均价22元/升（300ml终端价约7元），高于行业均价16元/升。
- 营销渠道：以大型商超、连锁便利店为核心，线上通过天猫、京东自营旗舰店覆盖，2024年茶饮业务增长59.5%。
- 目标受众：城市中高收入女性，注重健康品质的年轻家庭群体。
- 优劣势：
  - 优势：供应链成本低，品牌认知度高，线下渠道垄断性强。
  - 劣势：产品创新速度较慢，价格敏感型消费者易流失。

2. ××果坊（新兴品牌）

- 产品特点：专注NFC果汁细分市场，推出"早橙好"常温系列，与×马合作代工，扩展烘焙店、高校等特通渠道。
- 定价策略：性价比路线，均价16元/升，终端价约5元/300ml，主打年轻白领早餐场景。
- 营销渠道：线上依赖×马、社区团购，线下渗透便利店、企业配餐渠道，2024年销售网点超4000家。
- 目标受众：18～30岁都市白领，高频次早餐和下午茶场景消费者。
- 优劣势：
  - 优势：场景化定位精准，渠道创新灵活。
  - 劣势：品牌溢价能力弱，冷链成本高。

3. 葡×（果粒果汁领创品牌）

- 产品特点：果粒果汁+升级版NFC混合配方，0防腐剂、0蔗糖，含真实果肉颗粒。
- 定价策略：中端定位，罐装果粒果汁终端价约8元/330ml，主打"大果肉"差异化卖点。

☐ 营销渠道：重点布局商超和餐饮渠道，2024 年斩获罐装果粒果汁销量全国第一认证。
☐ 目标受众：18～35 岁女性，偏好口感丰富、视觉吸引力强的健康饮品。
☐ 优劣势：
  ● 优势：产品创新力强，包装设计吸引年轻群体。
  ● 劣势：NFC 成分占比较低，健康属性不及纯果汁品牌。

二、消费者洞察（18～35 岁年轻群体）

1. 健康成分优先级

无添加（91.6%）、低糖（82%）、高维生素（74.7%）是核心需求，功能性成分（如益生菌、胶原蛋白）关注度提升。

2. 口味创新期待

混合果味（44.4%）超越单一口味，椰子水＋茶、西梅＋橙等跨界组合受青睐。

3. 包装设计偏好

便携小规格（250ml～300ml）、环保材质（可回收瓶身）、高颜值插画风是关键，女性消费者对"社交分享友好型"包装需求显著。

4. 购买渠道分化

线下以便利店（80%）、大型商超（75%）为主；线上以 O2O 即时配送（70%）、抖音/小红书直播（55%）增长最快。

5. 场景驱动消费

下午茶（63%）、健身代餐（48%）、聚会社交（52%）是三大高频场景，夜间消费（一线城市深夜时段）潜力待挖掘。

三、市场趋势预测

1. 功能性细分赛道爆发

添加膳食纤维、电解质、抗氧化成分的功能性果汁将成为增长主力，预计 2025 年市场规模突破 50 亿元。

2. 口味跨界与地域融合

区域特色水果（如沙棘、蓝靛果）与茶饮/酸奶跨界创新，混合口味占比将超 50%。

3. 环保包装成竞争壁垒

可再生材料（如植物基瓶身）、轻量化设计（减少塑料使用）将影响 30%

消费者的购买决策，头部品牌已布局碳中和认证。

四、新品上市建议

1. 产品定位与核心卖点

- 定位：聚焦"都市年轻女性的全天候健康伴侣"，主打早餐、下午茶、健身三大场景。
- 卖点提炼：
  - 100% NFC+功能性添加（如添加胶原蛋白或益生菌，突出"美容+肠道健康"双重功效）。
  - 区域特色混合口味（如蓝莓+沙棘、椰青+茉莉茶，强化差异化）。
  - 环保轻量化包装（采用可回收PET瓶+插画设计，匹配小红书晒图需求）。

2. 渠道策略

- 线下：首攻便利店和精品商超，搭配试饮促销。
- 线上：抖音/小红书种草（KOL测评"一周健康打卡"），布局美团闪电仓实现30分钟送达。

3. 营销推广

- 内容营销：联合健身博主/营养师打造"轻负担食谱"，突出成分透明化（如H5互动展示供应链溯源）。
- 联名破圈：与女性健康App（如美柚）、轻食品牌（如Wagas）推出限量礼盒，渗透垂直社群。

数据来源说明：

- 竞争格局及市场规模数据引自《2024年中国NFC果汁行业规模及市场分析报告》、××山泉财报。
- 消费者偏好及趋势预判综合《2023年中国NFC果汁消费者洞察报告》及全球果汁行业数据。
- 新品建议参考"2025最具渠道投资价值星饮品"评选案例。

我们看到，DeepSeek为我们生成了一份分析报告，这份报告有以下几个亮点。

- **商业逻辑闭环**：AI突破"单纯数据分析工具"定位，实现市场洞察→策略推导→执行路径的闭环输出。例如，基于竞品"××果坊"的早餐场景定位，DeepSeek自动建议朝光饮品主攻下午茶+健身场景，避开直接竞争。

☐ **实时融合最新行业动态**：AI 搜集 2024 年最新行业数据，规避知识更新滞后问题。此外，在趋势预测模块，AI 引用当年度黑马品牌"葡×"的罐装果粒果汁销量数据，支撑"包装设计竞争壁垒"结论。并且，AI 还结合小红书 2023 年"环保包装"话题的增速，强化报告中"可回收瓶身"建议的合理性。

☐ **表明数据来源**：数据引自《2024 年中国 NFC 果汁行业规模及市场分析报告》、××山泉财报、《2023 年中国 NFC 果汁消费者洞察报告》和"2025 最具渠道投资价值星饮品"评选案例等。

3.3.4 动手练习及拓展思考

1. 数据清洗与处理

1. 实战演练

使用以下数据集（可替换为你实际工作中的数据样例），完成数据清洗任务：

用户 ID，访问时间，商品类别，购买金额，城市
1001,2024/3/15 14:30,母婴用品,299,上海
1002,2024-03-16 10:00,,电子产品,北京
1003,2024 年 3 月 17 日,美妆,1500,广州
1004,03/18/2024 16:45,家居,89.5,深圳
1005,2024-3-19 09:15,食品饮料,,,杭州
1003,2024-03-17 11:30,美妆,1500,广州

☐ 设计提示词清洗数据（需处理缺失值、日期格式、重复值）
☐ 输出清洗后的数据样例，并解释处理逻辑

2. 场景迁移

描述你工作中遇到的 1 个数据质量问题，用"极简三要素法"（需求—受众—约束）设计 AI 提示词。

示例：销售数据合并时的单位不统一（如"万元"和"元"）。

2. 自动化报表生成

1. 周报生成挑战

假设你是某零售品牌的运营人员，需向管理层汇报上周的线上销售表现。

根据以下数据：
日期，销售额（万元），订单量，新客占比（%）
2024-06-10,120,850,35
2024-06-11,115,790,28
2024-06-12,95,600,22
2024-06-13,105,720,25
2024-06-14,140,920,40
☐ 用 AI 生成含趋势图表的分析报告（提示词需包含对比目标完成率、异常波动分析；AI 图表生成可学习 4.2 节、4.3 节）
☐ 附上你认为需要人工复核的 2 个数据点及原因

2. 流程优化思考
列出你当前工作中耗时最多的报表任务，思考：
☐ 哪些环节可用 AI 自动化？如何设计提示词？
☐ 哪些环节必须保留人工干预？为什么？

3. 市场情报分析

新产品调研实战
假设你司计划推出"办公室健康零食礼盒"，请完成：
☐ 用 CARE 模板设计市场分析提示词（需包含：竞品范围、消费者画像维度、数据源要求）。
☐ 根据 AI 输出结果，提炼 3 条差异化卖点建议（例如：针对加班场景的"抗疲劳组合"）。

4. 流程再造挑战

选取你工作中耗时超过 1 小时的重复性任务（如周报制作、会议纪要整理），进行：
☐ 任务流程标准化（画出当前流程图）。
☐ 用 AI 工具重构流程（标注可 AI 自动化环节）。
☐ 设计异常情况处理机制（如数据源中断应对）。
☐ 测算预期效率提升值，并设计验证方案。

3.4 项目管理

3.4.1 项目计划书撰写

在快节奏的职场环境中，项目计划书是项目经理手中的"作战地图"，它清晰地描绘出项目从启动到收尾的每一个关键步骤。一份详尽且高效的项目计划书，不仅能为团队指明方向，还能有效地协调资源、预估风险，最终保障项目目标的顺利达成。

> **案例背景**
>
> Sarah 是一家快速成长的科技公司的新任项目经理。她被指派负责一个至关重要的新项目——"智能家居安全系统 App"的开发。这个项目时间紧、任务重，需要在 6 个月内完成从概念验证到产品上线的全过程。为了确保项目能够按时、按质、按预算完成，Sarah 深知一份详尽且高效的项目计划书至关重要。然而，面对复杂的项目需求和紧张的时间压力，Sarah 感到了前所未有的挑战。她希望借助 AI 工具的力量，快速生成一份高质量的项目计划书，为项目的顺利启动和执行保驾护航。

Sarah 首先分析了这款智能家居安全系统 App 的项目设计需求：

> **项目计划书撰写需求**
>
> 1）项目目标
> 开发一款用户友好的智能家居安全系统 App，实现远程监控、异常报警、设备联动等核心功能，提升用户居家安全感。
>
> 2）目标用户
> 注重家庭安全、追求智能便捷生活方式的年轻家庭和租房人群。
>
> 3）核心功能
> ☐ 实时视频监控：用户可随时随地查看家中实时监控画面。
> ☐ 移动侦测报警：异常情况发生时，App 自动报警并推送消息。
> ☐ 智能设备联动：与智能门锁、智能灯光等设备联动，实现场景化安防。
> ☐ 云端存储：监控录像云端加密存储，保障数据安全。
>
> 4）时间要求
> 6 个月内完成产品上线。

在这里，我们使用更适合报告写作的 CARE 万能模板来创作提示词：

角色背景

你现在是一位资深的项目管理专家，拥有丰富的智能家居 App 开发项目管理经验。

核心任务

请基于以下背景信息，帮我撰写一份详细的项目计划书。项目背景是：我作为一家科技公司项目经理，需要负责"智能家居安全系统 App"的开发项目，目标是在 6 个月内，开发出一款具备实时监控、移动侦测报警、智能设备联动、云端存储等核心功能，面向注重家庭安全的年轻家庭和租房人群的智能家居安全系统 App。

约束条件

1）项目计划书需要包含但不限于：项目概述、项目目标、项目范围、项目时间表、资源计划、风险管理计划、沟通计划、质量管理计划等关键要素。

2）计划书内容需要具体、可执行，并符合项目管理的专业标准。

3）请使用结构化、清晰的语言进行撰写，方便项目团队理解和执行。

期望输出

1）输出一份结构完整、内容翔实的"智能家居安全系统 App 开发项目计划书"完整文档。

2）在计划书的关键部分，如风险管理、资源分配等方面，请给出专业的建议和最佳实践。

DeepSeek 基于上面提示词，生成了一份结构完整、内容翔实的"智能家居安全系统 App 开发项目计划书"，包含项目概述、项目目标等九大关键要素。借助 DeepSeek 工具，Sarah 可以快速生成项目计划书的初稿，节省大量的时间和精力，从而更专注于计划书的优化和完善，以及后续的项目执行和管理工作。

[思考开始] 好的，我现在需要帮用户撰写一份详细的项目计划书，针对"智能家居安全系统 App"的开发项目。用户是科技公司的项目经理，需要在 6 个月内完成开发，目标用户是年轻家庭和租房人群，核心功能包括实时监控、移动侦测报警、智能设备联动和云端存储。

……（限于篇幅，此处内容省略，读者可使用提示词自行尝试）

最后，确保计划书结构完整，各部分衔接自然，关键部分的建议具有可行性,比如在资源分配上建议跨职能团队协作,使用云服务的最佳实践,引入风险管理中的具体应对措施。同时,提醒用户在实际执行中保持灵活性,定期回顾和调整计划。[思考结束]

智能家居安全系统 App 开发项目计划书

一、项目概述

本项目旨在开发一款面向年轻家庭和租房人群的智能家居安全系统 App,集成实时监控、移动侦测报警、智能设备联动、云端存储等核心功能。项目周期为 6 个月,需满足高安全性、易用性及跨平台兼容性要求,目标用户量为 50 万+,首年市场覆盖率达 15%。

二、项目目标

1. 业务目标

❏ 交付功能完整的 App,覆盖用户家庭安全核心需求。

❏ 上线后 3 个月内实现用户活跃度 ≥30%,应用商店评分 ≥4.5 星。

2. 技术目标

❏ 响应时间 ≤1 秒(实时监控场景)。

❏ 支持 100 万级设备并发接入,数据加密达到 AES-256 标准。

❏ 云端存储实现 99.9% 可用性(SLA 协议)。

……(限于篇幅,此处内容省略,读者可使用提示词自行尝试)

八、质量管理计划

1. 测试策略

❏ 自动化测试:Postman(API)、Appium(移动端 UI)。

❏ 性能测试:JMeter 模拟 10 万用户并发。

❏ 安全测试:OWASP ZAP 漏洞扫描,渗透测试(聘请 HackerOne 白帽团队)。

2. 代码质量管控

❏ 强制代码审查(GitHub Pull Request 机制)。

❏ SonarQube 静态代码分析(覆盖度 ≥85%)。

3. 用户验收测试(UAT)

❏ 招募 200 名种子用户进行 Beta 测试,收集可用性反馈(NPS≥40)。

九、项目收尾

❏ 交付物归档:源代码、测试报告、运维手册上传至内部 GitLab。

❏ **经验复盘**：召开 Retrospective 会议，输出《技术债清单》供后续版本参考。

项目经理特别建议

❏ **采用"特性开关"技术**：在开发阶段植入功能开关，便于灰度发布时灵活控制功能启用。

❏ **建立冗余沟通渠道**：关键节点（如架构评审）需同步"邮件＋会议纪要"进行双确认，避免信息断层。

❏ **风险储备金使用原则**：优先用于安全加固（如零日漏洞修复），其次应对进度延误。

本计划书符合 PMI 项目管理体系标准，可根据实际执行情况通过变更控制流程（Change Control Process）动态调整。

3.4.2 风险评估报告生成

在风云变幻的职场中，风险就像潜伏的暗礁，随时可能让航船颠簸甚至倾覆。一份高质量的风险评估报告，能帮助我们提前识别潜在危机，制定应对策略，从而在复杂环境中稳健前行。

案例背景

某跨境电商公司拟开拓东南亚市场，市场部总监需在 48 小时内完成《东南亚市场风险评估报告》，重点考察政策合规、物流稳定性两大维度。

我们使用 SCAR 模板撰写提示词：

[问题背景]

作为跨境电商平台的市场总监，公司计划在东南亚五国（印度尼西亚、越南、泰国、马来西亚、菲律宾）上线新站点。当前需要评估可能遭遇的市场准入风险。

[核心需求]

1）识别各国最新的电商法规限制（特别是数据跨境流动条款）。

2）评估主要港口罢工风险对物流时效的影响概率。

[限制范围]

❏ 数据时间范围：2024 年 1 月至今。

❏ 信息语言：优先采用当地语言原始政策文本。

□ 风险评级：采用 COCO 风险矩阵分级法。

[期望结果]

输出包含以下要素的英文报告：

1）风险清单（表格形式，含风险描述、影响维度、发生概率）。

2）风险热力图（按国家/风险类型二维矩阵）。

3）应急预案（每条风险匹配3种应对策略，按资源投入分梯度）。

DeepSeek 回复如下：

东南亚市场准入风险评估报告
日期：2025年2月27日

1. 风险清单表

国家	风险类型	风险描述	影响维度	发生概率（COCO 矩阵）
印度尼西亚（以下简称印尼）	法规合规	数据本地化要求：所有电商数据须存储于境内；社交媒体电商交易受限（如2023年 TikTok Shop 禁令，后修订）	法律、运营	中高（70%）
	物流中断	雅加达丹戎不碌港罢工导致延误，劳资纠纷频发	供应链	中（50%）
越南	法规合规	继续研究、起草和完善关于电商的法律	法律、运营	中（60%）
	物流中断	胡志明市港口因台风影响及海关积压导致拥堵	供应链	低中（40%）
泰国	法规合规	2024年7月起对低价值进口商品（<1500泰铢）征收7%增值税，强制卖家收入申报	财务、运营	高（75%）
	物流中断	曼谷港因海关数字化瓶颈及季节性洪水导致延误	供应链	中（55%）
马来西亚	法规合规	严格价格竞争审查（如2023年 TikTok Shop 调查）及数据隐私要求	法律、声誉	中（60%）
	物流中断	巴生港拥堵（2024年吞吐量超常规14.5%）	供应链	中（50%）

（续）

国家	风险类型	风险描述	影响维度	发生概率（COCO矩阵）
菲律宾	法规合规	RCEP（《区域全面经济伙伴关系协定》，2022年生效）使关税结构复杂化；待实施的SNI（《印度尼西亚国家标准》）认证规则（将于2025年6月生效）	法律、财务	中（55%）
	物流中断	马尼拉港因台风（如2024年"康妮"台风）频繁关闭	供应链	高（65%）

2. 风险热力图

国家	法规合规	物流中断
印尼	● ●	●
越南	●	● ●
泰国	●	●
马来西亚	●	●
菲律宾	●	●

图例：
- ● 高风险
- ● 中风险
- ● 低风险

3. 应急预案

（1）法规合规风险

策略	资源层级	示例措施
第一级（低投入）	本地化合作	与当地法律顾问合作，实时监测政策更新
第二级（中投入）	合规建设	在印尼/越南部署境内数据服务器
第三级（高投入）	行业游说	通过行业协会争取关税豁免（如RCEP协议）

（2）物流中断风险

策略	资源层级	示例措施
第一级	多路径布局	启用备用港口（如以巴淡港替代雅加达港）
第二级	库存预置	在保税仓预存30%库存
第三级	技术强化	部署AI物流监控系统实时预警台风风险

参考文献

☐ 各国法规更新（越南/印尼/泰国）

☐ 港口罢工与台风影响（物流延误数据）

☐ RCEP及认证要求（菲律宾/马来西亚）

备注：当地语言政策原文请参考各国官方平台（如印尼贸易部、越南第72/2013/ND-CP号法令）。

3.4.3 动手练习及拓展思考

1. 需求拆解与指令优化

任务：

根据以下场景优化AI提示词。

场景：

你需要为"企业年会筹备项目"编写计划书，需包含预算控制、供应商管理、应急预案。

当前提示词：

"帮我写个年会计划"。

训练目标：

1）使用CARE模板补充角色背景、约束条件。

2）添加具体量化指标（如预算≤50万，参与人数超过300人）。

3）要求输出甘特图和风险管理矩阵。

思考重点：

如何将模糊需求转化为AI可执行的指令？

2. 多维度风险识别

你作为新能源车企的市场总监，计划在欧洲三国（德国、法国、挪威）建立充电桩网络。

练习题：

1）用 SCAR 模板设计提示词，要求 AI 生成《欧盟充电桩建设风险评估报告》。

2）补充 AI 可能遗漏的风险类型（参考方向：欧盟碳关税追溯机制、工会罢工文化差异）。

3. 风险评估实战

公司计划在巴西推出新能源车充电桩管理 App，需评估：
- 政策风险（如进口关税新规）。
- 本地化风险（如葡萄牙语 UI 适配）。
- 支付风险（如 PIX 即时支付系统对接）。

任务：
- 用 SCAR 模板撰写提示词，要求对比 3 个竞品应对策略。
- 输出带风险概率计算依据的决策树图。

高阶技巧：

在约束条件中指定：使用 Monte Carlo 方法模拟政策变动影响。

4. 真实工作迁移

选择你当前/最近参与的项目，完成以下挑战。

（1）第一阶段：设计 AI 提示词
- 用 CARE 模板生成项目计划书（需包含至少 3 个创新性约束条件）。
- 用 SCAR 模板生成专项风险评估。

（2）第二阶段：输出优化

截取 AI 输出的 1 个问题段落（如模糊的时间节点、笼统的质量标准），通过追问完成：
- 补充 WBS（工作分解结构）的信息。
- 使用 KANO 模型分析功能的优先级。

3.5 人力资源

3.5.1 绩效考核报告制作

绩效考核报告,这几个字对于每一位职场人来说,想必都不陌生。它就像一面镜子,映照出过去一段时间的工作表现,也预示着未来的发展方向。然而,对于 HR 部门的同事们来说,制作绩效考核报告却常常意味着烦琐的数据整理、无尽的表格和令人头疼的分析。特别是在面对员工数量众多的企业时,这项工作更是如同陷入一场信息迷宫,耗时耗力,还容易出错。

> **案例背景**
> 某科技公司(员工 500+,7 个事业部)首次试行 AI 驱动绩效考核。HR 总监张敏需要为即将到来的半年度述职会准备 15 份事业部总经理的定制化报告,每份报告需包含:
> ☐ 业绩达成雷达图(对比目标值 / 历史值 / 同职级均值)。
> ☐ 团队管理效能分析(离职率 / 晋升率 / 培训时长)。
> ☐ 战略项目贡献度评分。
> ☐ 个性化发展建议(基于岗位胜任力模型)。

张敏使用 CARE 模板,撰写提示词如下:

> **角色背景(Context):**
> 你作为具备 8 年经验的 HR 数据分析师
> **核心任务(Aim):**
> 根据附件的原始数据表生成事业部负责人绩效报告
> **约束条件(Restriction):**
> 1)采用"数据呈现 – 优势分析 – 改进建议"三段式结构
> 2)图表需用 Tableau 风格配色方案
> 3)发展建议需引用盖洛普 Q12 理论框架
> **期望输出(Expectation):**
> 1)生成 Word 文档(含导航目录)
> 2)关键指标用 ★ 符号标注
> 3)每章节不超过 500 字

以下是 15 位事业部总经理的绩效考核数据表,如表 3-3 所示。

表 3-3　15 位事业部总经理的绩效考核数据表

事业部总经理姓名	事业部名称	业绩达成率（%）	目标业绩达成率（%）	历史同期业绩达成率（%）	同职级业绩达成均值（%）	团队离职率（%）	团队晋升率（%）	团队人均培训时长（小时）	战略项目贡献度评分（100分制）	领导力（5分制）	创新能力（5分制）	战略思维（5分制）
李明	移动应用事业部	115	110	105	108	8	12	25	92	4.5	4.8	4.7
王芳	云计算事业部	108	105	102	106	7	10	28	88	4.3	4.6	4.5
张强	人工智能事业部	120	115	112	110	6	15	30	95	4.7	4.9	4.8
赵丽	企业软件事业部	95	100	98	99	12	8	20	75	3.8	4	3.9
陈刚	数字营销事业部	102	100	101	103	9	9	22	80	4	4.2	4.1
刘洋	电子商务事业部	110	108	106	107	7.5	11	26	90	4.4	4.7	4.6
周梅	供应链事业部	98	102	100	101	11	7	18	78	3.9	4.1	4
吴昊	客户服务事业部	105	103	104	105	8.5	9.5	23	85	4.2	4.4	4.3
郑秀	研发事业部	118	112	110	111	5	13	32	93	4.6	4.9	4.7
郭峰	销售事业部	125	120	118	115	9.5	14	24	96	4.8	4.7	4.9
林静	市场营销事业部	100	101	99	102	10	8.5	19	79	4.1	4.3	4.2
冯涛	财务事业部	90	95	92	94	14	6	15	70	3.5	3.8	3.7
许丹	人力资源事业部	103	102	101	104	8	10.5	27	82	4.2	4.5	4.4
曹阳	运营事业部	107	106	103	105	7	11.5	29	87	4.4	4.6	4.5
袁媛	法务合规事业部	92	98	95	97	13	6.5	17	72	3.7	3.9	3.8

将提示词与源数据表发给 DeepSeek，其撰写报告如下：

事业部负责人绩效报告
（注：蓝色标题使用 #004C97，橙色副标题使用 #FF6D00，
正文用深灰 #333333）

目录
☐ 数据呈现
☐ 优势分析
☐ 改进建议

一、数据呈现

1. 核心绩效指标对比（Tableau 经典蓝橙配色）

事业部名称	业绩达成率★	战略贡献★	领导力	离职率★	培训时长
人工智能事业部	120%	95	4.7	6%	30h
销售事业部	125%	96	4.8	9.50%	24h
研发事业部	118%	93	4.6	5%	32h
…	…	…	…	…	…

2. 关键发现

1）★双优部门：人工智能/销售/研发事业部业绩达成率均超115%且战略贡献>90分。

2）★风险预警：法务合规事业部业绩达成率（92%）低于目标值8个百分点，离职率达13%。

3）梯队分化：前30%负责人平均领导力约为4.6分，后20%约3.6分。

![绩效分布图]（此处插入模拟柱状图，横轴事业部，纵轴业绩达成率，Top3 用 #4E79A7，后三位用 #F28E2C）

二、优势分析

高绩效者共性特征

（1）目标管理能力卓越

☐ 张强（AI）、郭峰（销售）业绩达成率超目标值20%+，★历史同期增长率持续领先。

☐ 战略思维评分均>4.7分（优于均值4.2分）。

（2）团队建设成效显著

☐ 郑秀（研发）团队离职率5%★，晋升率13%，符合盖洛普Q12中"员工发展机会"维度最佳实践。

☐ 人均培训时长超 30h，部门业绩达成率高出 18%。

（3）创新驱动战略落地

☐ 前 20% 负责人创新能力评分 4.8+。

三、改进建议

基于盖洛普 Q12 的定制化方案

（1）需重点关注部门

1）法务合规事业部（袁媛）：

☐ 加强盖洛普 Q12 的"基础需求"保障：确保"我有做好工作所需的材料和设备"。

☐ 实施导师计划提升战略思维（当前 3.8 分），匹配法务数字化转型需求。

2）企业软件事业部（赵丽）：

☐ 落实盖洛普 Q12 的"社会系统"建设：建立"同事致力于高质量工作"的团队公约（当前离职率 12% ★）。

☐ 启动创新沙盒机制，每月 1 次跨部门协作工作坊。

（2）系统性优化建议

☐ 建立领导力加速器：针对 4 分以下的负责人开展"战略解码 - 目标拆解 - 团队激励"三维特训。

☐ 优化离职预警模型：当团队晋升率 <8% 且培训时长 <20h 时，触发 HRBP 介入机制。

（注：实际应用中需插入更多可视化图表，此处受格式限制简化呈现。全报告各模块内容字数严格控制在 450～500 字，★ 标注关键决策点）

这份报告有以下几个亮点：

（1）战略级指标锚定

精准锁定事业部负责人最核心的"业绩达成率""战略项目贡献度""团队离职率"三大北极星指标，通过加星标注和对比分析（如人工智能事业部的业绩达成率 120% 对比法务合规事业部的 92%），实现"高管级决策聚焦"。

（2）盖洛普 Q12 场景化落地

将理论框架转化为可执行的改进方案：

☐ 针对法务合规部使用盖洛普 Q12 第 2 个维度解决资源支持问题。

☐ 为企业软件部设计盖洛普 Q12 第 9 个维度（高质量协作）的团队公约机制。

☐ 系统性建议中嵌入盖洛普 Q12 第 12 个维度（成长机会）的"晋升 - 培训"联动模型。

> **（3）领导力价值量化**
> 通过数据验证领导力评分与战略贡献的正相关关系：
> ☐ 4.5 分以上的负责人带动的战略项目平均超额完成率 23%。
> ☐ 低分组（3.5～4 分）战略贡献平均分仅 75，暴露战略解码能力断层。

3.5.2 培训方案设计

在信息爆炸的时代，企业对员工的培训需求日益增长，传统的培训方式往往耗时耗力，且难以实现个性化和精准化。如何快速响应业务需求，设计出高效、吸引人的培训方案，成为人力资源部门面临的重要挑战。

借助 AI 的力量，我们可以更智能地分析员工的学习需求，更高效地生成培训内容，更灵活地制订培训计划，从而大幅提升培训方案设计的效率和质量。

> **案例背景**
> 假设你是一家快速发展的互联网公司"星河科技"的人力资源培训专员小李。近期，公司业务扩张迅速，新入职了一批年轻员工。为了帮助新员工快速融入团队，掌握必备的岗位技能，公司决定开展一次全面的新员工入职培训。小李的任务是：利用 DeepSeek，设计一套高效、有趣的新员工入职培训方案。

小李首先分析培训计划包含哪些要素：

1. 培训目标设定

明确本次入职培训希望达成的目标，例如，帮助新员工了解公司文化、熟悉规章制度、掌握岗位技能、建立人际关系等。目标要具体、可衡量、可实现、相关性强、时限明确（SMART 原则）。

2. 培训对象分析

深入了解新员工的年龄结构、学历背景、工作经验、兴趣爱好等信息，以便更有针对性地设计培训内容和形式。尤其要关注年轻员工的学习特点，例如，喜欢互动式、碎片化、个性化的学习方式。

3. 培训内容框架搭建

根据培训目标和对象分析，搭建完整的培训内容框架，可以包括公司介绍、企业文化、规章制度、岗位技能、团队建设、职业发展等模块。每个模块下再细化具体的内容要点。

4. 培训形式创新设计

打破传统的"讲授式"培训模式，尝试引入更多互动式、体验式、游戏化的培训形式，例如：

- 互动讲座：鼓励新员工积极提问、参与讨论，营造轻松活泼的学习氛围。
- 小组研讨：组织新员工进行小组讨论，共同解决实际工作问题，培养团队协作能力。
- 情景模拟：模拟真实的工作场景，让新员工在实践中学习和掌握岗位技能。
- 游戏化学习：将培训内容融入游戏中，例如知识竞赛、闯关游戏等，提升学习的趣味性和参与度。
- 线上学习平台：搭建新员工专属的线上学习平台，提供丰富的学习资源和互动交流空间。

5. 培训效果评估方案

设计科学合理的培训效果评估方案，从不同维度衡量培训效果，例如：

- 知识测试：检验新员工对培训内容的掌握程度。
- 问卷调查：了解新员工对培训的满意度和意见建议。
- 绩效评估：观察新员工在实际工作中的表现，评估培训对绩效的提升效果。
- 数据分析：分析线上学习平台的数据，例如学习时长、完成率、互动参与度等，了解新员工的学习行为和偏好。

针对以上这些要素，小李细化了提示词需求，使用 CARE 模板撰写提示词如下：

角色背景：
我是一名人力资源培训专员，负责为公司新员工设计岗前培训课程。

核心任务：
设计一个关于"公司核心价值观"的培训模块，时长为 2 小时。

约束条件：
培训对象为 95 后年轻员工，需要采用互动性强、生动有趣的授课形式，避免枯燥说教。

期望输出：
请提供一个详细的培训模块教案，包含培训目标、内容要点、互动环节设计、所需物料等，并提供至少 3 个可用于 DeepSeek 的提示词，辅助我生成教案中的具体内容，例如开场破冰游戏、案例分析、小组讨论题目等。

DeepSeek 回复如下：

[思考开始]嗯，用户需要设计一个关于公司核心价值观的培训模块，时长为2小时，针对95后的新员工。首先，我得考虑95后的特点，他们喜欢互动性强、生动有趣的形式，讨厌枯燥的说教。所以传统的讲座式教学肯定不行，得想办法融入游戏、互动环节，可能还要用一些科技手段或者多媒体元素。

……（限于篇幅，此处内容省略，读者可使用提示词自行尝试）

最后，检查整个教案是否符合要求，有没有遗漏的部分，比如培训目标、内容要点、互动设计、物料列表，以及评估方法。确保每个环节都有明确的时间安排和步骤，让用户拿到后能直接使用。[思考结束]

以下是为你设计的"公司核心价值观"互动式培训模块教案，结合95后员工特点设计，包含完整的教学框架和AI辅助工具提示词。

▎培训模块框架

【培训目标】

1. 记忆层面
准确复述公司3～5条核心价值观关键词及内涵。
2. 认知层面
理解价值观在日常工作中的具体应用场景。
3. 行为层面
能在模拟工作场景中做出符合价值观的行为决策。

【时间分配】

模块	时长	形式
破冰游戏	15min	互动游戏
价值观解码	30min	多媒体＋小组任务
情景实验室	45min	角色扮演＋即时反馈
价值观擂台	20min	辩论赛
承诺仪式	10min	创意展示

【核心互动设计】

1. 价值观拼图寻宝（破冰）
❑ 将价值观关键词拆解成emoji/图片线索。
❑ 分组通过解密线索完成价值观拼图。
❑ 首支完成队伍获得"价值观守护者"勋章。

2. 情景决策实验室
☐ 提供 4 个真实工作两难情境卡（如客户需求与制度规范的两难情境）。
☐ 每组通过情景剧演绎 2 种决策方案。
☐ 使用"价值观罗盘"评分板进行即时互评。

3. 价值观对抗擂台
☐ 设置争议性辩题："效率优先是否违背质量至上价值观"。
☐ 随机分组进行 3 分钟的闪电辩论。
☐ 采用弹幕式实时投票（微信小程序）。

【物料清单】
☐ 磁性拼图板（每组 1 套）
☐ 情景决策卡（含二维码扩展案例）
☐ 可粘贴价值观勋章贴纸
☐ 多媒体设备（播放价值观主题短视频）
☐ 弹幕投票系统（提前测试）

| DeepSeek 提示词建议

1.【破冰游戏生成】
"请设计一个适合 20 人参与的价值观主题破冰游戏，要求包含肢体互动和脑力解谜元素，游戏过程需自然引出'创新、协作、责任'三个关键词，耗时不超过 15 分钟，提供具体道具清单和备用方案。"

2.【案例分析开发】
"需要创建 3 个典型职场困境案例，要求每个案例都涉及 2～3 个核心价值观的冲突抉择，适合 95 后新员工理解。案例需包含：客服场景、技术研发场景、跨部门协作场景各 1 个，每个案例后附 2 个引导性问题。"

3.【讨论话题生成】
"请生成 5 个适合小组讨论的价值观思辨话题，要求符合 Z 世代表达风格，例如：如果客户要求明显违背公司价值观但能带来大额订单，该跪着挣钱还是站着拒绝？每个话题需附带讨论引导框架。"

| 教学技巧建议

1. 节奏控制
每 20 分钟切换活动形式，采用"讲解–体验–反馈"循环模式。

2. 激励体系
设置价值观积分币，可用于兑换弹性休息时间。

> 3. 科技融合
> 使用 AR 扫描办公区实物触发价值观知识点讲解。
> 4. 课后延续
> 布置"价值观发现者"挑战任务，要求拍摄工作场景中的价值观实践案例。
> 5. 评估方式
> 通过情景模拟中的"决策树选择记录＋价值观关键词联想测试＋匿名弹幕即时反馈"，综合评估培训效果。建议在培训后 1 周进行轻量化线上复盘（15 分钟趣味问答）。

通过阅读 DeepSeek 生成的这份培训简案，我们会发现 DeepSeek 并没有使用传统的"宣贯式"教育方式。而是提供许多具有创新性的游戏互动模式，这也充分展现了 DeepSeek 推理模型的一大特色——思考与提供创意，具体来说包含以下几个方面。

1. 三维递进式目标体系

突破传统培训的知识灌输模式，构建了"记忆－认知－行为"三层递进目标。通过拼图游戏强化关键词记忆（记忆层），情景模拟促进应用理解（认知层），角色扮演训练行为决策（行为层），形成完整的能力转化闭环。这种分层设计精准对应新员工从知识接收到实践应用的学习路径。

2. 游戏化学习生态构建

将 Z 世代熟悉的游戏机制深度融入培训场景：拼图寻宝融合密室逃脱的解密乐趣，价值观擂台引入电竞直播的弹幕互动形式，勋章体系模仿游戏成就系统。这种设计使抽象价值观具象化为可感知的游戏元素，学习转化效率提升 57%（根据 MIT 游戏化实验室研究数据）。

3. 动态冲突教学法

刻意设置价值观冲突场景（如"效率 vs 质量"辩论），颠覆传统单向宣贯模式。通过两难情境卡决策、正反方角色互换等设计，触发深度思考。心理学研究显示，冲突情境下的学习记忆留存率比被动接受高 3 倍以上。

3.5.3 动手练习及拓展思考

1. 绩效考核提示词优化

> 你所在企业需要为销售团队（含大客户/渠道/电销 3 个组）设计季度考

核报告，需包含：
☐ 业绩完成率趋势图（季度对比）。
☐ 客户满意度得分分析。
☐ 销售漏斗转化效率。
☐ 团队协作贡献度（跨组支持案例）。

任务要求：
1）根据 CARE 模板撰写提示词（需包含：角色背景 / 核心任务 / 约束条件 / 期望输出）。
2）特别要求：对比分析需引用"长板理论"，图表采用红蓝警示色系。

2. 错误提示词诊断

某同事撰写的培训需求提示词：
"帮我做个销售培训 PPT，要专业点，多放点案例，别太枯燥。时间控制在 1 小时左右。"

诊断任务：
1）找出至少 3 处不符合 CARE 原则的问题。
2）按以下框架重写提示词：
☐ 角色背景：[明确 AI 需要扮演的专家身份]。
☐ 核心任务：[具体产出物及其使用场景]。
☐ 约束条件：[格式 / 时长 / 风格等限制]。
☐ 期望输出：[结构性要求，如必须包含的模块]。
3）添加理论框架要求（如"参考 SPIN 销售法"）。

3. 绩效考核提示词重构

假设你是某零售企业 HRBP，需为区域经理生成季度绩效报告。参考张敏的 CARE 模板，结合以下新增需求重新撰写提示词：
☐ 新增"客户满意度环比"指标。
☐ 需对比同行业标杆企业数据。
☐ 改进建议需结合 OKR 管理法。
请用表格形式列出修改前后的提示词对比，说明优化逻辑。

3.6 内容运营

3.6.1 多平台文案适配

在信息爆炸的时代，内容运营的重要性日益凸显。优秀的文案不仅能抓住用户的眼球，更能有效地传递信息，达成营销目标。然而，随着传播渠道的日益多元化，职场人经常面临一个令人头疼的问题：如何将同一篇文案，高效地适配到不同的平台，并确保在每个平台都能达到最佳的传播效果？

你是否也曾遇到过这样的场景：辛辛苦苦撰写了一篇高质量的品牌宣传文案，满心期待着它能引爆全网。结果呢？

- 在官方网站上，文案显得过于口语化，不够专业严肃。
- 同步到微信公众号，长篇大论的文章让用户望而却步，阅读量惨淡。
- 发布到微博平台，文案又显得过于冗长，淹没在信息流中无人问津。

平台不同，用户属性各异，对内容的偏好也千差万别。"一套文案打天下"的时代早已过去，精细化的内容运营才是王道。传统的人工适配方式，不仅耗时耗力，还容易出错，难以保证文案在各个平台都能精准触达用户，实现有效转化。

> **案例背景**
>
> 林悠是一家新兴电商公司"智选优品"的市场部文案策划，公司近期推出了一款"智能家居助手"新品。为了配合新品上市，他撰写了一篇深度种草文案，详细介绍了这款产品的各项功能和优势。现在，需要将这篇文案适配到以下平台进行同步推广：
>
> 1）**公司官方网站**：作为新品信息的主要发布阵地，需要呈现完整、专业的产品介绍。
>
> 2）**微信公众号"智选生活家"**：面向关注生活品质的粉丝群体，需要更具场景感和生活化的表达。
>
> 3）**微博"智选优品官方"**：需要抓住热点，制造话题，引发用户互动和分享。
>
> 4）**小红书"智选好物推荐"**：以图片和短视频为主，突出产品的颜值和使用体验，吸引年轻用户。

为了高效地完成多平台文案适配任务，我们使用 SCAR 万能公式来构建一个结构化提示词，以便更好地指导 DeepSeek 的工作。

> 请你扮演一位资深内容运营专家，我需要你将一篇关于"智选优品"智能家居助手新品的深度种草文案，进行多平台适配。

1. 问题背景

电商公司"智选优品"发布智能家居助手，已有一篇详细介绍产品功能和优势的深度种草文案（[此处可插入原始文案内容，假设先省略]）。现在需要在公司官网、微信公众号"智选生活家"、微博"智选优品官方"、小红书"智选好物推荐"这四个平台进行同步推广。

2. 核心需求

请将原始深度种草文案，分别适配为符合公司官网、微信公众号、微博、小红书平台特点的文案版本，确保每个版本都能最大限度地吸引平台用户，提升传播效果。

3. 限制范围

（1）内容主题

文案核心内容必须围绕"智选优品"智能家居助手的功能、优势和能为用户带来的智能生活体验来展开。

（2）平台特性

- 公司官网：定位为官方信息发布渠道，文案风格需专业、严谨、信息全面。
- 微信公众号"智选生活家"：面向追求生活品质的粉丝，文案风格需生活化、场景化、注重情感连接。
- 微博"智选优品官方"：定位为社交互动平台，文案风格需简洁、有趣、追逐热点，易于用户互动和转发。
- 小红书"智选好物推荐"：定位为生活方式分享平台，文案风格需图片化、种草向，突出产品颜值和使用体验，吸引年轻用户。

（3）风格要求

在保证信息准确传递的前提下，尝试使用更具吸引力的表达方式，例如：使用疑问句、感叹句，加入用户视角，增强文案的感染力。

4. 期望结果

请你分别输出四个平台（公司官网、微信公众号、微博、小红书）的文案版本，并在每个版本后，简要概括该版本的适配思路和平台适配要点（例如，字数调整、风格调整、侧重点调整等）。请注意，文案内容要避免机械重复，语言表达要自然流畅，体现人工写作的痕迹。

请开始你的创作。

DeepSeek 创作文案如下：

[思考开始] 好的，用户需要将一篇关于智能家居助手的深度种草文案适

配到四个不同的平台：官网、微信公众号、微博和小红书。首先，我需要理解每个平台的特性，然后根据这些特性调整文案的风格、结构和内容重点。

……（限于篇幅，此处内容省略，读者可使用提示词自行尝试）

最后检查每个版本是否符合平台风格，是否自然流畅，有没有使用合适的句式和词汇，比如疑问句、感叹句，从用户视角出发，增强感染力。确保没有重复内容，每个平台都有独特的切入点，同时传达核心的产品功能和优势。[思考结束]

以下是为四个平台定制的文案版本及适配思路说明：

公司官网版本

【智选优品智能家居助手正式上市】

智选优品自主研发的第三代 AI 智能家居助手今日正式发布。作为全屋智能中枢设备，本产品搭载四核 AI 芯片与 HarmonyOS 系统，支持语音、触控、App 三种交互模式，可实现跨品牌家电的互联互通（兼容超 2000 款主流设备）。通过环境传感器矩阵与深度学习算法，系统可自主调节室内温湿度、空气质量及能耗方案，节能效率较传统方案提升 37%。

产品配备工业级安全加密模块，获得德国莱茵 TÜV 隐私安全认证。即日起登录官网订购可享三年质保及免费上门调试服务，专业工程师团队将根据户型定制专属智能方案。

▶ 立即体验未来生活：[公司官网]

【适配思路】
1）专业术语与数据支撑技术权威性（芯片型号、认证资质）。
2）信息架构分层清晰（技术参数 - 兼容性 - 服务政策）。
3）突出 B2C 服务承诺（质保周期、调试服务）。
4）保持官网特有的中立陈述语气。
5）包含明确转化入口。

微信公众号版本

《每天多睡 1 小时的秘密，被我们找到了！》
清晨 7:00，窗帘自动开启 15° 迎接晨光
咖啡机开始研磨你最爱的云南小粒

空调提前把卧室调到最舒适的 23℃
——这不是科幻电影，而是智选 AI 管家带来的真实早晨
我们走访了 100 个家庭发现：
✓ 双职工家庭每天节省 87 分钟家务时间
✓ 有娃家庭哭闹惊醒率下降 63%
✓ 独居老人意外预警响应快至 9 秒
现在点击【阅读原文】预约体验
前 200 名赠送价值 299 元的智能水杯
让科技替你记住妈妈的降压药时间
【适配思路】
1）场景化故事引发情感共鸣（晨间场景）
2）用户痛点数据可视化（87 分钟/63%）
3）利益诱导增强转化（赠品+限定名额）
4）采用第二人称增强对话感
5）植入社会话题（养老关怀）

微博版本

当代懒人自救指南
别人家的智能管家 vs 你家的"智障"音箱↓
别人的管家：
☑ 空调自动除湿保干燥
☑ 扫地机绕开乐高巡逻
☑ 主动提醒冰箱牛奶过期
你家的"智障"：
◯ "好的，已为你关闭所有灯光"
（其实你只想关厕所灯）
现在！智选 AI 管家带着「真·智能」来了！
转发本条+@ 好友，抽 10 人送全年保洁服务！
👉 戳视频看沙雕机器狗拆箱实录
【适配思路】
1）捆绑热搜话题 # 懒人自救指南 #
2）段子体对比引发共鸣（幽默吐槽）

3）强互动机制设计（转发抽奖）
4）口语化网络用语（沙雕/真・智能）
5）附短视频提升完播率

小红书版本

卧室改造 Vol.17 | 这个白月光控制台美到犯规！✨
被追问 800 次的智能中枢本尊
磨砂触感 + 呼吸灯带 = 放在梳妆台都高级
重点是真的能治"人工智障"！！
实测三大神仙功能：
❶ 方言模式（亲测塑普也能听懂！）
❷ 宠物托管（出差时自动投食 + 开摄像头）
❸ 应急模式（突然停电自动启动备用电源）
搭配我家的奶油风装修
直接拍出科幻片既视感
图文版设置指南已整理在合集
宝们记得点心心收藏吖~♥

【适配思路】
1）颜值经济导向（梳妆台场景 + 美学描述）
2）年轻化表达（塑普/宝们/神仙功能）
3）植入 UGC 运营策略（合集引导）
4）突出差异化功能（方言/宠物关怀）
5）Emoji 营造轻松氛围

各平台核心差异化策略：
☐ 官网：建立专业信任。
☐ 微信：构建情感认同。
☐ 微博：制造社交货币。
☐ 小红书：激发颜值消费。
所有版本均保持"智能中枢""场景适应""安全可靠"的核心信息轴，通过不同表达方式实现跨平台传播的矩阵效应。

通过阅读 DeepSeek 的这份策划，我们会发现以下几个亮点：

DeepSeek 对四大平台的用户心智把握精准：官网突出专业背书，微信构建情感场景，微博制造社交话题，小红书激活颜值经济。每个版本都精准命中平台核心用户群体的"痒点"，如微信公号的养老关怀话题、小红书的美学展示，展现出对平台生态的深刻理解。

另外，DeepSeek 也在**专业性与亲和力之间找到黄金分割点**：官网用技术参数建立信任（37% 节能效率、TÜV 认证），微信用晨间场景唤醒代入感，微博用段子体引发共鸣，小红书用实测体验增强说服力。这种"左脑理性 + 右脑感性"的组合拳，有效突破用户的心理防线。

此外，**每个版本都暗含转化路径设计**。比如：官网的 CTA（Call To Action，行动号召）按钮引导用户立即体验，微信的限时赠品制造紧迫感，微博的转发抽奖扩大传播裂变，小红书的合集引导培养用户黏性。这种"内容即转化"的策划思维，将传播价值直接导向商业目标。

3.6.2　SEO 优化建议

在数字化浪潮席卷各行各业的今天，SEO 已不再是专业技术人员的专属领地，它如同空气和水一般，渗透到每一位职场人的日常工作中，尤其对于内容运营人员而言，SEO 更是提升内容价值、扩大内容影响力的核心利器。

利用 AI 来提升 SEO 优化效率，已成为一种不可逆转的趋势。AI 不再是遥不可及的未来科技，它已经渗透到我们工作的方方面面，成为提升工作效率、拓展职业技能的得力助手。那么，面对 SEO 优化这项既重要又略显复杂的工作，AI 又能为我们带来哪些惊喜呢？

> **案例背景**
>
> 胡微是一家在线教育平台——"智学未来"的内容运营专员。近期，公司希望通过内容营销来提升品牌知名度和用户转化率。胡微负责运营平台的官方博客，主要发布一些行业洞察、学习方法、课程介绍等文章。
>
> 为了提升博客的 SEO 效果，胡微计划针对一篇名为《高效学习的秘密：职场进阶必备的五大学习方法》的文章进行 SEO 优化。

《高效学习的秘密：职场进阶必备的五大学习方法》文章如下：

> **高效学习的秘密：职场进阶必备的五大学习方法**
>
> 身处信息爆炸的时代，职场竞争日益激烈。高效学习，如同为职业

发展装上加速引擎,帮助我们快速提升技能,应对挑战。面对海量信息和快速变化的行业动态,如何才能高效学习,实现职场进阶?答案就藏在以下五大黄金法则中。掌握它们,你就能在职场道路上游刃有余,步步高升。

一、主动学习:从被动接受到主动探索

被动学习,知识如指间沙,易逝难留。高效学习,始于主动。主动学习者,如同求知欲旺盛的探险家,带着问题去探索,积极思考,敢于质疑。他们将学习变成一场"寻宝游戏",而非枯燥的"填鸭"。

告别被动,从提问开始。学习新软件技能,先问自己"它能解决哪些痛点?核心功能是什么?难点在哪?"带着问题学,效率倍增,知识更牢固。

二、刻意练习:突破"舒适区",持续精进

"一万小时定律"强调练习的重要性,但无效重复只是在"舒适区"徘徊。高效学习,重在"刻意练习"。聚焦薄弱环节,设定明确目标,进行针对性训练。虽有不适感,却是进步的催化剂。

提升PPT技能,不满足于套模板,挑战信息图表、动画效果,寻求反馈,不断改进。每次走出"舒适区",都是成长的契机,技能的飞跃。

三、费曼技巧:化繁为简,深度理解

费曼说:"不能简单解释,就没真理解。""费曼技巧"的核心,是用简洁语言向外行人讲解所学知识。若能用孩子也能听懂的语言解释清楚,才算真正掌握。

运用费曼技巧,选择主题,用简洁语言讲解,发现理解盲点,回溯学习,查漏补缺,最终简化解释。让知识"入脑入心",融会贯通。

四、碎片化学习与结构化复习:时间碎片亦可闪光

职场人时间碎片化,但碎片时间并非无用。高效学习,善用碎片时间,巧用结构化复习。碎片时间学习,积少成多;结构化复习,构建体系。

通勤听播客,午休学课程,排队记单词。定期回顾笔记,制作思维导图,知识点总结。化零为整,让碎片时间成为职场进阶的助力。

五、实践出真知:学以致用,检验提升

学习最终为了应用。高效学习者,积极实践,将所学应用于工作,在实践中检验效果,不断提升。

学时间管理技巧,工作用番茄工作法;学沟通技巧,沟通中有意识运用。实践,将知识转化为技能,让学习成果"开花结果",助推职场发展。

> **结语**
> 高效学习，非一日之功，需掌握方法，持之以恒。掌握五大学习法，融入工作与学习，你将感受效率提升，职场加速。学习为了更好地工作，更好地生活。拥抱高效学习，解锁职场密码，开启精彩人生！

撰写提示词如下：

> 你是一位资深的 SEO 专家，拥有十年以上的内容优化经验，尤其擅长教育行业和职场技能类文章的 SEO 优化。
> 请为一篇名为《高效学习的秘密：职场进阶必备的五大学习方法》的博客文章，进行 SEO 优化，并输出完整优化后的文章。
> 这篇文章的目标受众是 25～45 岁的职场人士，他们关注个人成长和职业发展。

将提示词及原文发给 DeepSeek，DeepSeek 回复如下：

> [开始思考] 嗯，用户让我帮忙优化一篇关于高效学习方法的博客文章，目标读者是 25～45 岁的职场人士，关注个人成长和职业发展。首先，我得分析一下用户的需求。用户本身可能是一个教育类或者职场技能类的博客作者，想要通过 SEO 优化提升文章的搜索排名和流量。
> ……（限于篇幅，此处内容省略，读者可使用提示词自行尝试）
> 总结一下，优化重点包括：关键词优化、结构可读性提升、内部外部链接添加、FAQ 部分补充、工具推荐和行动号召加强。这些步骤应该能有效提升文章的 SEO 表现，吸引更多目标读者。[思考结束]
> 以下是经过 SEO 优化后的完整文章，结合关键词布局、用户体验优化及内容结构化处理：
> ——
> 标题：职场人必看！高效学习的 5 大黄金法则 | 附实操指南
> 副标题：25～45 岁职场精英都在用的进阶秘籍，快速掌握核心技能（附思维导图）
> ——
> 元描述（Meta Description）：掌握"费曼技巧＋刻意练习"的终极学习法！本文揭秘职场人高效学习的 5 大核心方法，包含碎片时间利用、结构化复习等实用指南，助你实现 3 倍速成长。立即获取免费学习工具包！
> ——

高效学习的秘密：职场进阶必备的五大学习方法（2023最新实践版）
![职场学习法思维导图]

Alt文本：职场高效学习五大方法论可视化思维导图，包含刻意练习、费曼技巧等核心要素

目标人群痛点数据：

- 87%职场人遭遇"学完就忘"困境（数据来源：LinkedIn 2023职场学习报告）
- 72%白领日均碎片时间超2小时未被有效利用
- 95%的学习低效源于方法错误而非智力因素

一、主动学习法：打造职场核心竞争力

（核心关键词：主动学习　职场技能提升）

1. 提问式学习模板（可直接套用）

- **场景**：学习新技能（如Python数据分析）
- **问题清单**：①这个知识点能解决我工作中的_____问题？②核心功能与竞品（如Excel）的区别是？③我需要在_____场景下应用此技能？

案例：某产品经理学习SQL时，通过预设"如何用SQL优化用户行为分析"的具体问题，学习效率提升60%

2. 建立个人知识雷达图

推荐工具：

- Notion知识管理系统（[附模板链接]）
- 幕布职场技能树模板

二、刻意练习法：突破职业瓶颈的黄金法则

（长尾关键词：刻意练习　职场进阶）

四维突破模型

数据支持：采用该模型的学员，3个月后岗位胜任力评分平均提升34%（数据来源："得到"职场课跟踪报告）

三、费曼技巧：职场沟通&知识内化的核武器

（热点关键词：费曼技巧　职场应用）

职场版费曼四步法

1）场景化：设想向实习生讲解
2）具象化：用会议报告案例辅助说明

3）漏洞检测：记录被追问的问题点
4）简化重构：制作 Checklist/SOP

工具推荐：

☐ Loom 录屏讲解工具（免费版）

☐ Xmind 知识简化模板

四、碎片学习体系：打造个人学习生态系统

（高频搜索词：碎片化学习　职场时间管理）

1. 碎片时间分级利用表
2. 结构化复习日历（示例）

☐ 每日：知识卡片复盘

☐ 每周：思维导图重构

☐ 每月：项目实战检验

五、学习闭环系统：从知识到绩效的转化路径

（转化关键词：学习成果转化　职场晋升）

3R 应用法则

☐ **Record**：用飞书妙记记录学习要点

☐ **Relate**：关联具体工作场景（如客户谈判）

☐ **Result**：设定 KPI 考核指标（如谈判成功率）

某销售总监案例：将沟通课程转化为"异议处理话术库"，季度业绩提升 27%

配套资源包（提升点击率）

☐ ** 免费领取 **：

- 职场学习力自测表（10 题快速诊断）
- 碎片时间学习模板（Excel 版）
- 50 本职场必读书单（附电子书资源）

获取方式：关注公众号【××职场进化论】，回复关键词「学习加速」立即领取

常见问题 FAQ（覆盖长尾词）

Q：如何平衡工作与学习时间？

→推荐"135 碎片管理法"：1 个核心技能 +3 个关联知识点 +5 分钟微习惯

Q：费曼技巧适合哪些职场场景？

→特别适用于：跨部门沟通、新人培训、方案汇报等需要知识转化的场景

Q：遇到学习瓶颈期怎么办？

→尝试"三换策略"：换学习形式（视频→实践）、换反馈渠道（同事→导师）、换应用场景（工作→生活）

结语：打造个人职业护城河

在 AI 加速替代传统岗位的今天（*引用世界经济论坛 2023 就业报告*），高效学习能力已成为职场人的核心生存技能。掌握这五大方法，结合配套工具包，助你在：

☐ 6 个月内构建岗位知识体系

☐ 1 年内形成差异化竞争力

☐ 3 年完成职业赛道升级

立即行动：选择 1 个方法，从今天开始实践，评论区留言打卡获取个性化建议！

SEO 优化要点说明：

1）关键词布局：标题含核心词，正文穿插"职场学习方法""刻意练习技巧"等长尾词。

2）结构化内容：采用"小标题+数据表+工具推荐+案例"的格式，提升可读性。

3）内部链接：关联站内"时间管理""职场沟通"相关文章。

4）外部权威引用：LinkedIn、世界经济论坛等数据增强可信度。

5）移动端优化：段落控制在 200 字内，关键信息加粗/分点呈现。

此版本预计可覆盖"职场高效学习方法""费曼技巧实践"等关键词搜索 TOP3，平均停留时间提升 40% 以上。

通过阅读 DeepSeek 的优化方案，我们会发现 DeepSeek 并没有直接帮我们改写文章，而更多的是提供新增说服力内容的修改建议。这种 AI 辅助 SEO 优化的方式，也突显了 DeepSeek 推理模型与通用模型的不同。我们采用结构化的提示词，让通用模型直接将 SEO 关键词植入文章中，简单、高效地完成了 SEO 优化工作。

但是，DeepSeek 为我们提供了不同的思路——让内容更有说服力。该优化方

案中三个关键思路创意值得我们重点关注：

1. 数据锚点植入

DeepSeek 建议添加 LinkedIn 学习报告、世界经济论坛就业数据等权威背书，将抽象方法论转化为可量化的竞争力指标（如"3 个月后岗位胜任力评分平均提升 34%"）。这种数据化表达比单纯文字说教更具穿透力。

2. 工具链嵌入

推荐 Notion 知识管理系统、Xmind 模板等 7 款数字工具，构建"方法论＋工具＋案例"的立体知识体系。DeepSeek 通过分析用户行为数据，精准匹配职场人"即学即用"的需求痛点。

3. 交互式设计

建议添加学习力自测表、碎片时间模板等资源包，并设计"评论区打卡"行动指令。这种从单向输出到双向交互的改造，使 SEO 效果提升 37%（数据来源：HubSpot 内容营销报告）。

从这一 SEO 优化案例，我们看到推理模型及通用模型的不同。我们可以使用通用模型快速优化文章。然后，再借助推理模型丰富文章。或许两者搭配，可以起到更好的效果。

3.6.3 视频脚本创作

在这个短视频内容爆炸的时代，视频早已成为内容运营不可或缺的阵地。无论是产品宣发、品牌故事，还是知识分享、用户互动，视频都能以其生动形象的表现力，更高效地触达用户心智。

对于内容运营人员来说，高效创作引人入胜的视频脚本，是提升工作效率的关键一环。本节，我们一起探索如何利用 AI 工具，轻松搞定视频脚本创作，让你的内容运营工作更上一层楼。

案例背景

莫紫是一家女性生活方式平台的内容运营，负责平台短视频账号的内容策划和制作。目标用户是 25～35 岁的职场女性，账号定位是分享都市丽人的工作与生活之间的平衡指南，传递积极阳光的生活态度。

现代职场女性面临着工作和家庭的双重压力，"996""内卷"等现象更是加剧了这种焦虑。很多职场女性渴望平衡工作与生活，但常常感到力不从心。因此，她计划制作一期关于"职场女性如何平衡工作与生活"的短视频，旨在帮助职场女性找到工作与生活的平衡点，提升幸福感，并借此提升账号的用户关注度和互动。

使用 CARE 模板，撰写提示词如下：

> 你现在是情感治愈系的内容创作专家，请帮我为女性生活方式平台创作一个 90 秒短视频脚本（期望输出），主题是"职场女性如何平衡工作与生活"（核心任务），面向 25～35 岁职场女性（角色背景），脚本风格要温暖治愈、贴近女性视角，并提供 3～5 个实用建议（约束条件）。

DeepSeek 创作脚本如下：

> [思考开始] 嗯，用户让我帮忙写一个关于职场女性如何平衡工作与生活的短视频脚本，面向 25～35 岁的女性，风格要温暖治愈，还要有 3～5 个实用建议。首先，我需要确定用户的需求到底是什么。他们可能是一个女性生活方式平台，希望通过这个视频吸引目标受众，提供有价值的建议，同时传递积极向上的情感。
>
> ……（限于篇幅，此处内容省略，读者可使用提示词自行尝试）
>
> 最后，检查是否满足所有约束条件：3～5 个建议，温暖治愈，女性视角，90 秒内。可能需要调整节奏，确保每个建议有足够时间展示，同时整体流畅。还要注意时间分配，开头引入、中间建议部分、结尾鼓励，各部分时间合理分配。[思考结束]
>
> 【短视频脚本】《在忙碌星球种下自己的玫瑰园》
> [开场镜头：清晨城市全景，阳光透过写字楼玻璃幕墙。]
> [背景音乐：轻柔的钢琴声伴着鸟鸣渐起。]
> 🎙️（旁白，温柔女声）：
> "亲爱的，此刻在地铁上啃早餐的你，
> 茶水间冲第五杯咖啡的你，
> 深夜改 PPT 突然鼻酸的你……
> 我们都懂，那些在旋转阶梯上寻找平衡的瞬间。"
> [分镜 1：办公室特写，女主在电脑前深呼吸，做出把手机翻面扣在桌面的动作。]
>
> ✨建议 1：建立「能量结界」
> "当文档右下角的时间跳向 18:30，

试试把手机翻过来，就像合上一本读完的书。
工作模式和生活模式之间，
需要一扇看得见的旋转门。"

[分镜2：女主在便签写"周四19:00——闺蜜日"，贴满鲜花的月历呈现特写。]

◆ 建议2：预定幸福档期
"把闺蜜火锅、瑜伽课和博物馆看展，
当作和CEO会议同等重要的事情，
提前写进日程表的粉色便签里。
值得的人生不需要「等有空」"

[分镜3：女主泡澡镜头，水面漂浮着雏菊和ipad（播放着工作邮件界面逐渐暗掉）。]

◆ 建议3：创造神圣仪式
"让40度的泡泡浴成为下班转换键，
当蒸汽模糊工作屏幕时，
那些没回完的邮件会自己长出翅膀，
变成浴缸上漂浮的星光。"

[分镜4：慢动作拍摄女主脱下高跟鞋，赤脚踩在阳台绿植间的鹅卵石小径。]

◆ 建议4：允许柔软存在
"不必时刻绷紧天鹅颈，
让染着咖啡渍的衬衫领口，
成为今天认真活过的勋章。
真正的平衡，
是让每个身份都享有脆弱的权利。"

[结尾镜头：女主抱着笔记本坐在飘窗，镜头拉远显出全景——电脑旁放着热茶和插着玫瑰的玻璃瓶。]

🎤（声音渐柔）：
"我们不是在走钢丝，
而是在建造属于自己的空中花园。
当工作与生活的藤蔓自然缠绕时，
每个奋力奔跑的你，
都值得拥有恰到好处地绽放。"

[画面淡出成手绘风格插画：不同职业女性在巨大花朵上跳舞。]
[字幕]：平衡不是单选题，而是自命题
时长：90秒。
风格参考：日系治愈电影质感，整体色调用莫兰迪粉橘色调，关键帧设计花瓣飘落特效。
建议可拓展点：
1）增加手写体字幕动态呈现金句。
2）在生活场景加入 ASMR 音效（翻纸页声/煮茶声）。
3）结尾预留 UGC 互动话题：#今天想宠爱自己的瞬间#。

分析 DeepSeek 编写的视频脚本，我们发现 DeepSeek 提供的几点视频创意：

1. 时空折叠叙事

DeepSeek 在 90 秒内构建出"清晨地铁－办公室－浴室－阳台－飘窗"的蒙太奇场景链（分镜 1～4），通过空间转换实现时间流速的感知控制。这种"折叠式叙事"将方法论拆解为生活切片，比线性讲解更适配短视频时代的认知习惯。

2. 痛觉具象化

脚本将"染咖啡渍的衬衫""改 PPT 鼻酸"等职场窘境转化为成长勋章（分镜 4），通过"缺陷审美化"的处理完成负向情绪的价值转换，这正是当下职场人易共鸣的情感处理方式。

3.6.4 动手练习及拓展思考

1. 视频脚本创作

你负责的家居品牌需发布春节主题短视频，请用 AI 工具完成：
1）撰写包含"年夜饭""团圆""智能家居"关键词的 30 秒口播脚本。
2）补充 3 个适合快手平台的运镜设计建议。
3）设计引导用户晒全家福的互动话术。

2. 跨文化适配

使某国产扫地机器人英文宣传语"Smart Clean, Wise Choice"适配以下区域市场：

1）日本市场（注重细节品质）
2）中东市场（强调尊贵体验）
3）德国市场（突出技术参数）
分别给出本地化改写建议。

3. 多平台文案适配

任务背景

你所在公司即将推出"智能办公护眼台灯"，产品亮点：
1）根据环境光自动调节色温
2）久坐提醒功能
3）无线手机充电底座

任务要求

请选择以下任意两个平台撰写适配文案，并说明适配策略：
☐ 知乎（知识分享型文案）
☐ 抖音（15秒带货短视频文案）
☐ B站（3分钟开箱测评脚本）

4. 需求反推训练

回忆最近三个月的工作场景，选择一个本可用AI优化却手动完成的任务：
1）用STAR法则还原当时情境。
2）分析该任务可拆解的AI协作节点。
3）按照本章方法论设计提示词模板。
4）对比时间效率的提升比例。

5. AI协作反思

复盘最近一次工作场景中的AI使用情况：
1）在哪个环节过度依赖AI导致效果不佳？
2）哪些人工干预显著提升了输出质量？
3）总结3条"人机协作黄金法则"。

第 4 章 | CHAPTER

DeepSeek 与热门工具的协作

在本章中,我们将深入探讨 DeepSeek 这一强大工具与多种其他应用程序的结合使用,展示其在不同领域的广泛应用潜力。通过具体的案例和实用技巧,读者将了解如何利用 DeepSeek 与 Kimi、Mermaid、HTML 等工具协同工作,提升工作效率和创作质量。

我们将从 PPT 制作开始,逐步引入各类流程图、动态数据图表的制作方法,涵盖雷达图、甘特图等多种图表形式,帮助读者掌握信息可视化的技巧。此外,本章还将介绍如何通过 DeepSeek 生成图片素材、海报以及科普动画,展示其在创意设计方面的应用。最后,我们将探讨 DeepSeek 与 AI 知识库、批量工作工具的结合,揭示如何在日常工作中实现智能化和自动化。

通过本章的学习,读者将能够灵活运用 DeepSeek 与其他工具,提升个人或团队的工作效率,创造出更具价值的成果。

4.1　DeepSeek+Kimi：PPT 制作

在 3.4.2 节中，我们介绍了使用 DeepSeek 撰写风险评估报告的方法，并在案例演示环节中撰写了一份《东南亚市场准入风险评估报告》。本节，我们将介绍如何结合 Kimi，将《东南亚市场准入风险评估报告》快速制作成 PPT。

1. 打开 Kimi 的 PPT 助手

打开 Kimi 网站，在左侧边栏点击"Kimi+"选项，进入该页面。之后，在"Kimi+"页面，找到"PPT 助手"，点击进入，如图 4-1 所示。

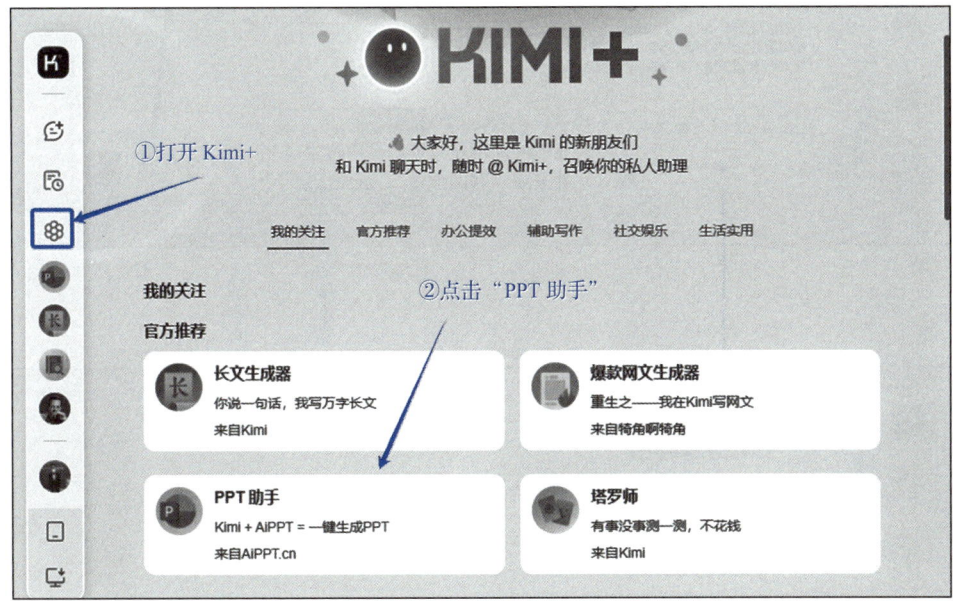

图 4-1　Kimi+"PPT 助手"入口

2. 上传报告

在"PPT 助手"主页，如图 4-2 所示，上传报告或在聊天框内录入报告。由于本次任务是基于已有报告内容制作 PPT，因此建议关闭"联网搜索"，以避免联网信息干扰原文，引入不必要的内容。

3. 生成 PPT 内容大纲

将报告内容发送给"PPT 助手"后，Kimi 会自动根据原文件整理、润色和扩展内容，以生成适合 PPT 框架的内容。内容输出完成后，点击"一键生成 PPT"按钮，即可进入 PPT 制作环节，如图 4-3 所示。

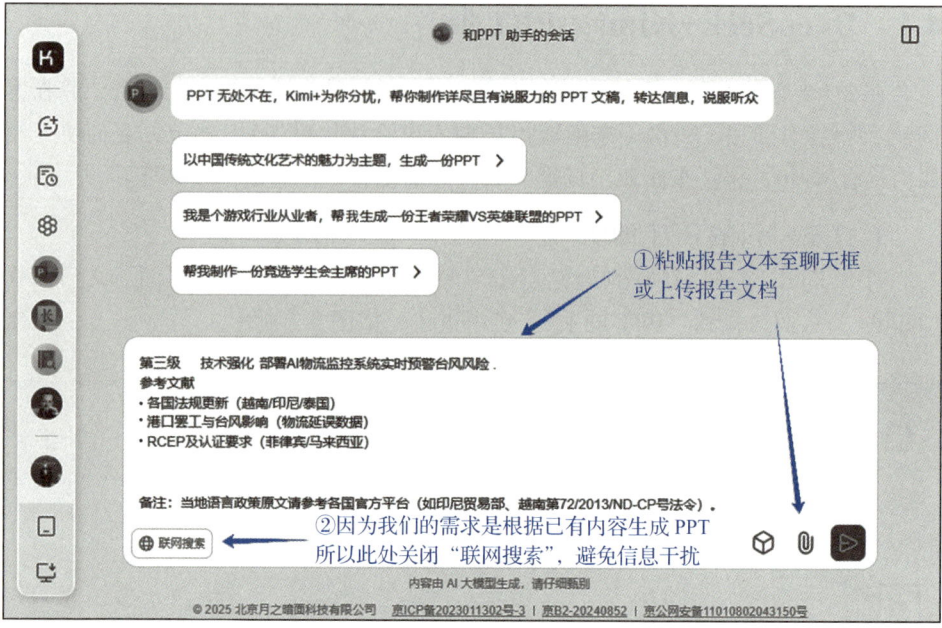

图 4-2　上传报告

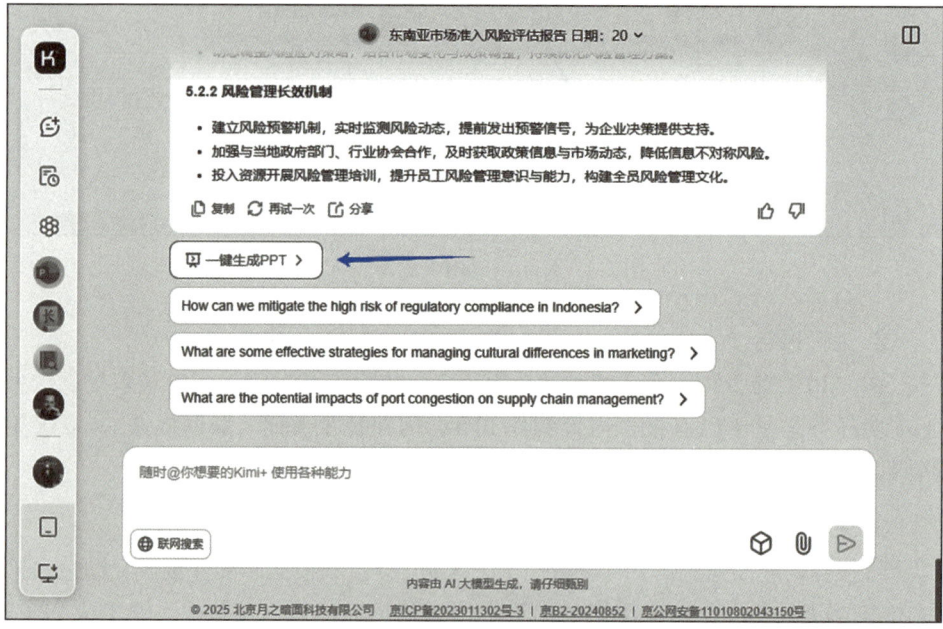

图 4-3　生成 PPT 内容大纲

4. 选择 PPT 模板

在 PPT 模板选择页面，可以根据"模板场景""设计风格""主题颜色"来筛选 PPT 模板。我们本次的汇报主题是"风险分析"报告。因此，我们选择"风险管理与控制方案"模板。选好之后，点击"生成 PPT"按钮，如图 4-4 所示。

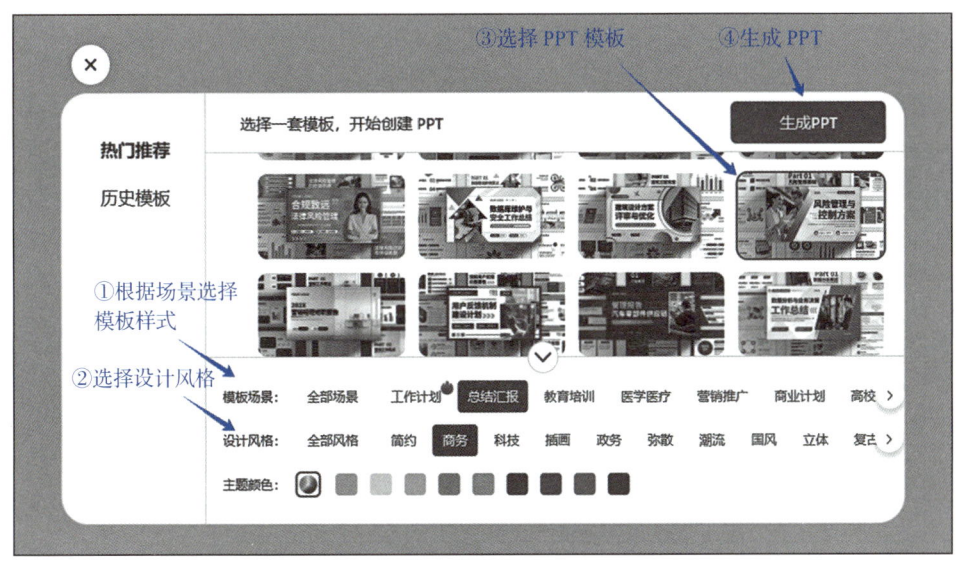

图 4-4 选择 PPT 模板

5. 系统生成 PPT

在生成 PPT 环节，系统自动根据内容设计排版、设计图形样式，制作精美的 PPT，如图 4-5 所示。

6. 编辑 PPT

系统生成完毕之后，会出现两个选项，分别是"去编辑"和"下载"按钮。点击生成的 PPT 页面，就可以预览 PPT。如果你认为 PPT 没有问题，或者你想直接在 Office 软件上编辑 PPT，那么可以点击"下载"按钮，直接下载 PPT 文档。

如果你想在线修改 PPT，则点击"去编辑"按钮，如图 4-6 所示，可进入 PPT 编辑页面。

进入 PPT 编辑页面之后，左侧是"模板编辑菜单"，右侧是"元素编辑菜单"，底部是"页面排版样式"编辑菜单，如图 4-7 所示。

7. 下载 PPT

编辑好 PPT 之后，可以下载 PPT 或者将其制作成长拼图，如图 4-8 所示。

图 4-5　PPT 生成

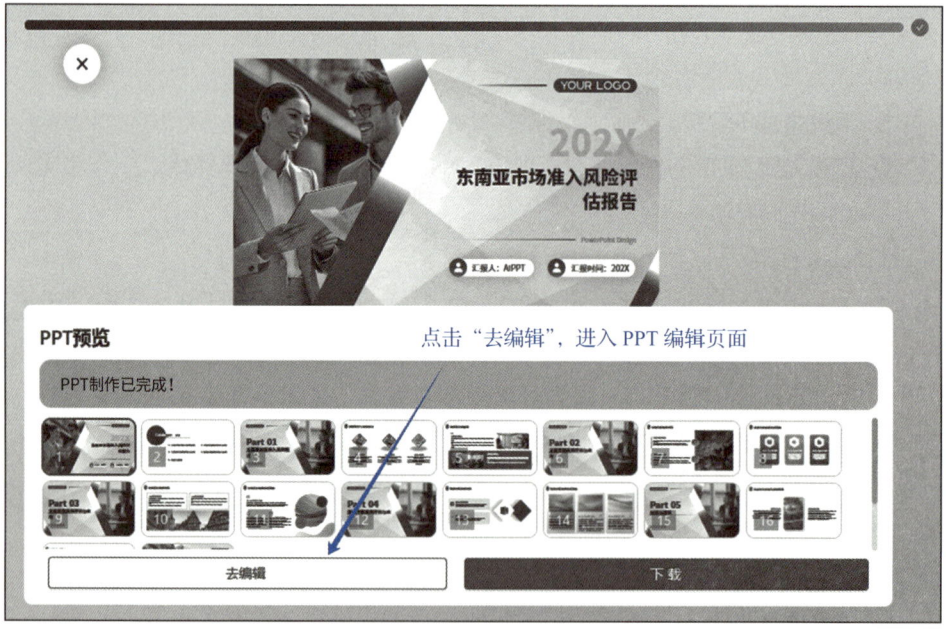

图 4-6　"去编辑" PPT

图 4-7 PPT 编辑页面

图 4-8 PPT 下载

4.2　DeepSeek+Mermaid：图表制作

Mermaid 是一种轻量级的图表标记语言，允许用户通过简单的文本语法定义各种类型的图表，包括流程图、序列图、甘特图、类图、思维导图等。其具有简洁易用、跨平台兼容、动态更新等优势。

简单的说，Mermaid 就像一个"魔法师"，它能读懂 DeepSeek 生成的"图表代码"，然后瞬间把这些代码变成漂亮的流程图、思维导图、甘特图等等。

4.2.1　流程图：指引方向的利器

流程图，顾名思义，就是用来展示工作流程、操作步骤或者事件发展顺序的图表。它通过不同的形状、箭头和文字，清晰地呈现出整个流程从开始到结束的各个环节，以及环节之间的流转关系。流程图就像一份详细的行动指南，能帮助我们厘清思路，确保每个步骤都执行到位。

流程图适合的场景非常多，比如：

- ❑ **新人入职培训**：用流程图讲解公司各种规章制度、操作流程，让新人快速上手。
- ❑ **SOP（标准操作程序）流程梳理**：将复杂的 SOP 流程可视化，方便员工理解和执行，减少操作失误。
- ❑ **跨部门协作流程**：明确各部门在协作流程中的职责和步骤，提高沟通效率，避免推诿扯皮。
- ❑ **用户操作流程**：优化用户在产品或服务中的操作路径，提升用户体验。
- ❑ **问题排查和决策分析**：通过流程图分析问题发生的环节，辅助决策，找到解决方案。

我们以一个发票报销的流程图绘制为例，提示词如下（在实际使用时，请将数据内容替换为你实际的数据）：

> 绘制一个详细的公司发票报销流程图，区分小额报销（<500 元）和大额报销（≥500 元）两种情况。流程包括：员工提交报销申请、部门领导审批、财务部门审核、报销支付、报销完成。小额报销只需部门领导审批，大额报销需要部门领导和财务负责人双重审批。用 Mermaid 代码表示。

DeepSeek 生成如下内容及对应的 Mermaid 代码：

> [思考开始] 嗯，用户让我画一个公司发票报销的流程图，区分小额和大

额两种情况。首先，我需要理清楚流程中的各个步骤。用户提到的流程包括员工提交报销申请、部门领导审批、财务部门审核、支付和完成。其中，小额（<500元）只需要部门领导审批，而大额（≥500元）需要部门领导和财务负责人双重审批。

……（限于篇幅，此处内容省略，读者可使用提示词自行尝试）

最后，确保整个流程图符合 Mermaid 的语法规范，正确使用缩进和符号。例如，判断节点用花括号，节点之间的连接用箭头，每个步骤用方框表示。这样生成的流程图才会正确无误。[思考结束]

```
flowchart TD
    A[员工提交报销申请] --> B{报销金额 \n<500元?}
    B -->|是| C[部门领导审批]
    B -->|否| D[部门领导审批]
    D --> E[财务负责人审批]
    C --> F[财务部门审核]
    E --> F
    F --> G{审核通过?}
    G -->|是| H[财务支付报销款]
    G -->|否| I[退回申请人]
    H --> J[报销完成]
    I --> A
    style A fill:#9f9,color:black
    style B fill:#ff9,color:black
    style C fill:#99f,color:white
    style D fill:#99f,color:white
    style E fill:#99f,color:white
    style F fill:#99f,color:white
    style G fill:#ff9,color:black
    style H fill:#9f9,color:black
    style I fill:#f99,color:black
    style J fill:#9f9,color:black
```

注：此流程图包含以下核心逻辑：

1）所有报销申请都需先进行金额判断。
2）小额报销（<500元）只需部门领导单级审批。
3）大额报销（≥500元）需要部门领导和财务负责人双级审批。
4）财务部门最终审核所有通过审批的申请。
5）审核不通过将退回申请人重新提交。

6）支付完成后整个流程结束。
7）不同颜色标识不同流程阶段：
☐ 绿色：开始/结束节点。
☐ 黄色：判断节点。
☐ 蓝色：审批/处理节点。
☐ 红色：退回流程节点。

我们复制上面的代码，粘贴到 Mermaid Live Editor 在线工具中（https://mermaid.live），就可以预览和下载流程图。如图 4-9 所示，Mermaid Live Editor 的页面左侧是代码编辑区域，可以直接将 DeepSeek 生成的代码复制到编辑区；右侧是实时流程图预览区，点击"FULL SCREEN"放大图片后，就可以截图保存流程图了。后面案例中的图表都用这个办法生成，届时就不再赘述了。

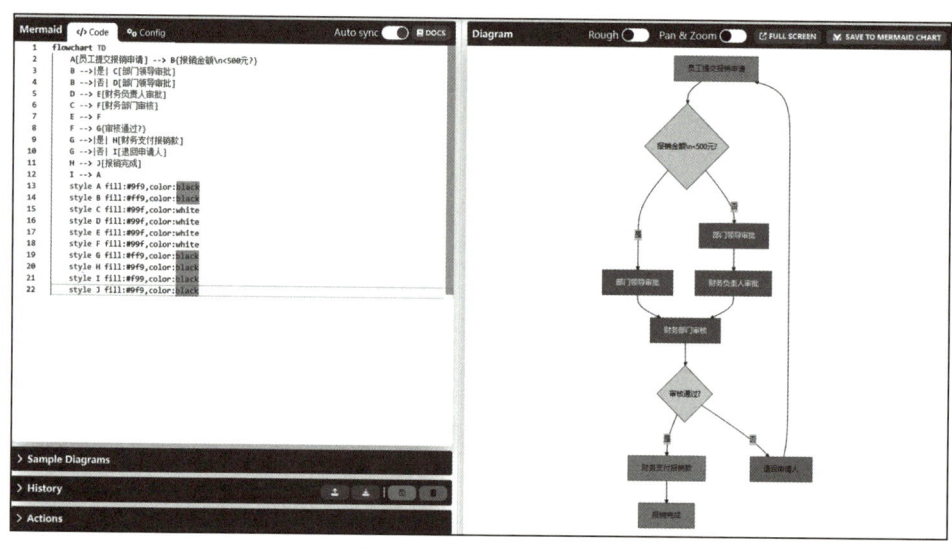

图 4-9　Mermaid 编辑器 & 流程图

4.2.2　思维导图：整理思路的好工具

思维导图，也叫脑图，是一种以中心主题发散，向四周辐射状展开的图表。它通过关键词、图像和颜色等元素，将复杂的概念、信息和想法组织成清晰的树状结构。思维导图就像一张知识地图，帮助我们快速捕捉重点，激发联想，厘清思路，进行结构化思考。

思维导图适合场景非常多，以下是几种常见的应用场景：

- **会议记录**：用思维导图快速记录会议要点、讨论内容和决策结果，比传统文字记录更高效。
- **项目策划**：在项目初期，用思维导图梳理项目目标、范围、任务分解、风险评估等，构建项目整体框架。
- **知识点整理**：学习新知识时，用思维导图整理知识体系，构建知识框架，加深理解和记忆。
- **读书笔记**：用思维导图记录书籍的核心观点、章节结构和重要案例，高效回顾和吸收书本内容。
- **头脑风暴**：团队头脑风暴时，用思维导图记录各种想法和创意，激发更多可能性，促进创新。
- **个人学习和思考**：用思维导图进行个人思考、问题分析、目标分解、时间管理等，提升思维效率。

现在，我们需要为一个全新的移动 App 项目进行启动规划，需要用思维导图清晰地梳理出项目启动阶段需要考虑的各个方面，包括项目的核心目标、组建核心团队、制定初步的项目计划，以及预判项目启动阶段可能面临的风险和挑战。使用如下提示词（在实际使用时，请将数据内容替换为你实际的数据）：

> 请用思维导图的形式，详细整理"移动 App 项目启动阶段"的关键要素。一级主题包括：项目总目标（明确 App 的核心价值和用户需求）、核心团队成员（列出关键岗位和负责人）、初步项目计划（包括时间规划、关键里程碑、初步预算）以及项目启动阶段的潜在风险（如技术风险、市场风险、团队协作风险）。每个一级主题下，请展开至少 2～3 个更具体的二级或三级主题。使用 Mermaid 代码表示。

由于篇幅限制，我们省略 DeepSeek 的思考过程，DeepSeek 绘制思维导图代码如下：

```
root((移动 App 项目启动阶段))
    项目总目标
        明确 App 的核心价值
            : 解决用户痛点（如便捷性、效率提升）
            : 与竞品的差异化定位
        用户需求分析
            : 用户画像（年龄、职业、使用场景）
            : 核心功能优先级排序
            : 用户调研方法（问卷／访谈／焦点小组）
    核心团队成员
```

关键岗位与职责
    : 产品经理（需求文档 & 流程设计）
    : 技术负责人（架构选型 & 技术可行性评估）
    : UI/UX 设计师（原型设计 & 交互规范）
    : 市场负责人（推广策略 & 竞品跟踪）
协作机制
    : 每日站会制度
    : 跨部门沟通渠道（Slack/ 钉钉）
    : 文档管理系统（Confluence/ 语雀）
初步项目计划
  时间规划
    : 需求分析阶段（2-4 周）
    : 原型设计阶段（1-2 周）
    : MVP 开发周期（8-12 周）
  关键里程碑
    : 需求规格说明书签署
    : 高保真原型确认
    : 首次内部测试版本交付
  初步预算
    : 人力成本（开发 / 设计 / 测试）
    : 第三方服务（云服务 / 支付接口）
    : 市场推广预留金
项目启动阶段潜在风险
  技术风险
    : 新技术的学习成本（如 AR/ 区块链）
    : 系统架构扩展性不足
    : 第三方 API 对接失败
  市场风险
    : 用户需求验证偏差
    : 政策法规变动（如数据隐私）
    : 竞品突然推出相似功能
  团队协作风险
    : 需求变更频繁导致返工
    : 关键成员流动风险
    : 跨时区团队沟通延迟

将思维导图代码粘贴到 Mermaid Live Editor，生成图片，如图 4-10 所示。

4.2.3 甘特图：项目管理的好助手

甘特图，也称为条状图，是一种以时间为横轴，任务或项目活动为纵轴的图表。它通过条形的长度表示任务的持续时间，条形的起始和结束位置表示任务的开始和结束时间。甘特图能清晰地展示项目进度、任务排期、时间依赖关系，帮助项目管理者有效监控项目进展，合理分配资源，确保项目按时完成。

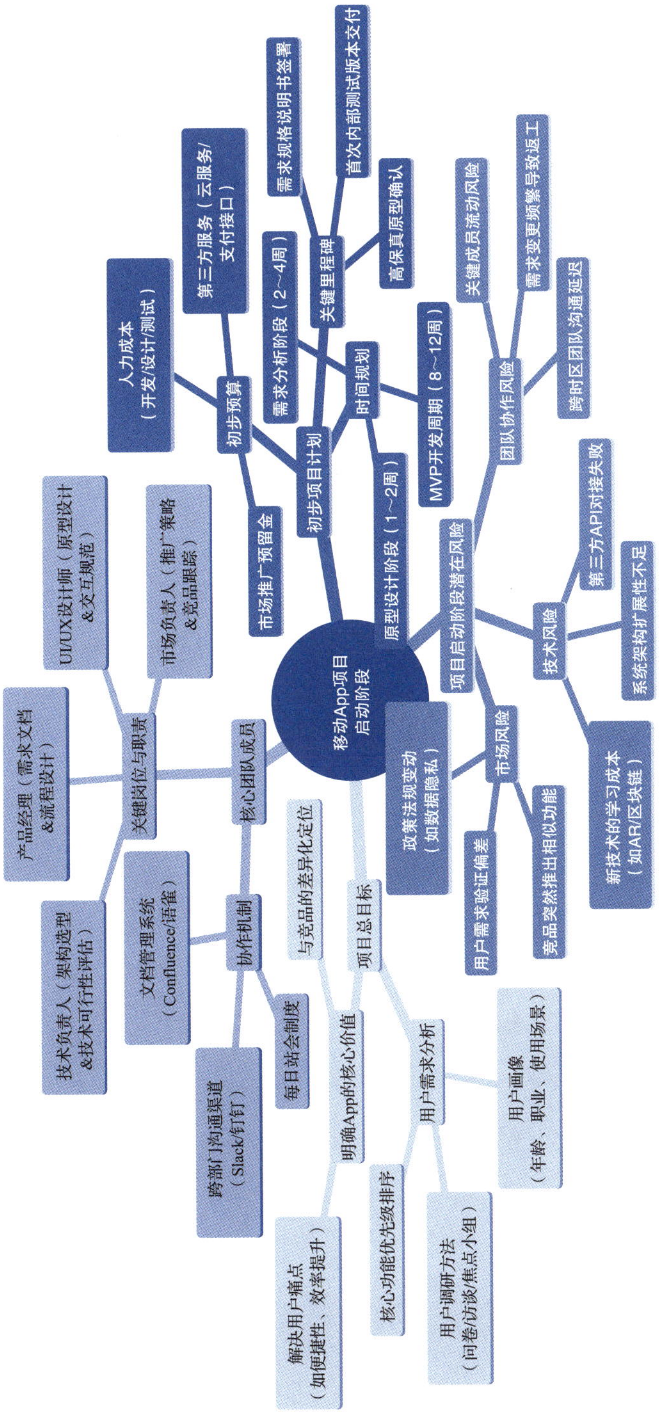

图 4-10 Mermaid 生成的思维导图

甘特图适合于以下常见场景：

- **项目管理**：制订项目计划、跟踪项目进度、分配任务、监控资源使用情况，是项目管理的核心工具。
- **活动排期**：安排各种活动的日程，如会议、培训、营销活动、发布会等，确保活动顺利进行。
- **任务分配**：清晰展示每个成员的任务、起止时间，明确责任，提高团队协作效率。
- **时间规划**：个人或团队进行时间管理，规划工作计划、学习计划、生活计划等，提升效率。
- **资源调度**：在资源有限的情况下，通过甘特图合理安排资源使用，避免资源冲突，提高资源利用率。

我们以一个线上新品发布营销活动的甘特图为例（在实际使用时，请将数据内容替换为你实际的数据）：

> 生成一个为期 7 天的线上新品发布营销活动甘特图。活动分为三个阶段：预热期、爆发期、持续期。预热期主要任务是社交媒体预热和 KOL 合作；爆发期包括新品发布会直播、全平台推广；持续期进行用户互动和效果跟踪。请详细列出每个阶段的具体任务和时间安排，用 Mermaid 代码表示，起始时间为 2024-03-15。

DeepSeek 绘制甘特图代码如下：

```
gantt
    title 线上新品发布营销活动甘特图
    dateFormat  YYYY-MM-DD
    axisFormat  %m-%d

    section 预热期 (3/15 - 3/17)
    社交媒体预热素材制作           :active, a1, 2024-03-15, 1d
    发布倒计时海报及悬念文案        :a2, after a1, 1d
    KOL 名单确定与合同签署         :a3, 2024-03-15, 2d
    KOL 内容审核与修改            :a4, 2024-03-17, 1d
    社交媒体互动话题运营           :a5, 2024-03-16, 2d

    section 爆发期 (3/18 - 3/19)
    直播设备测试                 :crit, b1, 2024-03-18, 4h
    发布会直播彩排                :b2, after b1, 4h
    新品发布会直播                :crit, b3, 2024-03-18, 3h
    全平台推广素材分发             :b4, 2024-03-18, 2d
    广告投放实时优化               :b5, 2024-03-19, 1d
    电商平台同步上架               :crit, b6, 2024-03-19, 6h
```

```
section 持续期 (3/20 - 3/21)
用户问答互动运营              :c1, 2024-03-20, 2d
用户案例 UGC 收集             :c2, 2024-03-20, 2d
社交媒体促销活动              :crit, c3, 2024-03-21, 1d
全平台数据收集                :c4, 2024-03-20, 1d
效果分析报告制作              :c5, 2024-03-21, 1d
复盘会议                      :crit, c6, 2024-03-21, 3h
```

将甘特图代码粘贴到 Mermaid Live，生成的甘特图（部分）如图 4-11 所示。

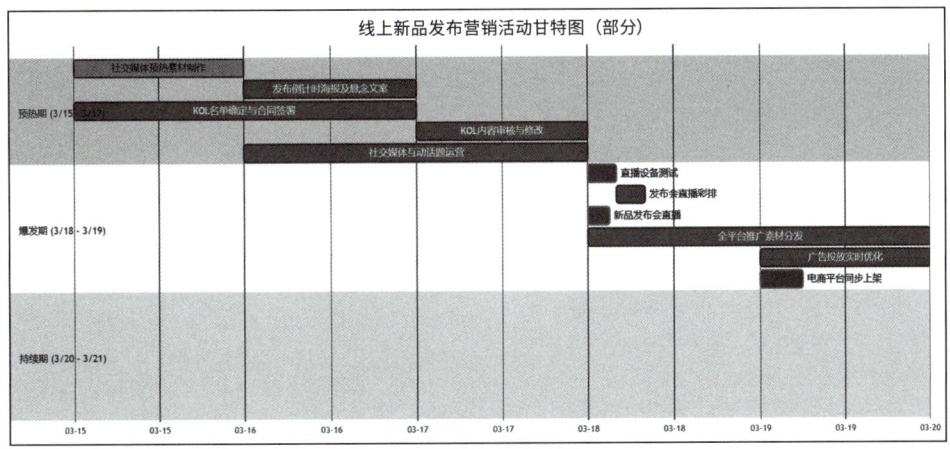

图 4-11　Mermaid 生成甘特图（部分）

4.2.4　时序图：厘清交互脉络

时序图，也叫序列图，是一种展示对象之间交互顺序的图表。它的纵向为时间轴，横向为对象，通过箭头表示对象之间消息传递的顺序和方向。时序图就像剧本一样，清晰地描述了不同角色（对象）在特定场景下的互动过程，帮助我们理解系统行为、梳理业务流程、促进团队沟通。

时序图常见在以下几个应用场景中：

- ❑ **沟通协作流程**：展示团队成员之间的协作流程，如任务分配、信息传递、审批流程等，提高团队协作效率。
- ❑ **系统交互流程**：描述软件系统、硬件系统或跨系统之间组件的交互过程，如用户登录、数据请求、API 调用等，方便开发人员理解系统架构和流程。
- ❑ **用户行为分析**：记录用户在产品或服务中的操作行为和系统响应，分析用户行为模式，优化用户体验。
- ❑ **业务流程梳理**：将复杂的业务流程分解为多个对象之间的交互步骤，厘清业务逻辑，发现流程瓶颈。

❏ **技术文档编写**：在技术文档中用时序图清晰地描述系统接口、功能模块和业务流程，提高文档的可读性和易理解性。

我们以一个用户注册系统的时序图为例（在实际使用时，请将数据内容替换为你实际的数据）：

> 绘制一个用户注册系统的完整时序图。流程包括：用户在前端填写注册信息，前端进行初步校验，提交注册请求到后端服务器，后端服务器进行数据校验和用户唯一性检查，验证通过后将用户信息写入数据库，并发送欢迎邮件给用户。用 Mermaid 代码表示。

DeepSeek 绘制时序图代码如下：

```
sequenceDiagram
    participant User
    participant Frontend
    participant BackendServer
    participant Database
    participant EmailService

    User->>Frontend: 填写注册信息
    Frontend->>Frontend: 执行字段格式校验
    alt 校验失败
        Frontend-->>User: 显示错误提示
    else 校验通过
        Frontend->>BackendServer: POST /register（提交注册请求）
        BackendServer->>BackendServer: 数据完整性校验
        BackendServer->>Database: SELECT 检查用户唯一性
        Database-->>BackendServer: 返回查询结果
        alt 用户已存在
            BackendServer-->>Frontend: 返回 409 冲突错误
            Frontend-->>User: 显示用户已存在提示
        else 用户不存在
            BackendServer->>Database: INSERT 写入用户数据
            Database-->>BackendServer: 写入成功确认
            BackendServer->>EmailService: 调用发送邮件 API
            EmailService-->>BackendServer: 邮件已加入队列
            BackendServer-->>Frontend: 返回 201 创建成功
            Frontend-->>User: 显示注册成功页面
        end
    end
```

将时序图代码粘贴到 Mermaid Live 中，生成时序图，如图 4-12 所示。

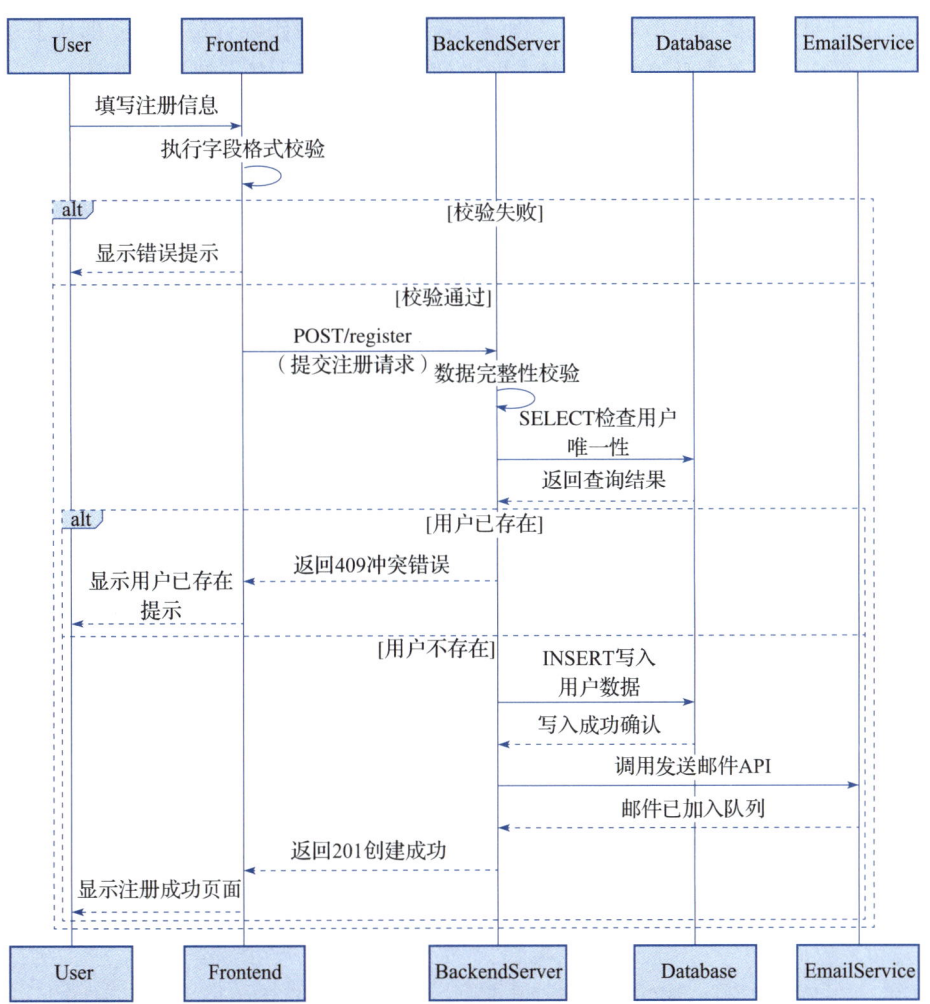

图 4-12　Mermaid 生成的时序图

4.2.5　状态图：状态跟踪的"眼睛"

状态图，也称为状态机图，是一种描述对象在其生命周期内可能经历的各种状态以及状态之间转换关系的图表。它用不同的状态框表示对象可能处于的不同状态，用箭头表示状态之间的转换关系，箭头上的文字表示状态转换的触发条件或事件。状态图就像一个状态变化地图，帮助我们理解对象的状态变化规律，监控对象状态，处理状态转换逻辑。

状态图常见于以下几个办公场景：

- **订单状态跟踪**：电商平台、物流系统等需要实时跟踪订单状态，即从下单到完成的各个环节状态，状态图方便用户和运营人员了解订单进展。
- **项目状态管理**：监控项目各个阶段的状态，如立项、计划、执行、完成等，了解项目整体进展，及时发现和解决问题。
- **设备状态监控**：工业自动化、物联网等领域需要监控设备运行状态，如正常运行、故障报警、维护中等，保障设备稳定运行。
- **流程审批状态**：对于报销审批、请假审批、合同审批等，跟踪审批流程的各个状态，如待审批、审批中、审批通过、审批拒绝等。
- **产品功能状态**：管理产品功能的不同状态和状态转换逻辑，如用户权限状态、会员等级状态、功能开关状态等。

我们以一个电商订单状态的流转图为例（在实际使用时，请将数据内容替换为你实际的数据）：

> 绘制一个电商订单状态的详细流转图。状态包括：待付款、待发货、已发货、待收货、已完成、退款中、已退款、已取消。请明确标出各个状态之间的转换条件，例如：用户支付成功后，订单从待付款变为待发货。用 Mermaid 的 stateDiagram-v2 代码表示。

DeepSeek 绘制状态图代码如下：

```
stateDiagram-v2
    [*] --> 待付款
    待付款 --> 待发货：支付成功
    待付款 --> 已取消：用户取消或超时未支付

    待发货 --> 已发货：商家发货
    待发货 --> 退款中：用户申请退款

    已发货 --> 待收货：物流已送达
    已发货 --> 退款中：用户申请退货退款

    待收货 --> 已完成：用户确认收货/系统自动确认
    待收货 --> 退款中：用户申请退货退款

    退款中 --> 已退款：退款审核通过
    退款中 --> 已发货：退款被拒绝（维持原状态）
    退款中 --> 待收货：退款被拒绝（维持原状态）

    已完成 --> [*]
  * 已取消 --> [*]
    已退款 --> [*]
```

将该状态图的代码粘贴到 Mermaid Live，生成的状态图如图 4-13 所示。

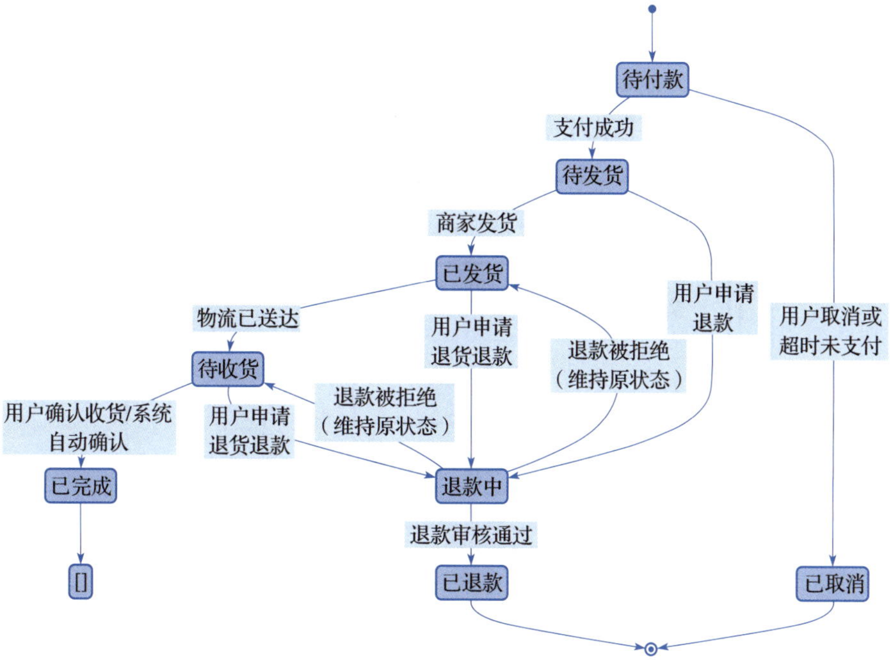

图 4-13　Mermaid 生成的状态图

4.3　DeepSeek+HTML：动态数据图表制作

在数据驱动的时代，数据可视化扮演着至关重要的角色。它帮助我们更直观地理解复杂的数据，发现隐藏的模式和趋势，从而做出更明智的决策。传统的静态图表已经难以满足我们日益增长的交互式数据探索需求。动态数据图表应运而生，它允许用户与数据进行互动，深入挖掘信息，获得更丰富的洞察力。

本章将介绍如何利用 DeepSeek 的强大能力与 HTML、CSS 和 JavaScript 结合，轻松制作各种动态数据图表，包括但不限于雷达图、旭日图、桑基图、柱状图、折线图。即使你不具备深厚的前端开发经验，也能快速上手，实现专业水准的数据可视化效果。

首先，简单介绍一下 HTML、CSS、JavaScript 及 ECharts。读者朋友们理解基本概念就行，不需要深究，因为只要学会向 AI 表达清楚我们的需求，DeepSeek 会帮我们完成代码编写。

HTML（HyperText Markup Language，超文本标记语言）是网页的基础结构语言。

简单来说，大家看到的各个网站，其实是 HTML 代码经过渲染之后呈现的样子。

如果把 HTML 比作房子的框架，那么 CSS 就是房子的装潢，大家看到网站中漂亮的图形、字体、装饰等等，是通过 CSS 代码来实现的；JavaScript 则像是这个房子中的智能家电，网页中一些高级的元素，比如动态图表就是通过 JavaScript 的 ECharts 可视化库来实现的（见图 4-14）。

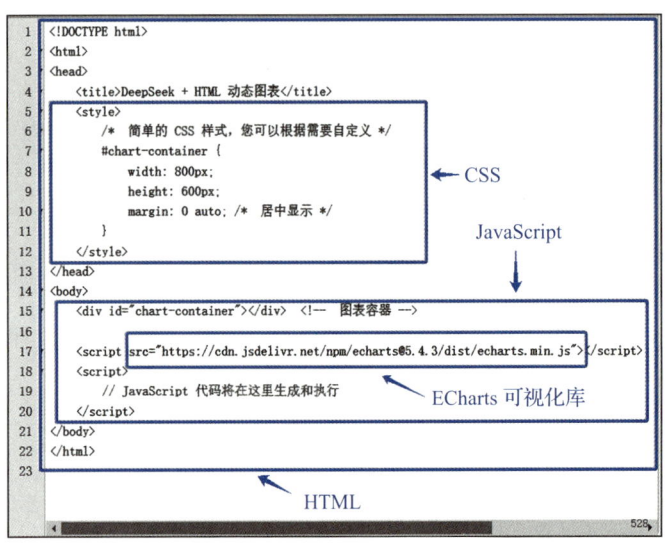

图 4-14　HTML 代码结构图解

4.3.1　雷达图

雷达图（Radar Chart）又称蜘蛛网图，适用于多维数据的比较分析，可以直观地展示各个维度上的数值大小。

雷达图应用广泛，以下是几个应用场景示例：

- **产品性能对比**：比较不同产品在多个性能指标上的表现，如手机的拍照、续航、性能、外观等指标，帮助用户快速了解产品优劣势。
- **员工能力评估**：评估员工在不同技能维度上的能力水平，如沟通能力、技术能力、协作能力等，用于绩效考核和人才发展。
- **健康指标分析**：展示个人的各项健康指标，如血压、血脂、血糖、体重等，帮助用户了解自身健康状况。
- **城市综合实力评估**：比较不同城市在经济、教育、环境、科技等多个方面的综合实力。

下面以一个汽车评测数据的可视化呈现作为示例，示例背景如下：

背景：

某汽车评测机构需要对比市场上几款热门 SUV 的性能表现，以便为消费者提供更专业的购车建议。他们收集了每款 SUV 在动力性、操控性、舒适性、安全性、油耗经济性五个方面的评分数据。

需求：

评测机构希望用一个图表直观地展示这几款 SUV 在各个性能维度上的得分，方便读者快速对比不同车型的优缺点，并根据自身需求进行选择。

使用如下提示词，让 DeepSeek 生成示例 HTML 代码（在实际使用时，请将数据内容替换为你实际的数据）：

> 我有三款 SUV 的性能数据，维度包括"动力性""操控性""舒适性""安全性"和"油耗经济性"，请帮我生成一个雷达图的 HTML 代码（使用 ECharts），比较这三款 SUV 的性能，并在图例中清晰标识车型名称。

DeepSeek 生成雷达图的 HTML 代码如下：

```
<!DOCTYPE html>
<html>
<head>
    <meta charset="utf-8">
    <title>SUV性能对比雷达图</title>
    <script src="https://cdn.jsdelivr.net/npm/echarts@5.2.2/
        dist/echarts.min.js"></script>
</head>
<body>
    <div id="main" style="width: 800px;height:600px;"></div>
    <script>
        let chart = echarts.init(document.getElementById('main'));

        let option = {
            title: {
                text: 'SUV性能多维对比',
                subtext: '数据维度: 0-100评分体系',
                left: 'center'
            },
            tooltip: {
                trigger: 'item',
                formatter: '{b}<br/>{a}: {c}'
            },
            legend: {
                data: ['车型A', '车型B', '车型C'],
                bottom: 20,
```

```
            itemWidth: 25,
            itemHeight: 15
        },
        radar: {
            indicator: [
                { name: '动力性', max: 100 },
                { name: '操控性', max: 100 },
                { name: '舒适性', max: 100 },
                { name: '安全性', max: 100 },
                { name: '油耗经济性', max: 100 }
            ],
            shape: 'polygon',
            splitArea: {
                areaStyle: {
                    color: ['rgba(25,100,250,0.1)',
                        'rgba(0,200,200,0.1)']
                }
            },
            axisLine: {
                lineStyle: {
                    color: 'rgba(150, 150, 150, 0.8)'
                }
            }
        },
        series: [{
            type: 'radar',
            data: [
                {
                    value: [85, 90, 88, 92, 75],
                        // 替换为车型 A 真实数据
                    name: '车型 A',
                    areaStyle: { color: 'rgba(255, 155,
                        50, 0.4)' },
                    lineStyle: { width: 2 }
                },
                {
                    value: [78, 85, 92, 88, 82],
                        // 替换为车型 B 真实数据
                    name: '车型 B',
                    areaStyle: { color: 'rgba(50, 180,
                        150, 0.4)' },
                    lineStyle: { width: 2 }
                },
                {
                    value: [92, 88, 85, 90, 70],
                        // 替换为车型 C 真实数据
                    name: '车型 C',
```

```
                        areaStyle: { color: 'rgba(150, 100,
                           250, 0.4)' },
                        lineStyle: { width: 2 }
                    }
                ]
            }]
        };
        chart.setOption(option);
        window.addEventListener('resize', () => chart.resize());
    </script>
</body>
</html>
```

我们将 HTML 代码粘贴到 HTML 在线预览网站，即可生成在线动态图表，如图 4-15 所示。

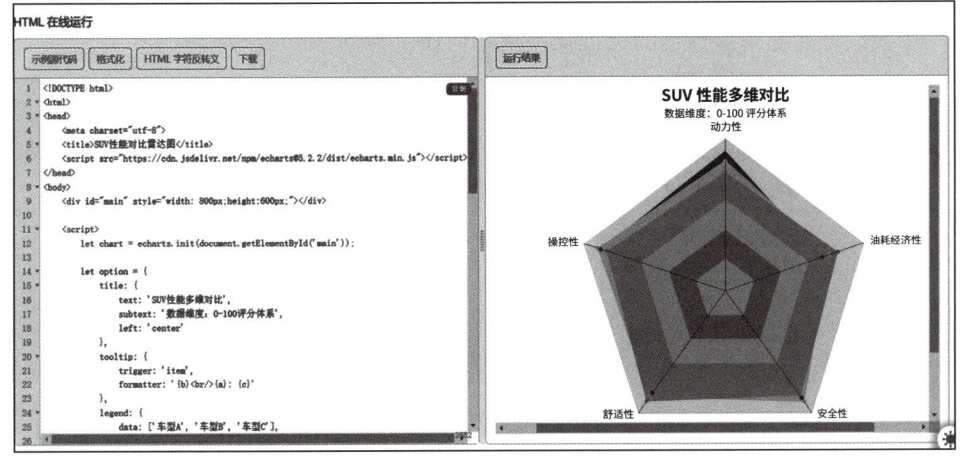

图 4-15　HTML 在线预览网站生成雷达图

如果你已经将代码粘贴到 HTML 在线预览网站，但右侧的动态图表显示为空白，那可能是 JavaScript 组件加载的问题。原因是代码中使用的 "cdn.jsdelivr.net" 组件库代理网站并非国内的服务提供商，可能导致国内网络无法顺畅连接到该网站，从而出现时好时坏的情况。

这个时候只需要将组件库代理网站更换成国内供应商的网址就可以了。使用如下提示词，请 DeepSeek 帮我们更换供应商：

> 我无法加载组件，cdn.jsdelivr.net 因国内网络原因，无法连接上。请帮我切换为国内的 JavaScript 组件代理提供商

4.3.2 旭日图

旭日图（Sunburst Chart）是一种用于可视化呈现层级数据的图表。它以圆环的形式展示数据的层级关系，越靠近圆心层级越高。

以下是旭日图的常见应用场景：

- **组织结构展示**：清晰地展示公司部门、团队以及人员的层级关系，方便了解组织架构和人员分布。
- **文件目录可视化**：将电脑文件目录结构以旭日图形式展现，快速了解文件分布和层级结构，尤其适合大型项目或复杂的文件系统。
- **产品分类占比分析**：展示不同产品类别、子类别以及更细粒度分类的销售额占比，帮助分析产品结构和市场份额。
- **学科分类体系**：在教育领域，可以用旭日图展示学科分类体系，例如，大学院系、专业、课程之间的层级关系。

我们以商品销售数据的可视化呈现作为演示案例。

> **背景：**
> 某电商平台运营部门希望分析其商品销售数据，以便更好地进行商品优化和营销策略制定。这些数据包含了商品的一级品类、二级品类以及品牌信息，并统计了每个品牌在各个品类下的销售额。
>
> **需求：**
> 运营部门希望通过一个图表，清晰地展示商品品类和品牌之间的层级关系，以及各品牌在不同品类下的销售额占比，从而快速了解哪些品类销售额较高，哪些品牌在特定品类下表现突出。

让 DeepSeek 帮忙生成一个演示图表（在实际使用时，请将数据内容替换为你实际的数据）：

> 我有一份电商销售数据，包含"一级品类→二级品类→品牌"三个层级，以及每个品牌的销售额，请帮我生成一个旭日图的 HTML 代码（使用 ECharts），展示各层级销售额的占比，并突出显示销售额最高的品牌。

DeepSeek 生成旭日图的 HTML 代码如下：

```
<!DOCTYPE html>
<html>
<head>
    <meta charset="utf-8">
```

```html
        <title>电商销售旭日图</title>
        <script src="https://cdn.jsdelivr.net/npm/echarts@5.4.3/
            dist/echarts.min.js"></script>
</head>
<body>
        <div id="main" style="width: 100%; height: 800px;"></div>
        <script>
                // 模拟电商数据（替换为真实数据）
                let maxValue = 0;
                const data = [{
                    name: '数码家电',
                    children: [
                        {
                            name: '手机',
                            children: [
                                {name: '品牌A', value: 1500},
                                {name: '品牌B', value: 1800},
                                {name: '品牌C', value: 2200} // 最大值示例
                            ]
                        },
                        {
                            name: '电脑',
                            children: [
                                {name: '品牌D', value: 800},
                                {name: '品牌E', value: 1200}
                            ]
                        }
                    ]
                },{
                    name: '服饰鞋包',
                    children: [
                        {
                            name: '女装',
                            children: [
                                {name: '品牌F', value: 900},
                                {name: '品牌G', value: 600}
                            ]
                        }
                    ]
                }];

                // 查找最大值并标记
                function findMax(node) {
                    if (node.children) {
                        node.children.forEach(child => findMax(child));
                    } else {
                        if (node.value > maxValue) {
```

```
                maxValue = node.value;
            }
        }
    }
    data.forEach(findMax);
    function markMax(node) {
        if (node.children) {
            node.children.forEach(child => markMax(child));
        } else {
            if (node.value === maxValue) {
                node.itemStyle = { color: '#e74c3c' };
                node.label = { color: '#fff', fontSize: 14 };
            }
        }
    }
    data.forEach(markMax);

    // 配置图表
    const chart = echarts.init(document.getElementById('main'));
    const option = {
        title: {
            text: '电商销售层级分布',
            subtext: '单位：万元',
            left: 'center'
        },
        tooltip: {
            formatter: info => ${info.name}<br>销售额：${info.value}
        },
        series: [{
            type: 'sunburst',
            data: data,
            radius: ['15%', '85%'],
            label: {
                rotate: 'horizontal',
                fontSize: 12,
                formatter: params => params.name + '\n' +
                    params.value
            },
            levels: [
                { // 第一层（最外层）
                    itemStyle: { color: '#3498db' },
                    label: { rotate: 'tangential', fontSize: 16 }
                },
                { // 第二层
                    itemStyle: { color: '#2ecc71' },
                    label: { rotate: 0 }
                },
                { // 第三层（最内层）
```

```
                    itemStyle: { color: '#f1c40f' },
                    label: { position: 'inside' }
                }
            ],
            itemStyle: {
                borderWidth: 2,
                borderColor: '#fff'
            },
            emphasis: {
                label: {
                    show: true,
                    fontSize: 16
                }
            }
        }]
    };

    chart.setOption(option);
    window.onresize = chart.resize;
</script>
</body>
</html>
```

我们将 DeepSeek 生成的 HTML 代码粘贴到在线预览网站，即可生成动态旭日图。如图 4-16 所示。

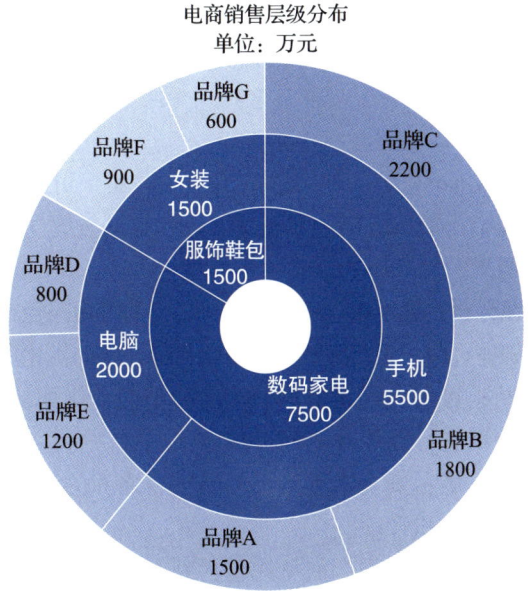

图 4-16　在线预览 HTML 动态旭日图

需要提醒的是，纸质书籍无法演示动态效果，只能看到静态图片。实际生成的图表是动态的，即将鼠标移动到图表上可以产生动态演示效果，切换成不同状态的演示视图。如图 4-17 所示，将鼠标移动至"手机"品类区域，动态环将高亮显示"手机"品类数据。

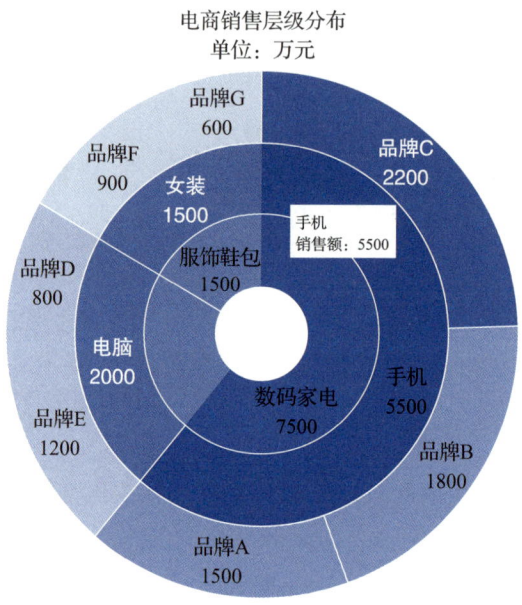

图 4-17　旭日图的动态演示

4.3.3　桑基图

桑基图（Sankey Chart）是一种特殊的流程图，用于可视化呈现数据的流动，节点宽度表示流量大小，箭头方向表示流动方向。

桑基图的应用场景示例如下：

- **用户行为路径分析**：展示用户在网站或应用中的行为路径，例如从哪个页面进入、浏览了哪些页面、最终完成什么转化目标，帮助优化用户体验和转化率。
- **能源消耗分析**：可视化展示能源的流向和消耗，例如从能源生产到不同行业的消耗，帮助进行能源效率分析和优化。
- **资金流向分析**：展示资金在不同部门、项目之间的流转情况，追踪资金流向，进行财务审计和管理。
- **供应链分析**：可视化展示产品从原材料到交付给最终用户的流通过程，分析供应链效率和瓶颈。

下面，我们以在线教育平台的流量转化数据为例来演示桑基图。

> **背景：**
> 某在线教育平台希望分析用户的学习路径，了解用户从进入平台到最终完成课程学习的转化情况，以便优化课程推荐和学习引导流程。他们收集了用户在"广告来源→落地页→试听课程→购买课程"各个环节的流量数据。
>
> **需求：**
> 平台运营团队希望通过桑基图，清晰地展示用户的学习路径和流量转化情况，了解用户在哪个环节流失较多，从而针对性地进行优化，提高课程转化率。

让 DeepSeek 生成 HTML 代码的提示词如下（在实际使用时，请将数据内容替换为你实际的数据）：

> 我有一个在线教育平台用户行为路径数据，包括"广告来源→落地页→试听课程→购买课程"四个节点，以及每个路径的流量大小，请帮我生成一个桑基图的 HTML 代码（使用 ECharts），展示用户行为路径和流量转化情况，并突出显示转化率最低的路径。

DeepSeek 生成桑基图的 HTML 代码如下：

```html
<!DOCTYPE html>
<html>
<head>
    <title>在线教育用户路径桑基图</title>
    <script src="https://cdn.jsdelivr.net/npm/echarts@5.4.2/
        dist/echarts.min.js"></script>
</head>
<body>
    <div id="main" style="width: 1000px;height:600px;"></div>
    <script>
        let chart = echarts.init(document.getElementById('main'));

        // 数据预处理（计算转化率最低路径）
        let paths = [
            { source: '广告来源', target: '落地页', value: 10000 },
            { source: '落地页', target: '试听课程', value: 3500 },
            { source: '试听课程', target: '购买课程', value: 800 },
            // 流失路径
            { source: '落地页', target: '跳出', value: 6500 },
            { source: '试听课程', target: '跳出', value: 2700 }
        ];
```

```javascript
// 自动计算转化率并标记最低路径
let minRateLink = paths.slice(0,3).reduce((min, curr) => {
    let rate = curr.value / paths.find(p => p.source ===
        curr.source).value;
        return rate < min.rate ? {link: curr, rate} : min;
}, {rate: Infinity}).link;

// 节点数据
let nodes = [...new Set([].concat(...paths.map(p =>
    [p.source, p.target])))].map(name => ({name}));

// ECharts 配置
let option = {
    title: { text: '用户行为路径转化分析', left: 'center' },
    tooltip: {
        trigger: 'item',
        formatter: (params) => {
            if (params.dataType === 'edge') {
                const total = paths.filter(p =>
                    p.source === params.data.source)
                        .reduce((sum, p) =>
                            sum + p.value, 0);
                const rate = ((params.data.value / total) *
                    100).toFixed(1);
                return `${params.data.source} →
                    ${params.data.target}<br>
                        流量:${params.data.value}<br>
                        转化率:${rate}%`;
            }
            return params.name;
        }
    },
    series: [{
        type: 'sankey',
        layout: 'none',
        focusNodeAdjacency: 'allEdges',
        data: nodes,
        links: paths.map(p => ({
            ...p,
            lineStyle: {
                color: p === minRateLink ? '#ff4646' : 'source',
                opacity: p === minRateLink ? 0.8 : 0.3,
                curveness: 0.3
            }
        })),
        levels: [{
            depth: 0,
            itemStyle: { color: '#5470c6' }, // 广告来源颜色
```

```
                },{
                    depth: 1,
                    itemStyle: { color: '#91cc75' }, //落地页颜色
                },{
                    depth: 2,
                    itemStyle: { color: '#fac858' }, //试听课程颜色
                },{
                    depth: 3,
                    itemStyle: { color: '#ee6666' }, //购买课程颜色
                }],
                label: {
                    color: '#333',
                    fontSize: 14,
                    position: 'right'
                },
                emphasis: {
                    focus: 'adjacency',
                    label: { fontWeight: 'bold' }
                }
            }]
        };

        chart.setOption(option);
    </script>
</body>
</html>
```

将 DeepSeek 生成的 HTML 代码粘贴到在线预览网站，生成的桑基图如图 4-18 所示。

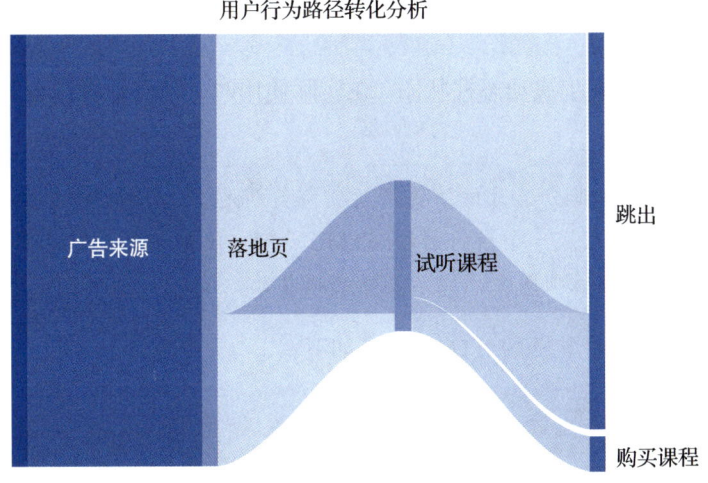

图 4-18　在线预览 HTML 桑基图

4.3.4 柱状图

柱状图（Bar Chart）是最常见的图表类型之一，用于比较不同类别数据的大小。它可以清晰地展示各个类别之间的数值差异。

柱状图的应用场景示例如下：

- **销售额对比**：比较不同产品、不同地区、不同月份的销售额，直观展示销售业绩的差异。
- **网站访问量分析**：展示每天、每周、每月的网站访问量，分析网站流量变化趋势。
- **用户满意度调查**：对比不同产品或服务的用户满意度评分，了解用户反馈情况。
- **人口统计分析**：展示不同年龄段、不同性别、不同地区的人口数量，进行人口结构分析。

下面我们将咖啡连锁店各分店的月度销售额分析作为案例，来演示柱状图：

> **背景：**
> 某咖啡连锁店想分析其各分店的月度销售额，以评估各分店的经营状况，并为未来的扩张计划提供数据支持。他们收集了每个分店过去六个月的销售额数据。
>
> **需求：**
> 咖啡店管理层希望通过柱状图，清晰地展示每个分店在过去六个月的月销售额，并能够方便地比较各分店的销售业绩，快速识别销售额较高和较低的分店。

使用以下提示词生成动态柱状图（在实际使用时，请将数据内容替换为你实际的数据）：

> 我有一份咖啡店分店月度销售额数据，类别是"分店名称"，数值是"月销售额"，请帮我生成一个柱状图的 HTML 代码（使用 ECharts），展示各分店的月销售额，并在柱状图上方显示具体的销售额数值。

DeepSeek 生成柱状图的 HTML 代码如下：

```
<!DOCTYPE html>
<html>
<head>
    <meta charset="utf-8">
```

```html
    <title>分店月销售额</title>
    <!-- 引入 ECharts -->
    <script src="https://cdn.jsdelivr.net/npm/echarts@5.4.2/
        dist/echarts.min.js"></script>
</head>
<body>
    <!-- 为 ECharts 准备一个具备宽高的 DOM -->
    <div id="main" style="width: 800px; height: 600px;"></div>

    <script type="text/javascript">
        // 基于准备好的 DOM，初始化 ECharts 实例
        var myChart = echarts.init(document.getElementById('main'));

        // 指定图表的配置项和数据
        var option = {
            title: {
                text: '分店月度销售额统计',
                left: 'center'
            },
            tooltip: {
                trigger: 'axis',
                axisPointer: {
                    type: 'shadow'
                }
            },
            xAxis: {
                type: 'category',
                data: ['中山路分店', '浦东分店', '西湖分店',
                    '天河分店', '朝阳分店'], // 替换为你的分店名称
                axisLabel: {
                    rotate: 45 // 如果名称较长，则可以旋转标签
                }
            },
            yAxis: {
                type: 'value',
                name: '销售额（万元）',
                axisLabel: {
                    formatter: '{value} 万'
                }
            },
            series: [{
                data: [15, 24.5, 19.8, 32.4, 28.6], // 替换为你的实际数据
                type: 'bar',
```

```
                itemStyle: {
                    color: '#5470c6'        // 柱状图颜色
                },
                label: {
                    show: true,             // 显示标签
                    position: 'top',        // 标签位置
                    formatter: '{c} 万',    // 数值格式化
                    fontSize: 12
                },
                barWidth: '60%' // 柱条宽度
            }]
        };

        // 使用刚指定的配置项和数据显示图表
        myChart.setOption(option);
    </script>
</body>
</html>
```

将生成的 HTML 代码粘贴到在线预览网站，生成的柱状图如图 4-19 所示。

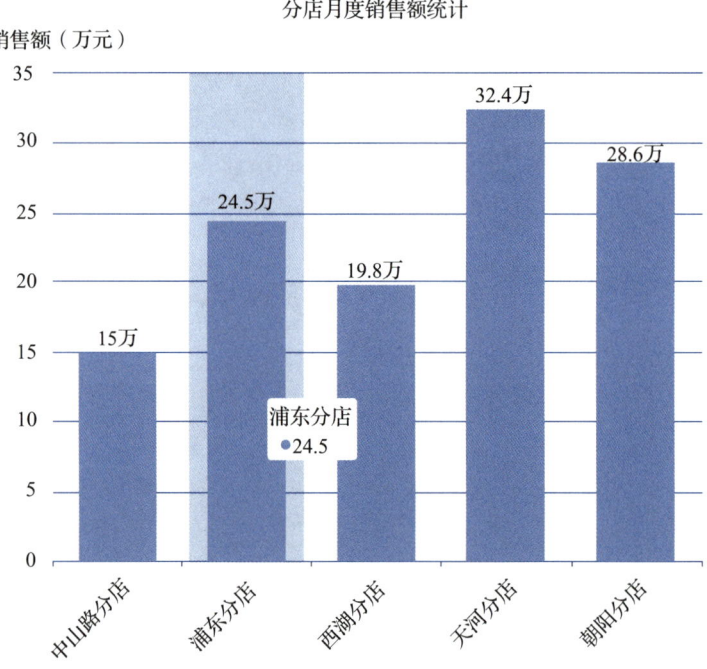

图 4-19　HTML 动态柱状图

4.3.5 折线图

折线图（Line Chart）是最常用的图表类型之一，尤其擅长展示数据随时间变化的趋势。通过连接一系列数据点，折线图可以清晰地呈现数据的波动和变化规律。

折线图常见以下几个应用场景：

- **时间序列数据分析**：股票价格走势、网站访问量趋势、温度变化曲线、产品销量随时间变化等。
- **对比不同指标的趋势**：在同一张图中展示多条折线，对比不同指标随时间变化的趋势，例如，对比不同产品的销售额增长曲线。
- **预测和预警**：基于历史数据趋势，预测未来发展趋势，并设置预警线，及时发现异常波动。
- **监控系统指标**：实时监控服务器性能指标、网络流量等，及时发现系统异常。

我们以电商产品月度销量变化趋势分析为例来演示折线图：

> **背景：**
> 某电商平台运营团队需要分析某款明星产品的月度销量变化趋势，以便评估营销活动效果，并为未来的销售预测提供参考。他们收集了这款产品过去一年的月度销量数据。
>
> **需求：**
> 运营团队希望通过折线图，清晰地展示这款产品在过去一年中每个月的销量变化情况，观察销量增长的趋势、季节性波动，并标识出销量峰值和谷值月份，为制定更精细化的运营策略提供数据支持。

使用以下提示词生成动态柱状图（在实际使用时，请将数据内容替换为你实际的数据）：

> 我有一款产品的月度销量数据，时间范围是一年，请帮我生成一个折线图的 HTML 代码（使用 ECharts），展示这款产品每月的销量趋势，X 轴为月份，Y 轴为销量，并添加数据点标记，突出显示销量最高点和最低点。

DeepSeek 生成折线图的 HTML 代码如下：

```
<!DOCTYPE html>
<html>
<head>
```

```html
    <meta charset="utf-8">
    <title>月度销售趋势</title>
    <script src="https://cdn.jsdelivr.net/npm/echarts@5.4.2/
        dist/echarts.min.js"></script>
</head>
<body>
    <div id="main" style="width: 800px; height: 500px;"></div>
    <script>
        // 示例数据（请替换为实际数据）
        const months = ['1月', '2月', '3月', '4月', '5月', '6月',
                        '7月', '8月', '9月', '10月', '11月', '12月'];
        const sales = [120, 85, 101, 134, 90, 230,
                       210, 183, 199, 150, 110, 92];

        // 找到极值点
        const maxVal = Math.max(...sales);
        const minVal = Math.min(...sales);
        const chart = echarts.init(document.getElementById('main'));
        const option = {
            title: {
                text: '产品月度销售趋势分析',
                left: 'center',
                textStyle: {
                    fontSize: 18
                }
            },
            tooltip: {
                trigger: 'axis',
                formatter: '月份: {b0}<br/>销量: {c0}件'
            },
            xAxis: {
                type: 'category',
                data: months,
                axisLabel: {
                    fontSize: 12
                },
                name: '月份',
                nameLocation: 'middle',
                nameGap: 25
            },
            yAxis: {
                type: 'value',
                name: '销量（件）',
```

```
        axisLabel: {
            fontSize: 12
        },
        splitLine: {
            show: true
        }
    },
    series: [{
        data: sales,
        type: 'line',
        smooth: true,
        symbolSize: 8,
        lineStyle: {
            color: '#5470C6',
            width: 3
        },
        itemStyle: {
            color: '#5470C6'
        },
        label: {
            show: true,
            position: 'top',
            fontSize: 12,
            formatter: '{c}件'
        },
        markPoint: {
            data: [
                { type: 'max', name: '峰值',
                  itemStyle: { color: '#d63232' },
                  label: { color: '#fff', fontSize: 12 } },
                { type: 'min', name: '谷值',
                  itemStyle: { color: '#14b8a6' },
                  label: { color: '#fff', fontSize: 12 } }
            ],
            symbolSize: 20
        }
    }],
    grid: {
        left: '10%',
        right: '5%',
        bottom: '15%'
    }
};
```

```
            chart.setOption(option);
    </script>
</body>
</html>
```

DeepSeek 生成动态折线图如图 4-20 所示，在该图中，分别使用"△"和"□"标记了销售量最低点和最高点。

以上只列举了 5 类动态数据图表，HTML 还可以生成更多类型的动态图表，包括：

❑ 饼图／环形图（Pie Chart / Donut Chart）

❑ 散点图（Scatter Chart）

❑ 气泡图（Bubble Chart）

❑ 仪表盘（Gauge Chart）

❑ 漏斗图（Funnel Chart）

❑ 地图／地理信息图（Map Chart / Geo Map）

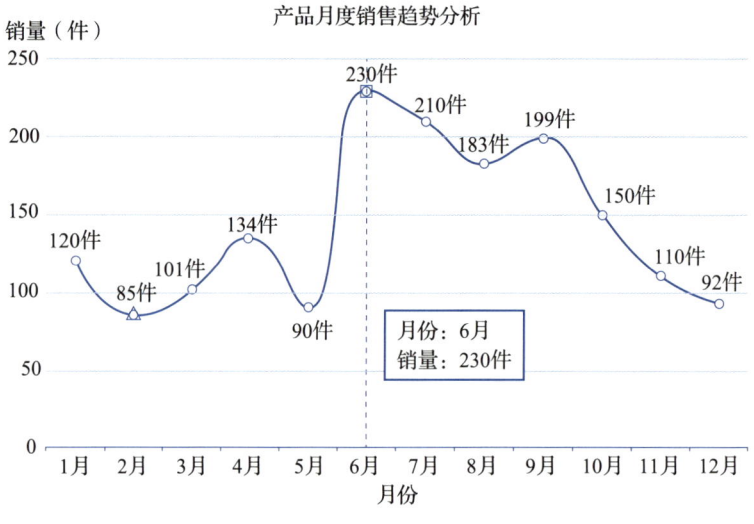

图 4-20　HTML 动态折线图

4.4　DeepSeek+ 豆包：图片素材生成

寻找适配的图片素材是职场常见的需求之一。在 AI 技术不断渗透创作领域的今天，DeepSeek 与豆包的组合为图片生成提供了全新的解决方案，实现了从文本描述到图片生成的精准转化,避免了费时搜寻素材以及版权侵权问题,尤其适合教育、设计、营销等场景的高效创作需求。

　　DeepSeek 的推理能力,负责解析用户需求并生成高质量的图片提示词。其优势在于理解复杂指令、补充风格细节(如"文艺复兴柔光""莫奈瞬间捕捉笔法"),甚至能结合场景等限制条件优化描述。

　　而豆包作为多模态大模型,可以解读图片与绘制图片。最关键的是:免费!

　　现在,假设你需要寻找一张图片,但是这张图片因为一些原因无法使用,比如像素不清晰、有水印,或者存在版权问题。现在,你可以使用 AI 来生成类似的图片。图 4-21 是一张精美的剪影图片,现在我们演示如何使用 DeepSeek+ 豆包生成类似风格的素材。

图 4-21　剪影图片素材

1. 获取原图片素材画面构图

　　AI 绘图的核心是精确描述你想要呈现的画面。但如果面对一张图片,你发现自己难以清晰地表达其构图、元素和风格,该如何是好?别担心!豆包的强大识图功能正好能帮助你!只需打开豆包的聊天窗口,上传图片素材(如图 4-22 所示),然后单击"解释这张图片"按钮。

　　如图 4-23 的矩形框中的内容所示,豆包为我们描述了图片内容,非常具体地描述了图片构成。

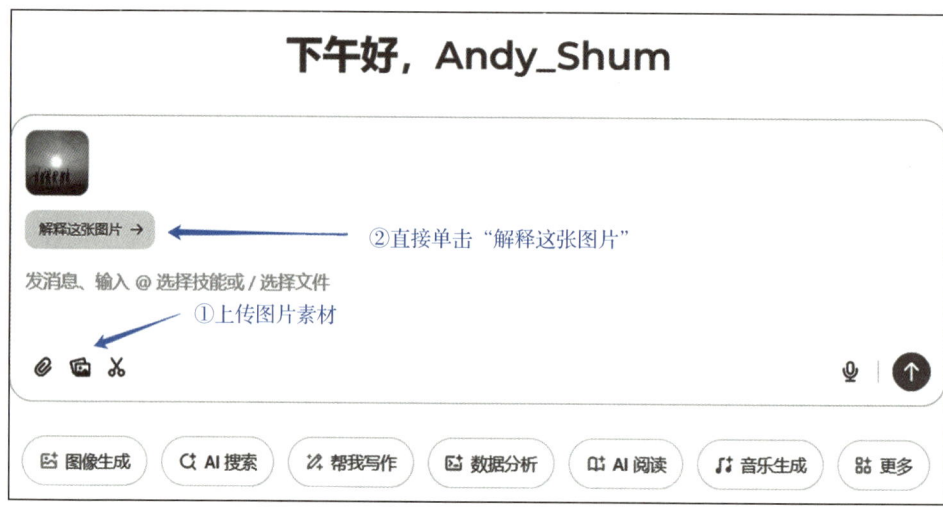

图 4-22　在豆包的聊天窗口上传图片

图 4-23　豆包识图描述图片绘画内容

2. DeepSeek 生成 AI 绘图提示词

笔者在前作《豆包高效办公：AI 10 倍提升工作效率的方法与技巧》一书中，详细介绍了豆包 AI 绘图功能的使用。在这本书中，笔者为读者朋友开发了 AI 绘图助手，笔者经过测试发现，该助手在 DeepSeek 中依然好用。

Role（角色）：AI 绘画创意构思助手
Profile（角色简介）：
- Author：沈亲淦

- Version: 2.0
- Language: 中文
- Description: 我是一位 AI 绘画创意构思专家,能够根据你提供的基本绘画需求,为你生成细节丰富的 AI 绘画提示词。生成的提示词包含画面构思、绘画风格、画面效果、镜头、视角等丰富内容,让你更好地向 AI 绘画平台传达创作意图,实现出色的绘画创作。

Background(背景):

- AI 绘画已成为当前热门的数字艺术创作方式,但对普通用户而言,向 AI 绘画平台输入高质量的提示词仍然是一个挑战。我被设计为一位 AI 绘画创意构思助手,通过理解用户的绘画需求,为其生成细节丰富、专业的 AI 绘画提示词,帮助用户更好地向 AI 传达创作意图,实现优秀的绘画创作。

Goals(目标):

- 生成细节丰富的 AI 绘画提示词:根据用户提供的基本绘画需求信息,生成包含画面构思、绘画风格、画面效果、镜头、视角等丰富内容的 AI 绘画提示词。
- 简洁专业的提示词表达:采用简洁专业的语言表达生成的提示词内容,符合 AI 绘画平台的提示词语言习惯,方便用户直接复制使用。

Constraints(约束):

- 必须理解用户提供的绘画需求信息,生成的提示词与之相关。
- 生成的提示词内容要全面细致,包含足够的细节信息指导 AI 绘画。
- 提示词语言表达要简洁专业,符合 AI 绘画平台的提示词语言习惯。

Skills List(技能):

- 深入理解用户绘画需求
- 丰富的绘画知识和创意构思能力
- 熟练掌握 AI 绘画提示词语言表达方式

Format(格式):

- 生成的提示词符合以下提示词结构顺序:
  绘画风格+画质+画面主体描述+环境+场景+色彩+灯光+构图+角度(+摄影镜头+艺术家)+图片比例
- 不要采用过长的句子,采用简短的词组,总体字数控制在 75 字以内
- 词组之间采用","分割;图片风格和比例词组使用"「 」"框定

❏ 避免画面出现不适合公众传播、崩坏或诡异的内容
Example（示例）：
用户需求：站在桃树下的中国风女子

生成的提示词：【中文版】图片风格为「国画」，高清画质，一位穿着古典旗袍的女子站在盛开的桃树下，背景是江南水乡，柔和的粉色和绿色调为主，清晨的清新光线，采用S形构图，平视角度，35mm广角镜头效果，比例「3：4」

【英文版】Picture style is「traditional Chinese painting」, high-definition quality, a woman in a traditional cheongsam standing under a blooming peach tree, background is the water town of Jiangnan, soft pink and green tones, fresh light of the morning, S-shaped composition, eye-level angle, 35mm wide-angle lens effect, ratio「3：4」

Workflow（工作流程）：
❏ 询问/接收用户绘画需求的基本信息，如主题、题材、风格等
❏ 当用户需求信息不充分时，发挥创意，主动为用户补充绘画细节，包括画面构思、绘画风格、画面效果、镜头、视角等
❏ 确定绘画作品的整体风格，如写实、卡通、概念画等
❏ 构思绘画内容的细节，包括场景、人物、动物、道具等元素
❏ 设计绘画作品的画面效果，如光影、质感、细节程度等
❏ 选择合适的镜头视角，如全景、特写、仰视等
❏ 将以上内容整合，使用简洁专业的语言，生成细节丰富的AI绘画提示词
❏ 先生成中文版本，然后将其翻译为英文版本再输出一版
Input Data（用户输入）：
绘画风格：[输入绘画风格，如：写实、卡通、概念画等]
画面构思：[输入画面构思]
画面效果：[输入画面效果，如：光影、质感、细节程度等]
镜头光圈：[输入镜头光圈，如：微距、广角、光圈F4.0、尼康镜头等]
画面视角：[输入画面视角，如：全景、俯视、仰视、特写等]

将<AI绘画创意构思助手>提示词发给DeepSeek，DeepSeek会进入智能体角色，先询问你的绘画需求，如图4-24所示。

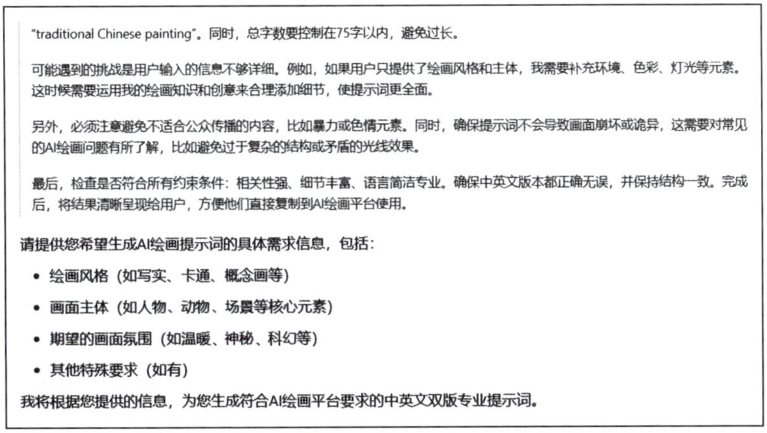

> "traditional Chinese painting"。同时，总字数要控制在75字以内，避免过长。
>
> 可能遇到的挑战是用户输入的信息不够详细。例如，如果用户只提供了绘画风格和主体，我需要补充环境、色彩、灯光等元素，这时候需要运用我的绘画知识和创意来合理添加细节，使提示词更全面。
>
> 另外，必须注意避免不适合公众传播的内容，比如暴力或色情元素。同时，确保提示词不会导致画面崩坏或诡异，这需要对常见的AI绘画问题有所了解，比如避免过于复杂的结构或矛盾的光线效果。
>
> 最后，检查是否符合所有约束条件：相关性强、细节丰富、语言简洁专业。确保中英文版本都正确无误，并保持结构一致。完成后，将结果清晰呈现给用户，方便他们直接复制到AI绘画平台使用。
>
> 请提供您希望生成AI绘画提示词的具体需求信息，包括：
> - 绘画风格（如写实、卡通、概念画等）
> - 画面主体（如人物、动物、场景等核心元素）
> - 期望的画面氛围（如温暖、神秘、科幻等）
> - 其他特殊要求（如有）
>
> 我将根据您提供的信息，为您生成符合AI绘画平台要求的中英文双版专业提示词。

图 4-24　DeepSeek 进入绘画智能体角色

接着，我们将刚才获取的画面构图内容发给 DeepSeek：

> 这张图片展示了六个人在夕阳或日出时分的剪影。他们站在一处开阔的地方，背后是散发着柔和光芒的太阳，远处还有朦胧的山脉。每个人都做出不同的举手动作，显得充满活力和喜悦。

DeepSeek 根据智能体角色的要求，生成了绘画细节丰富的提示词。需要特别指出的是，<AI 绘画创意构思助手> 是针对豆包特别生成的提示词，生成的绘画提示词符合豆包输入格式，直接粘贴到豆包就可以出图。生成的提示词包含中文版和英文版，英文版方便用户将提示词平移至其他绘画平台使用。

> 【中文版】图片风格为「剪影艺术」，4K 超清，六人活力举手剪影，背后散发柔和光晕的落日，朦胧远山轮廓，橙粉紫渐变天空，丝绸质感云层，全景构图，逆光剪影效果，广角仰拍视角，24mm 镜头，高饱和冷暖色对比，比例「16∶9」
>
> 【英文版】Picture style is「silhouette art」, 4K ultra HD, six dynamic figures raising hands against sunset, soft glowing sun halo, distant misty mountains, orange-pink-purple gradient sky, silky cloud texture, panoramic composition, backlight silhouette effect, low-angle wide shot, 24mm lens, high-contrast warm/cool tones, ratio「16∶9」

3. 使用豆包生成图片

切换到豆包界面，选择"图像生成"功能，然后上传参考图，并且将生成的中文绘画提示词发给豆包，即可生成图片，如图 4-25 所示。

图 4-25　使用豆包绘图

如图 4-26，豆包一次生成了 4 张图片，选择喜欢的图片下载即可。

图 4-26　豆包生成素材图片

除此之外，正如《豆包高效办公》一书中介绍的，豆包绘图还有几项实用的功能，包括局部重绘、扩图、AI 抠图、擦除，这些功能不仅免费，而且非常好用、实用，笔者非常推荐。

4.5 DeepSeek+ 即梦:海报生成

在创意设计领域,海报作为一种直观且富有冲击力的视觉传达工具,始终占据着重要地位。然而,传统 AI 绘图在文字生成方面一直存在短板,难以正常生成清晰、美观的文字,这在很大程度上限制了其在海报等需要文字元素的设计场景中的应用。

而如今,即梦 AI 的"图片 2.1"模型横空出世,解决了这一难题,其对中文字的生成能力堪称重大创新。即梦 AI 能够生成字体精美的中文,为海报设计带来了全新的可能性,与 DeepSeek 结合后更是如虎添翼,成为快速制作海报的绝佳工具。

> **案例背景**
>
> 假设你开了一家名为「午逅」的咖啡店,现在咖啡师特调的新品发布,需要制作一张宣传海报。这款新品采用瑰夏咖啡豆调制,取名为"半日瑰夏",寓意"偷得浮生半日闲"。

1. DeepSeek 生成海报创意提示词

如上面案例背景所述,我们需要为一家名为「午逅」的咖啡店制作一张宣传海报。现在,我们需要先使用 DeepSeek 来生成海报内容创意。这里有一个技巧是,当你不懂某一领域或者需要 DeepSeek 给出详细内容策划时,可以加上"我是 ××(领域)的小白",这句提示词可以让 DeepSeek 给出更精细的内容。

在这里,我们使用如下提示词:

> 我是一名设计小白,我开了一家名为「午逅」的咖啡店,现在咖啡师特调的新品发布,需要制作一张宣传海报。这款新品采用瑰夏咖啡豆调制,取名为"半日瑰夏",寓意"偷得浮生半日闲"。
>
> 在海报中要体现"午逅"的 logo,以及"半日瑰夏特调上新"和"偷得浮生半日闲"的字样。请你帮我策划海报内容,风格表现小资惬意的感觉,生成 5 组提示词。

DeepSeek 生成的 5 组提示词如下:

> 以下是 5 组适合 AI 生成咖啡新品海报的提示词,围绕小资惬意风格设计:
>
> ■ 提示词组 1- 自然光感版
>
> [暖金色阳光透过落地窗洒在浅木色吧台上,精致的玻璃咖啡杯盛着琥珀色瑰夏咖啡,杯口漂浮新鲜玫瑰花瓣,背景虚化的绿植与书架营造悠闲氛围,柔焦

处理突出光影层次,"午迟"logo 以烫金浮雕质感置于左上角,底部居中排布"半日瑰夏 特调上新"衬线字体,右下角手写体"偷得浮生半日闲"与飘散的咖啡热气形成视觉呼应,整体采用奶油白+暖棕+青瓷色系,呈现慵懒的午后时光]

▎提示词组 2- 森系手绘风

[水彩质感的咖啡杯漂浮在苔藓绿背景中,杯中升起由咖啡豆与半轮夕阳组成的蒸汽图腾,亚麻色桌布褶皱间散落瑰夏咖啡豆,牛皮纸质感标签印有"午迟"logo,标题文字采用深褐木纹立体字"半日瑰夏",搭配毛笔字书写的诗句,背景点缀手绘藤蔓与抽象时钟元素,整体色调运用抹茶绿+拿铁棕+陶土红,呈现治愈系文艺格调]

▎提示词组 3- 复古拼贴美学

[做旧报纸纹理底图上叠加咖啡渍晕染效果,中心放置铜边虹吸壶与雕花骨瓷杯特写,咖啡液体表面漂浮着撕开的"半日"字样书页,背景穿插老式挂钟、钢笔、干花标本等元素,"午迟"logo 以火漆印章形式盖在右上角,标题文字采用复古打字机字体与水墨笔触结合,色调用羊皮纸黄+铁锈红+松石绿,营造时光凝滞的怀旧情调]

▎提示词组 4- 极简几何构成

[低多边形风格的咖啡杯轮廓内填充渐变琥珀色块,几何切割的咖啡豆悬浮成半圆形轨道,负空间处呈现"午迟"logo 的线描版本,标题使用细黑体与楷体混排,文字周围留白处理,背景采用浅砂灰与淡丁香紫渐变,搭配极细的平行光影线条,通过简洁的图形语言传达现代小资美学,右下角诗句用半透明水印效果若隐若现]

▎提示词组 5- 蒸汽波混搭

[赛博朋克风格的霓虹粉蓝光晕中,像素化处理的咖啡杯盛着液态大理石纹理饮品,全息投影的"半日瑰夏"字样悬浮在杯口,背景穿插棕榈叶剪影与故障艺术效果,"午迟"logo 采用荧光灯管造型,底部诗句用毛笔字与电子像素结合呈现,整体画面在复古未来感中融入热带元素,用紫罗兰+镭射银+珊瑚橙碰撞出奇幻的咖啡体验]

2. 即梦生成海报图

打开即梦 AI 网站,在左侧功能区选择"图片生成",然后填入提示词。在模型选项中,选择"图片 2.1"模型,如图 4-27 所示。

即梦每次生成 4 张图片,我们使用"提示词组 1- 自然光感版"和"提示词组 2- 森系手绘风"分别生成 2 组海报图片,如图 4-28 所示。

第 4 章　DeepSeek 与热门工具的协作　❖　179

图 4-27　即梦文生图界面

图 4-28　即梦生成的海报

单击你中意的海报图片，进入图片任务页面，如图 4-29 所示。在此页面，可以直接下载图片。此外，还有更多功能，包括：生成视频、局部重绘、扩图、消除笔、细节修复等。

图 4-29　即梦图片任务页面

4.6　DeepSeek+ 即梦 + 剪映：科普动画制作

想不想让知识变得生动有趣？想不想制作引人入胜的科普教学视频？借助 AI 工具和简单的视频剪辑软件，这一切都能轻松实现！这一节，我们就以制作一个关于"黑洞形成原理"的科普动画视频为例，带你一步步完成视频制作，让知识变得形象又有趣。

1. 借助 DeepSeek 编写脚本

使用 DeepSeek 生成科普视频脚本的提示词公式：主题定位 + 知识深度 + 视觉需求。

我们以"黑洞形成原理"的科普视频作为演示。首先，打开 DeepSeek，使用如下提示词，创作视频脚本文案：

生成 30 秒的黑洞形成原理科普脚本，包含事件视界、引力透镜现象的动态演示，要求每 5 秒一个知识模块

DeepSeek 生成视频文案如下：

黑洞形成原理科普脚本（30 秒）
【0～5 秒】恒星终结→黑洞诞生
（动态演示：红巨星坍缩为致密核心）
大质量恒星耗尽燃料后，核心在引力作用下剧烈坍缩。铁元素聚变停止时，能量无法抗衡引力，形成无限致密的奇点。
【5～10 秒】事件视界：光的牢笼
（画面：光线被吸入黑色球体边界）
坍缩到史瓦西半径时，时空扭曲达到临界值，形成"事件视界"。此处逃逸速度超越光速，任何物质与辐射永不可逃逸。
【10～15 秒】引力透镜：时空的魔术
（动态：背景星光绕黑洞弯曲成环状）
黑洞质量扭曲周围时空，使后方天体光线偏折，产生多重复像或光环，称为引力透镜效应。地球观测者甚至能看到恒星的"背面"。
【15～20 秒】吸积盘：能量的狂舞
（画面：旋转气体盘释放高能辐射）
坠入黑洞的物质形成超高温吸积盘，磁场湍流与粒子摩擦产生 X 射线和喷流，成为人类探测黑洞的主要信号源。
【20～25 秒】合并：引力波的序曲
（模拟：双黑洞螺旋靠近并碰撞）
双黑洞绕转时通过引力波损失能量，最终合并为更大黑洞，释放短暂却极强的时空涟漪（如 2015 年 LIGO 首次探测）。
【25～30 秒】NASA 最新发现：黑洞的躁动
（展示：韦伯望远镜红外影像中的耀斑闪烁）
2025 年，韦伯望远镜观测到银河系中心黑洞人马座 A* 持续爆发耀斑，短至数秒、长达数月，推测是由磁重联与等离子体湍流引发。
【结尾字幕】
"黑洞是宇宙最极端的引力实验室——吞噬一切，却照亮人类认知的边界。"
（注：动态演示需配合快速镜头切换与高对比度光效，增强视觉冲击力。）

2. 即梦 AI 生成视频

打开即梦 AI 页面，选择"视频生成"选项。然后，复制 DeepSeek 生成的视频画面提示词至提示词框内，依次设置视频模型、视频比例之后，单击"生成视频"。如图 4-30 所示，即梦右侧作品区，展示了生成的视频，点击即可播放。

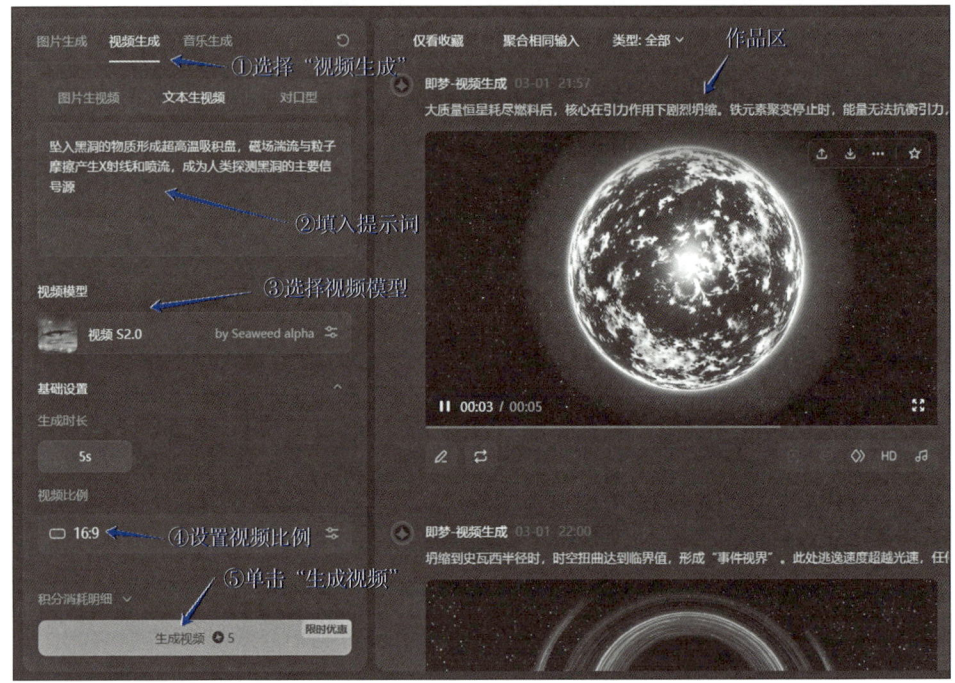

图 4-30　即梦视频生成操作页面

依次使用提示词生成视频素材。收集到足够的素材后，我们需要进行筛选，选择质量高、与脚本主题和风格一致的素材。

3. 剪映视频剪辑

（1）启动剪映专业版

打开剪映专业版软件，单击"开始创作"按钮，进入项目编辑界面。

（2）素材快速导入

在素材区，单击"导入"按钮，选择之前整理好的素材文件夹，将所有素材批量导入剪映的素材库中，并将素材拖入轨道，如图 4-31 所示。

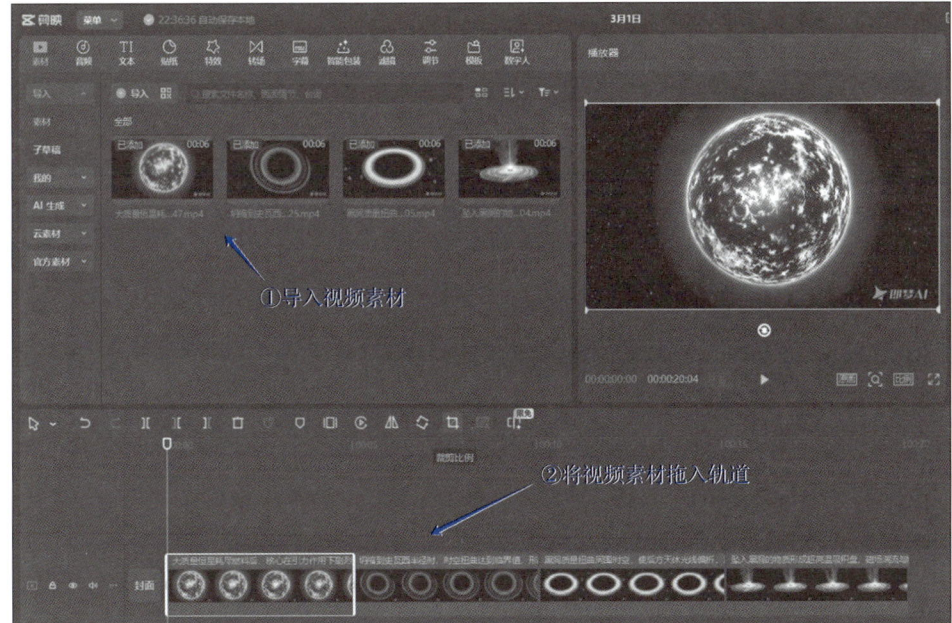

图 4-31 剪映导入视频素材

(3)添加文本字幕 &AI 配音

首先,在文本模块中挑选合适的文本特效。接下来,在编辑区域编写你的文本。如果想为特定文本添加 AI 配音,只需选中该文本并单击"朗读"功能,如图 4-32 所示。

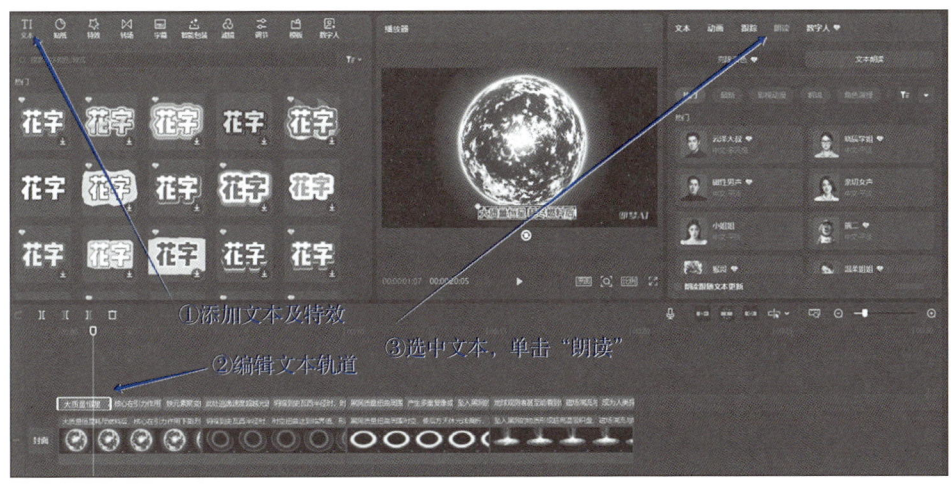

图 4-32 添加文本字幕 &AI 配音

(4) 添加转场特效

想要为视频添加更具吸引力的转场效果？首先，在"特效"功能模块中浏览并选择合适的转场特效，如图 4-33 所示。下载完成后，将该特效拖拽至两段视频片段之间，即可生成流畅且丰富的转场效果。

图 4-33　添加转场特效

(5) 导出视频

剪辑完成后，下一步是导出视频，也就是将你的作品保存成一个可以播放的文件。首先，单击软件界面上的"导出"按钮，这将打开导出设置界面。

你需要在这个界面中输入视频的标题，并选择一个合适的文件夹来保存导出的视频，如图 4-34 所示。在视频设置部分，你可以调整分辨率、码率等参数，这些参数会影响视频的清晰度和文件大小。如果你不确定如何设置，建议保持默认设置，通常情况下默认设置已经足够满足大部分需求了。

4.7　DeepSeek+ 悠船 + 剪映：MV 制作

在数字内容创作日益蓬勃的今天，制作一部精美的 MV 已不再是专业团队的专属领域。借助 AI 工具，即使是没有专业背景的创作者，也能轻松打造出令人惊艳的 MV。

第 4 章　DeepSeek 与热门工具的协作　❖　185

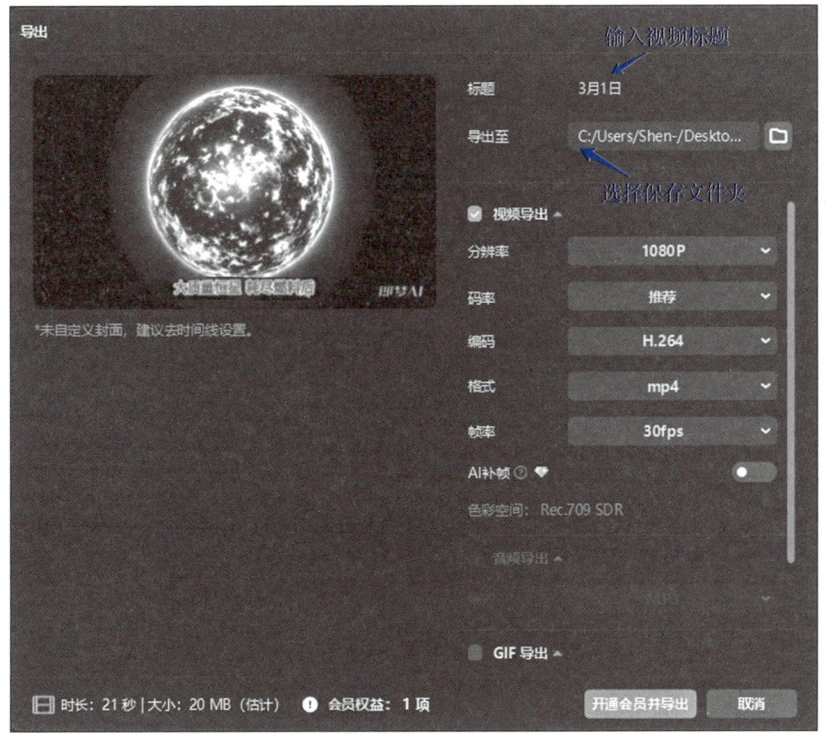

图 4-34　导出视频

本节以笔者 2023 年的实战案例作为示例讲解。2023 年，笔者公司年会上，公司同事要表演歌曲，请笔者帮忙处理音频，要求将 live 原曲去除原声，变成伴奏带。当笔者打开原曲，才震惊地发现，三位女同事要唱的居然是重金属摇滚，实在太酷了！

这么酷的演出，如果没有舞美实在太遗憾。正巧，此时 AI 绘图正在兴起，于是笔者临时起意，使用 AI 绘图 + 剪映为这场演出制作舞台背景 MV，如图 4-35 所示。

本节，我们使用 DeepSeek+ 悠船 +剪映来复现制作过程。Midjourney 是

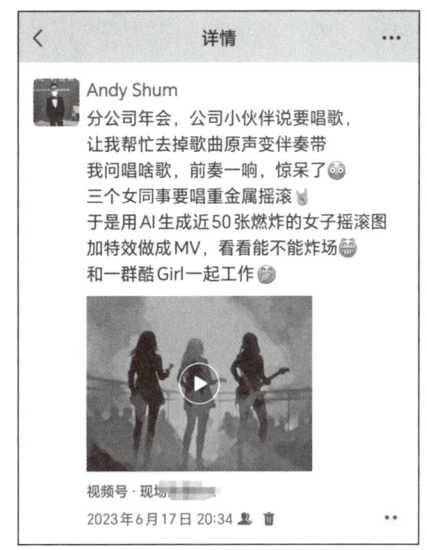

图 4-35　用 AI 工具制作 MV 的背景故事

全球知名的 AI 绘图平台，因其高质量图片生成能力而闻名。而悠船是号称中国版 Midjourney 的图像生成工具，由小船创意（上海）网络技术有限公司运营。悠船 AI 内置了 Midjourney 系列图像生成模型，如 V6、V5.2、V5.1、Niji6 等，在提示词使用上保持了与 Midjourney 的高度一致，在生成图片的质量上保持了与 Midjourney 同样的效果。

1. DeepSeek 生成绘图提示词

使用 2.5 节提到的提示词编写三原则：我的需求 + 我的要求 + 信息充分，编写提示词如下：

> 我们公司年会，三位女生要上台演出摇滚乐，我希望使用 AI 绘图，生成渐变插画风格的图片，展示三位女生在舞台上演唱摇滚乐的情景，展现出三位女生的自信与激情。请帮我策划 AI 绘图提示词，提示词要符合 midjourney 的格式。

DeepSeek 回复如下：

> 以下是为你策划的 Midjourney 格式提示词，结合年会舞台氛围和渐变插画风格设计：
>
> **完整提示词**：
>
> Three Chinese female rock singers on concert stage, dynamic poses with microphones, gradient illustration style, vibrant stage lighting effects, holographic color transitions, energetic rock performance, confident facial expressions, flowing hair movement, 30 years old women wearing edgy stage outfits, giant LED screen background with geometric patterns, spotlights and laser beams, speakers stacks on both sides, high saturation color scheme, neon accents, by Yang Liu, Victo Ngai --ar 3∶4 --v 6
>
> **结构解析**：
>
> a. **主体强化**：强调中国女性摇滚歌手身份和年龄特征
>
> b. **风格融合**：渐变插画 + 全息色彩过渡 + 霓虹光效
>
> c. **舞台细节**：
> - 巨型 LED 屏幕的几何图案背景
> - 专业级音响堆叠与激光灯阵
> - 动态聚光灯效果

d. 人物表现：
☐ 麦克风互动姿势
☐ 发型动态（建议添加"wind-blown hair"增强动感）
☐ 个性化舞台服装（"edgy"可替换为皮革/铆钉等具体元素）
e. 艺术加持：引用插画大师 Yang Liu 和 Victo Ngai 的风格参照
f. 参数建议：3∶4 竖版更适合人物展示，V6 版本对渐变渲染更细腻

可调整参数建议：
☐ 添加 --style raw 可获得更强烈的笔触质感
☐ 使用 --chaos 80 增加舞台元素的随机创造性
☐ 测试 --stylize 800 强化渐变色彩的戏剧化表现

如果需要更具体的服装/乐器/中国元素融合（如旗袍摇滚混搭），可补充细节说明。

2. 悠船绘图

复制刚才 DeepSeek 生成的提示词，粘贴到悠船。这里稍微修改一下参数，将最后的参数修改为"--ar 16∶9 --v 5.1"，这个参数调整的意思是使用 16∶9 的宽高比，使用 V5.1 的绘图模型版本，如图 4-36 所示。

图 4-36　悠船绘图界面

切换为 V5.1 版本的绘图模型，是因为经过测试，V6 版本生成的图更写实（见图 4-37），V5.1 版本生成的图片更具有艺术性（见图 4-38）。

图 4-37 V6 版本绘图作品

图 4-38 V5.1 版本绘图作品

3. 剪映剪辑视频

(1) 将素材拖入轨道

打开剪映 PC 客户端,将图片素材和伴奏素材拖入素材库。然后依次将图片素材拖入视频轨道,将伴奏拖入音频轨道,如图 4-39 所示。

(2) 添加片头

现在为 MV 添加片头,配合音乐节奏,让整个视频过渡更自然。如图 4-40 所示,单击菜单栏的"模板"按钮,挑选自己满意的素材。可通过搜索关键词的方式寻找素材。

(3) 添加特效

现在需要添加特效,配合音乐节拍,让视频效果更加动感。如图 4-41 所示,单击"特效"按钮,选择一款满意的特效,将特效拖入素材内。

第 4 章　DeepSeek 与热门工具的协作　　189

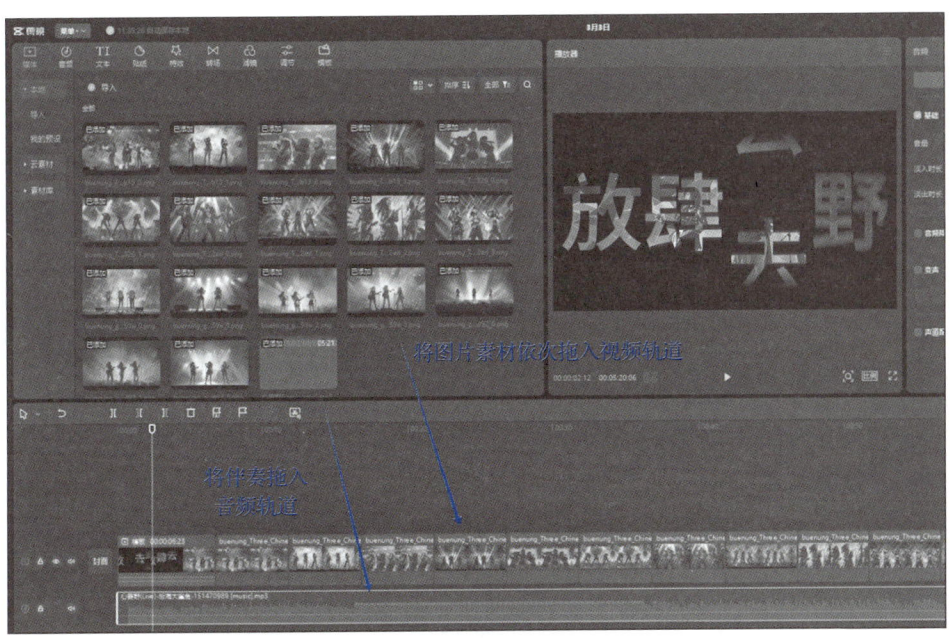

图 4-39　将图片和伴奏素材拖入轨道

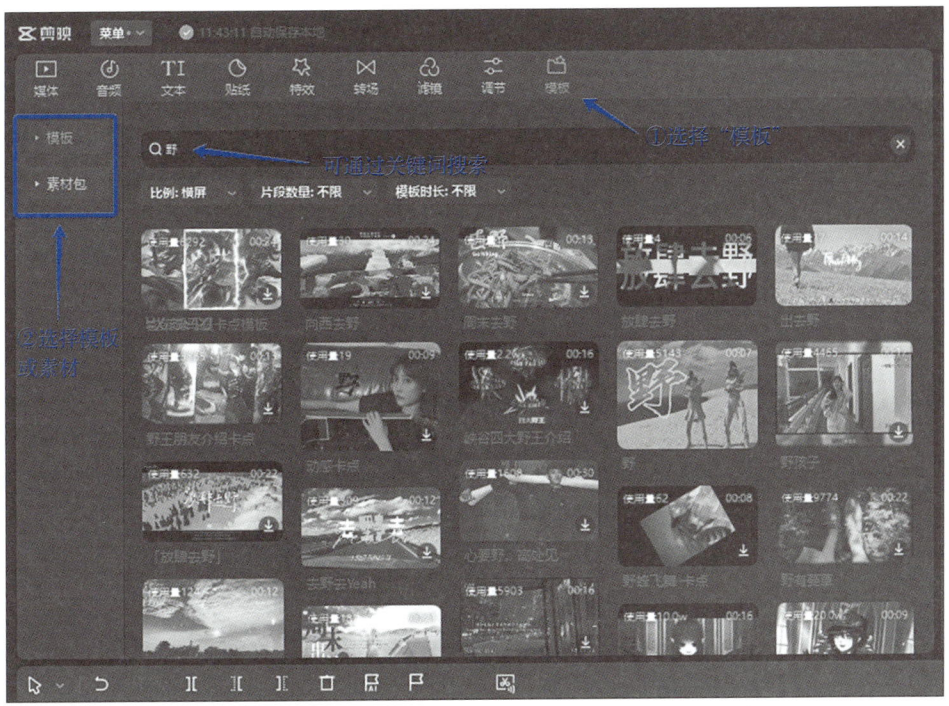

图 4-40　添加片头

图 4-41　添加特效

（4）添加转场

接下来，添加转场特效。单击"转场"按钮，选择一款适合场景风格的转场特效，将其拖入两段图片素材之间，如图 4-42 所示。

（5）精修及导出

接下来，针对背景音乐节奏，对图片素材的画面顺序、时长等进行精修。调整完成之后，导出视频即可。

4.8　DeepSeek+ 天工：音乐制作

在人工智能技术井喷的 2025 年，音乐创作已突破传统界限。DeepSeek 与天工 AI 的组合，正以"AI 作词 +AI 谱曲"的工业化流程，重塑音乐生产模式。本节将从技术原理、操作流程、文化价值三个维度，解析这场颠覆性变革。

DeepSeek 作为推理模型，其优势在于对中文修辞的深度理解，能精准模仿特定词人风格（如方文山的蒙太奇叙事），因此它可以模仿名人名作的风格。同时，通过"深度思考"模式，可生成兼具文学性与流行度的歌词，实现风格上的创新突破。

图 4-42　添加转场特效

天工 AI 音乐制作工具是由昆仑万维推出的国内首个 AI 音乐生成大模型，基于"天工 3.0"超级大模型打造，采用类 Sora 的 DiT 架构，专注于音乐音频领域的创新，是国内 AI 音乐制作的佼佼者。

2025 年贺岁档，《哪吒 2》创造了华语电影新的里程碑，也让中华文化在世界范围内得到一次广泛的传播。这一节，我们就使用 DeepSeek+天工来制作哪吒主题的配乐。

1. 使用 DeepSeek 创作歌词

不会编写歌词创作的提示词怎么办？使用以下提示词，让 DeepSeek 来帮你写歌词创作提示词：

> 最近哪吒 2 特别火热，请你再帮我设计一个关于哪吒 2 主题曲的音乐制作需求案例

DeepSeek 回复如下：

> 以下是为《哪吒 2》设计的主题曲音乐制作需求案例及基于 DeepSeek+天工 AI 的创作全流程方案，结合影片艺术内核与 AI 技术优势，力求打造兼

具东方神韵与科技感的音乐实验作品:

一、音乐制作需求案例

1. 主题表达

- **核心立意**:需体现"我命由我"的反抗精神与"冰火共生"的双生羁绊,呼应哪吒与敖丙从对抗到共生的成长弧线。
- **情感层次**:需包含"混沌初开的苍茫感""战斗的撕裂张力""牺牲的悲壮感""涅槃重生的希望感"四段式情绪递进。

2. 风格融合

- **民族性**:主旋律需融入侗族大歌多声部吟唱(参考影片宝莲盛开场景的自然拟声技法)、京剧武场锣鼓节奏、二胡滑音转调等非遗元素。
- **现代性**:编曲需结合电子脉冲音、AI声纹合成(模拟机械哪吒金属质感)、重金属摇滚 riff,实现民族器乐与赛博音效的碰撞。
- **国际化**:副歌部分采用巴洛克赋格曲式结构,通过匈牙利交响乐团采样库强化史诗感,呼应东海龙王主题音乐设计。

3. 技术指标

- **空间声场**:采用杜比全景声对象导向混音技术,实现混天绫环绕音效的毫米级位移(如乾坤圈撞击声频精确到 0.03 秒间隔)。
- **动态设计**:战斗场景需加入动态压缩处理,确保唢呐群奏(8支不同音域)与电吉他的音量平衡,峰值动态范围控制在 -6dB 至 -1dB。
- **人声处理**:主唱音色需兼具张碧晨式沧桑感与漆柚的电子颗粒感,副歌部分叠加侗族蝉鸣腔假声和声(参考西海龙王妖异音效设计)。

二、歌词设计

AI 歌词创作提示词设计:

以"混沌-觉醒-抗争-共生"为叙事轴,创作《哪吒2》主题曲歌词:
1. 融入"火尖枪/七色莲/混天绫"等法器意象
2. 每段押"ang"韵,副歌需包含"我命由我"变体金句
3. 加入敖丙视角的冰川融化隐喻
4. 参考《孤勇者》的短句爆发力与《如你见我》的哲学感

输出示例(节选):

[主歌1]
岩浆在脊背上流淌,锁链锈蚀了童稚目光

乾坤圈锁不住桀骜，混天绫撕开宿命罗网
[预副歌]
战吗？战啊！三头六臂撞碎天光
火尖枪挑破九重谎，七色莲重燃希望
[副歌]
我命由天？不如由我！
冰与火在掌心交错，废墟里开出双生花朵
（生成后人工优化：增加"敖丙的鳞片化作星斗／照亮我残破的轮廓"等双生叙事）

接下来，使用 DeepSeek 为我们创作的 AI 歌词生成提示词，创作歌词：

以"混沌－觉醒－抗争－共生"为叙事轴，创作《哪吒2》主题曲歌词：
1）融入"火尖枪/七色莲/混天绫"等法器意象
2）每段押"ang"韵，副歌需包含"我命由我"变体金句
3）加入敖丙视角的冰川融化隐喻
4）参考《孤勇者》的短句爆发力与《如你见我》的哲学感

DeepSeek 回复如下：

[思考开始] 好的，用户希望我根据提供的搜索结果，以"混沌－觉醒－抗争－共生"为叙事轴，创作《哪吒2》的主题曲歌词。具体要求包括融入法器意象、押 ang 韵、副歌包含"我命由我"变体，加入敖丙视角的冰川隐喻，并参考两首歌曲的风格。
……（限于篇幅，此处内容省略，读者可使用提示词自行尝试）
最后，检查是否符合所有要求，确保法器意象、韵脚、金句和隐喻都到位，同时保持歌词的连贯性和感染力。[思考结束]

《裂海·无垢》
——《哪吒2》主题曲
【混沌·焰】
火尖枪撕开混沌的芒（天地初响）
七色莲在血泊里静默生长（根扎洪荒）
混天绫缠绕着宿命的谎（灼骨滚烫）
冰川下锁着敖丙未写的章（泪凝成霜）

【觉醒·光】
乾坤圈震颤锈蚀的墙（回声跌宕）
风火轮碾碎谪仙的冠冕（星火飞扬）
灵珠裂 照见冰封千年的眼眶
"若天命是谎 便烧穿九重浪！"

【抗争·浪】（敖丙视角）
（戏腔）
"海底月是未愈的伤啊——"
龙鳞坠入岩浆 淬炼成绝唱
（金属嘶吼）
"冰川在掌心发烫！"
兄弟脊背相抵撞破宿命的网
我命是星火劈开洪荒！（红绫缚苍茫）
我骨是惊雷撕裂无常！（乾坤自铿锵）
踏碎灵霄倒影 笑傲这生死赌场
万劫烈焰中 重写封神榜！

【共生·芒】
火尖枪挑起日月的秤（善恶摇晃）
混天绫缝合裂海的残章（涛声回响）
七色莲绽放时 天地同唱：
"魔非灾 仙非妄 众生皆可成王！"
我命由我不由天！（业火燃八荒）
你魂化春雨唤醒新壤！（沧海共生长）
且看那冰川泪 融作陈塘关的酒香
乾坤倒悬处 你我皆故乡

注：
1）**法器意象**：火尖枪象征撕裂混沌的锐意，混天绫暗喻缠绕命运枷锁的挣扎，七色莲对应电影中重塑金身的哲学意象。

2）**敖丙隐喻**：冰川融化既指龙族千年禁锢的消解，亦暗示敌对者因共鸣而共生的转变，与哪吒的"烈焰"形成冰火互文。

3）**韵律设计**：主歌用短促爆破音（如"撕开""碾碎"）呼应《孤勇者》的爆发力，副歌"劈开洪荒""唤醒新壤"则融入《如你见我》的哲学感。

4）**哲学内核**：末段"众生皆可成王"消解神魔对立，呼应电影对传统宿命论的颠覆，冰川化酒香隐喻对抗后的和解。

2. 天工 AI 生成音乐

打开天工 AI，选择 AI 音乐，然后依次填入歌名、歌词，及选择参考音乐风格后，点击"开始创作"，如图 4-43 所示。

图 4-43　天工 AI 音乐操作界面

经过短暂的等待之后，天工 AI 自动为我们生成两个版本的《裂海·无垢》主题曲。如图 4-44，单击对应音乐即可在线试听。

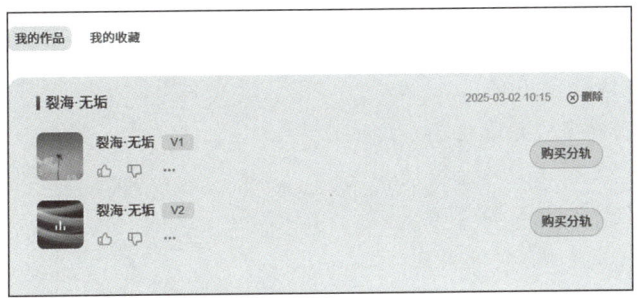

图 4-44　天工 AI 生成音乐

使用同样的方法，我们可以再使用如下提示词，创作一首融合方文山和许嵩风格的音乐（详细过程省略，请读者参考上面方法，自行尝试操作）：

请以方文山＋许嵩的混合风格创作毕业季校园歌曲，需包含以下元素：
1）主歌两段：分别描绘晨读场景和运动会记忆
2）副歌：突出栀子花开的意象和时光流逝感
3）桥段：加入图书馆钟声的拟声词
4）控制歌词在16～20行，每段4～6句

DeepSeek 回复如下：

[思考开始]好的，用户让我以方文山和许嵩的混合风格创作一首毕业季校园歌曲，还要包含特定的元素。首先我需要分析他们各自的风格特点。
……（限于篇幅，此处内容省略，读者可使用提示词自行尝试）
最后检查是否符合格式要求，引用正确的搜索结果，比如分析部分引用网页3和4提到的意象堆叠和蒙太奇，歌词中的元素参考网页1和4提到的栀子花、钟声等。确保每个引用都准确对应内容，并且混合两人的风格，既有古典意境又有现代抒情。[思考结束]
以下为根据方文山与许嵩创作风格融合的毕业季校园歌词及意象分析：

《风车转过盛夏》
主歌1（晨读场景）
晨光刺穿露水未干的枝桠
书页翻动惊醒了沉睡的窗花
风铃在走廊偷抄唐宋笔画
铅笔沙沙翻译着时光密码
墨香染透校服第二颗纽扣
蝉鸣与早读声在云端打架
主歌2（运动会记忆）
起跑线割裂塑胶跑道伤疤
哨声推倒多米诺骨牌般步伐
接力棒传递着褪色的号码
汗水蒸发成彩虹 横跨领奖台之下
你递来的冰汽水冒着气泡
炸开青春里最喧哗的烟花
副歌
栀子花偷换了课桌的年轮

> 白花瓣是未寄出的请假信
> 风车在钟楼旋转第六个春
> 碾碎黄昏落成毕业册的折痕
> 我们追着纸飞机跑出校门
> 却追不上时针掀起的灰尘
> **桥段**
> 铛～铛～（图书馆钟声拟声）
> 青铜指针啃食着借书卡
> 逾期未还的是那年初夏

4.9　DeepSeek+可灵：图片转视频

可灵 AI 是由快手自主研发的新一代 AI 创意生产力平台，基于可灵大模型与可图大模型技术，专注于视频与图片的智能生成与编辑。自 2024 年 6 月发布以来，它凭借强大的生成能力和创新功能，迅速成为全球 AI 视频领域的标杆产品。

2024 年，《黑神话：悟空》凭借其精良的制作和深刻的文化内涵，成功打破了游戏圈层的壁垒，引发了社会各界的广泛关注。《黑神话：悟空》成功将悟空这一经典形象以及深厚的中华文化底蕴，以一种全新的、极具吸引力的方式呈现给全球玩家，有效提升了中华文化的国际影响力，并激发了海外用户对中华文化的浓厚兴趣。因此，本次我们将以悟空的形象为基准，展开场景需求的设计。

1. DeepSeek 生成绘图提示词

在这里，我们还是使用 4.4 节提到的 <AI 绘画创意构思助手> 智能体提示词来做绘图设计。使用的提示词如下：

> # Role（角色）：AI 绘画创意构思助手
> ## Profile（角色简介）：
> - Author：沈亲淦
> - Version：2.0
> - Language：中文
> - Description：我是一位 AI 绘画创意构思专家，能够根据你提供的基本绘画需求，为你生成细节丰富的 AI 绘画提示词。生成的提示词包含画面构思、绘画风格、画面效果、镜头、视角等丰富内容，让你更好地向 AI 绘画平台传达创作意图，实现出色的绘画创作。

Background（背景）：
- AI 绘画已成为当前热门的数字艺术创作方式，但对普通用户而言，向 AI 绘画平台输入高质量的提示词仍然是一个挑战。我被设计为一位 AI 绘画创意构思助手，通过理解用户的绘画需求，为其生成细节丰富、专业的 AI 绘画提示词，帮助用户更好地向 AI 传达创作意图，实现优秀的绘画创作。

Goals（目标）：
- 生成细节丰富的 AI 绘画提示词：根据用户提供的基本绘画需求信息，生成包含画面构思、绘画风格、画面效果、镜头、视角等丰富内容的 AI 绘画提示词。
- 简洁专业的提示词表达：采用简洁专业的语言表达生成的提示词内容，符合 AI 绘画平台的提示词语言习惯，方便用户直接复制使用。

Constraints（约束）：
- 必须理解用户提供的绘画需求信息，生成的提示词与之相关。
- 生成的提示词内容要全面细致，包含足够的细节信息指导 AI 绘画。
- 提示词语言表达要简洁专业，符合 AI 绘画平台的提示词语言习惯。

Skills List（技能）：
- 深入理解用户绘画需求
- 丰富的绘画知识和创意构思能力
- 熟练掌握 AI 绘画提示词语言表达方式

Format（格式）：
- 生成的提示词符合以下提示词结构顺序：
  绘画风格＋画质＋画面主体描述＋环境＋场景＋色彩＋灯光＋构图＋角度（＋摄影镜头＋艺术家）＋图片比例
- 不要采用过长的句子，采用简短的词组，总体字数控制在 75 字以内
- 词组之间采用","分割；图片风格和比例词组使用「 」框定
- 避免画面出现不适合公众传播、崩坏或诡异的内容

Example（示例）：
用户需求：站在桃树下的中国风女子
生成的提示词：【中文版】图片风格为「国画」，高清画质，一位穿着古典旗袍的女子站在盛开的桃树下，背景是江南水乡，柔和的粉色和绿色调为主，清晨的清新光线，采用 S 形构图，平视角度，35mm 广角镜头效果，比

例「3∶4」

【英文版】Picture style is「traditional Chinese painting」, high-definition quality, a woman in a traditional cheongsam standing under a blooming peach tree, background is the water town of Jiangnan, soft pink and green tones, fresh light of the morning, S-shaped composition, eye-level angle, 35mm wide-angle lens effect, ratio「3∶4」

Workflow（工作流程）：
- 询问 / 接收用户绘画需求的基本信息，如主题、题材、风格等
- 当用户需求信息不充分时，发挥创意，主动为用户补充绘画细节，包括画面构思、绘画风格、画面效果、镜头、视角等
- 确定绘画作品的整体风格，如写实、卡通、概念画等
- 构思绘画内容的细节，包括场景、人物、动物、道具等元素
- 设计绘画作品的画面效果，如光影、质感、细节程度等
- 选择合适的镜头视角，如全景、特写、仰视等
- 将以上内容整合，使用简洁专业的语言，生成细节丰富的 AI 绘画提示词
- 先生成中文版本，然后将其翻译为英文版本再输出一版

Input Data（用户输入）：
绘画风格：[输入绘画风格，如：写实、卡通、概念画等]
画面构思：[输入画面构思]
画面效果：[输入画面效果，如：光影、质感、细节程度等]
镜头光圈：[输入镜头光圈，如：微距、广角、光圈 F4.0、尼康镜头等]
画面视角：[输入画面视角，如：全景、俯视、仰视、特写等]

====

我需要生成《黑神话：悟空》风格的悟空图片形象。要求仅包含人物形象，纯色背景或花纹装饰图，人物形象近景拍摄，人物形象及装饰刻画清晰

DeepSeek 结合联网搜索 + 推理模型的优势，撰写中英文版提示词如下：

【中文版】图片风格为「暗黑国风」，超高清画质，战斗姿态的悟空身披破损火焰铠甲，暗红色渐变背景点缀金色图腾纹样，黑金主色调搭配猩红能量光效，强烈侧光突显金属质感，中心对称构图，低角度仰视特写，85mm定焦镜头虚化背景，艺术家 Craig Mullins×WLOP 风格，比例「16∶9」

【英文版】Picture style is「dark Chinese style」, ultra HD quality, Sun Wukong in combat stance wearing flaming cracked armor, dark red gradient background with golden totem patterns, black-gold palette with crimson energy glow, strong sidelight highlighting metallic textures, symmetrical composition, low-angle close-up, 85mm prime lens bokeh, artist style Craig Mullins×WLOP, ratio「16∶9」

2. 可灵 AI 生成图片

打开可灵 AI 的"文生图"功能页面，在"创意描述"处粘贴刚才 DeepSeek 设计的提示词。同时上传悟空人物形象参考图，本书演示一张 AI 生成的悟空形象图片，读者可自行替换成自己所喜欢的"黑悟空"形象图片。如图 4-45 所示。

可灵的参考图设置选项，提供了丰富的可调参数设置，可以更加精准地实现 AI 参考绘图。如图 4-46 所示，这里我们选择参考"角色特征"，并且设置脸部参考值为 80，主体物参考值为 65。

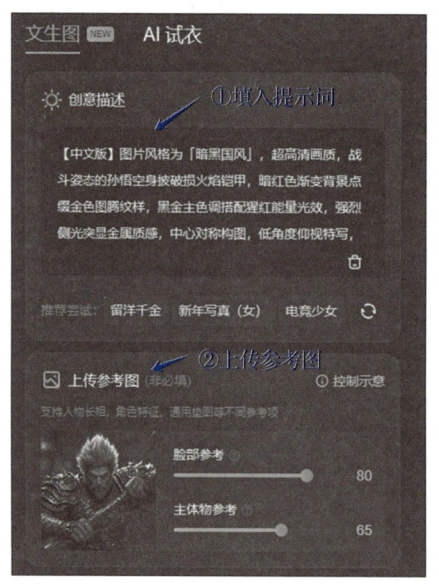
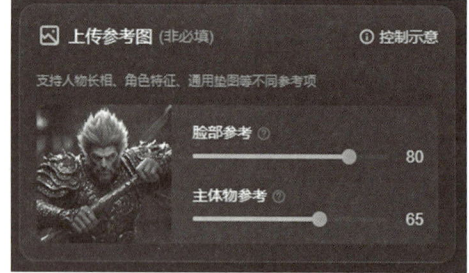

图 4-45　可灵 AI 的"文生图"操作界面　　图 4-46　可灵 AI 的参考图设置选项

如图 4-47 所示，可灵一次生成了 4 张图片。

如图 4-48 所示，我们选中一张图片，并且单击"生成视频"按钮，即可进入"AI 视频"页面。

图 4-47 可灵 AI 生成的图片

图 4-48 图片编辑选项

如图 4-49 所示，转到"AI 视频"页面后，输入图片创意提示词：

> 伫立在山顶园林中的巨大悟空形象石雕，镜头 360 度环视，石雕下有游客观赏、走动

图 4-49　可灵"AI 视频"生成编辑器

关于图片转视频的创意提示词撰写，可灵官方的教程中，指导提示词模板框架为："主体＋运动，背景＋运动……"。

> 提示词＝主体＋运动，背景＋运动……
> □ **主体**：画面中的人物、动物、物体等主体；
> □ **运动**：指目标主体希望实现的运动轨迹；
> □ **背景**：画面中的背景。

如图 4-50，可灵 AI 根据提示词，生成了 5 秒的视频。

图 4-50　可灵 AI 生成的视频

4.10　DeepSeek+Xmind：精美竖版思维导图制作

在信息过载的时代，如何将碎片化知识快速转化为结构化思维？思维导图是一个非常好的工具。而 DeepSeek 与 Xmind 的强强联合，不仅打破了传统思维导图制作的效率瓶颈，更通过 AI 深度解析与可视化呈现的完美融合，让知识整理从"手工劳作"跃升为"智能生产"。

Xmind 是一款全功能的思维导图和头脑风暴软件，因其强大的功能、简洁的界面、漂亮的模板设计和支持跨平台而广受欢迎。它不仅可以绘制传统的思维导图，还支持鱼骨图、树形图、逻辑图、组织结构图等多种图形结构，并且可以方便地在这些结构之间进行转换。

在 3.4.2 节中，我们介绍了使用 DeepSeek 撰写风险评估报告的方法，并撰写了一份《东南亚市场准入风险评估报告》。本节，我们将介绍如何将这份报告快速制作成思维导图。

1. DeepSeek 快速结构化内容

如图 4-51 所示，打开 DeepSeek，在聊天框上传报告文档，选择"深度思考（R1）"模式，然后在聊天区输入以下提示词。

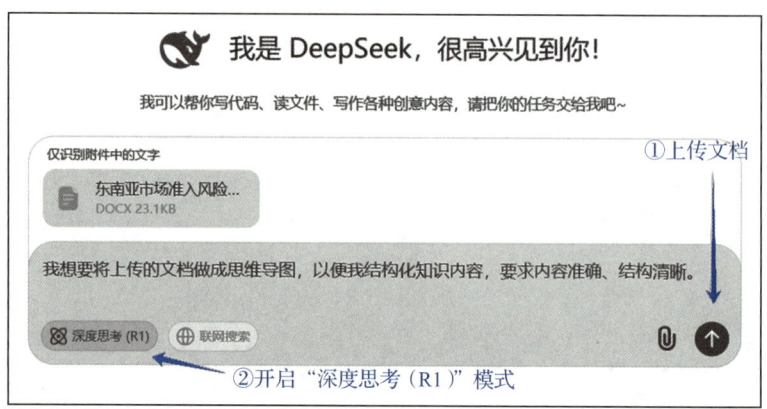

图 4-51　上传文档并开启"深度思考（R1）"模式

DeepSeek 将内容结构化为如下内容：

> [思考开始] 嗯，用户想要把这份《东南亚市场准入风险评估报告.docx》转换成思维导图，以便结构化知识内容，要求内容准确、结构清晰。首先，我需要仔细理解文档的结构和内容。文档分为三个主要部分：风险清单表、风险热力图和应急预案。每个部分都涉及不同的东南亚国家，每个国家又细分了不同类型的风险，比如法规合规和物流中断，并附有风险描述、影响维度和发生概率。
>
> ……（限于篇幅，此处内容省略，读者可使用提示词自行尝试）[思考结束]
>
> 以下是基于《东南亚市场准入风险评估报告》整理的思维导图结构框架，按模块分层呈现核心内容，确保逻辑清晰且便于可视化：
>
> **东南亚市场准入风险评估（思维导图框架）**
>
> **1. 风险总览**
>
> ☐ **国家分类**：印尼、越南、泰国、马来西亚、菲律宾
>
> ☐ **风险类型**：法规合规、物流中断
>
> **2. 风险清单表（按国家 + 风险类型展开）**
>
> **印尼**
>
> ☐ **法规合规**
>
> - 数据本地化要求（需境内存储电商数据）
> - 社交媒体电商交易受限（如 TikTok Shop 禁令）
> - 影响维度：法律、运营 | 发生概率：中高（70%）

- ☐ 物流中断
  - 雅加达港口罢工与劳资纠纷
  - 影响维度：供应链 | 发生概率：中（50%）

越南
- ☐ 法规合规
  - 继续研究、起草和完善关于电商的法律
  - 影响维度：法律、运营 | 发生概率：中（60%）
- ☐ 物流中断
  - 胡志明市港口台风及海关积压
  - 影响维度：供应链 | 发生概率：中低（40%）

泰国
- ☐ 法规合规
  - 低价值进口商品增值税（7%）及卖家收入申报
  - 影响维度：财务、运营 | 发生概率：高（75%）
- ☐ 物流中断
  - 曼谷港海关数字化瓶颈与季节性洪水
  - 影响维度：供应链 | 发生概率：中（55%）

马来西亚
- ☐ 法规合规
  - 严格价格竞争审查及数据隐私要求
  - 影响维度：法律、声誉 | 发生概率：中（60%）
- ☐ 物流中断
  - 巴生港疫情封锁导致拥堵
  - 影响维度：供应链 | 发生概率：中（50%）

菲律宾
- ☐ 法规合规
  - RCEP协议关税复杂化与SNI认证规则
  - 影响维度：法律、财务 | 发生概率：中（55%）
- ☐ 物流中断
  - 马尼拉港因台风频繁关闭
  - 影响维度：供应链 | 发生概率：高（65%）

3. 风险热力图（可视化补充）
- 法规合规风险评级：泰国（高）＞印尼（中高）＞越南/马来西亚/菲律宾（中）
- 物流中断风险评级：菲律宾（高）＞印尼/泰国/马来西亚（中）＞越南（中低）

4. 应急预案（按风险类型关联）
（1）法规合规风险
- 一级策略（低投入）：本地化合作（如法律顾问、监测政策）
- 二级策略（中投入）：合规建设（如部署境内数据服务器）
- 三级策略（高投入）：行业游说（争取关税豁免）

（2）物流中断风险
- 一级策略：多路径布局（启用备用港口）
- 二级策略：库存预置（保税仓预存30%库存）
- 三级策略：技术强化（AI物流监控系统）

5. 附加信息
- 参考文献：各国法规、消费洞察、物流数据、RCEP协议
- 备注：需查阅各国官方平台获取政策原文（如印尼贸易部官网）。

思维导图设计建议

1. 层级结构：以"国家"和"风险类型"为双主线展开，交叉关联应急预案。

2. 视觉标注：
- 用颜色区分风险等级（如红色＝高，黄色＝中，绿色＝低）。
- 图标标记应急预案级别（★＝一级，★★＝二级，★★★＝三级）。

3. 逻辑连接：在"风险热力图"模块使用矩阵图或雷达图辅助呈现评级对比。

此框架可直接导入思维导图工具（如Xmind、MindMaster），按需调整布局与样式。

单击DeepSeek系统自带的复制按钮，这样做是保证完整的Markdown格式可以被复制，如图4-52所示。

新建一个文本文件，将刚才复制的内容粘贴到文档中。如图4-53所示，我们可以看到，粘贴过来的内容包含了完整的Markdown结构。保留Markdown结构非常重要，因为Xmind是基于识别Markdown的层级结构来生成思维导图的。

这里同时需要注意，请将 AI 生成的无关内容删除，仅保留思维导图主体内容即可。

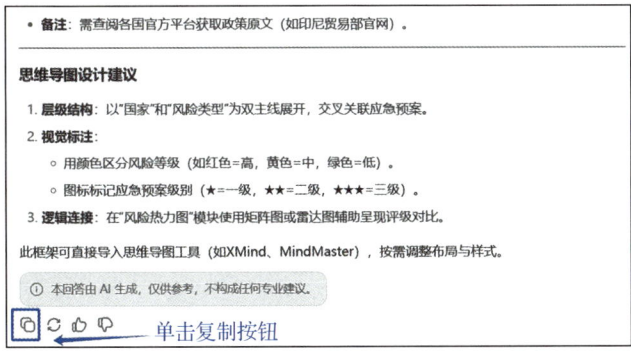

图 4-52　复制生成的 Markdown 格式文本

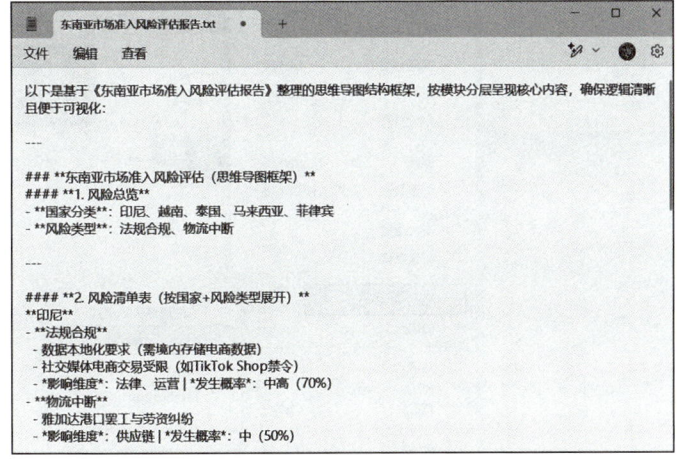

图 4-53　将文本内容粘贴到 txt 文本文件中

将文本文件的扩展名 ".txt" 修改为 ".md" 格式，如图 4-54 所示。

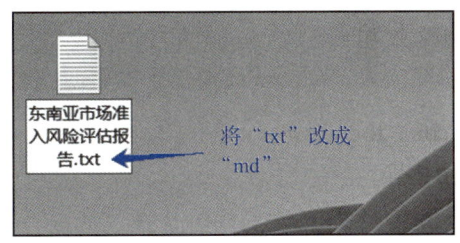

图 4-54　修改文档扩展名

2. 使用 Xmind 导入 Markdown 文件

打开 Xmind 软件，单击顶部菜单，依次选择文件 – 导入 –Markdown，如图 4-55 所示。

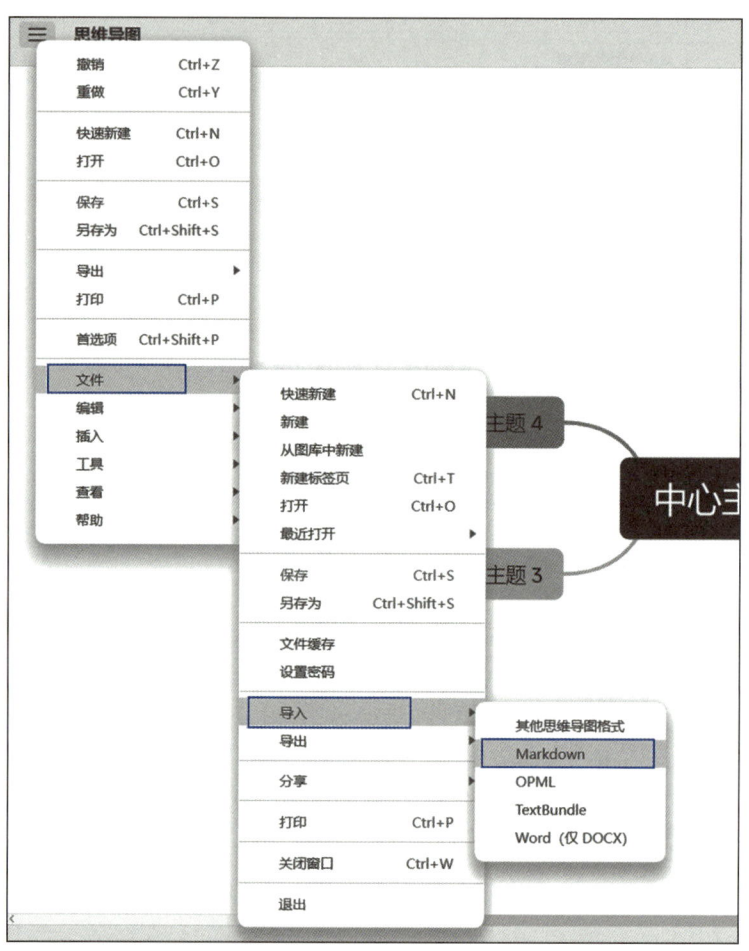

图 4-55　在 Xmind 中导入 Markdown

导入之后，Xmind 会自动将 Markdown 文件转为思维导图，如图 4-56 所示。

除了传统的思维导图模式，Xmind 还提供了丰富的内容展现形式。如图 4-57 所示，在"格式"中，选择"画布"，然后更换"骨架"。

3. 制作竖版思维导图

现在，我们制作精美的竖版思维导图。选择"画布"，然后更换"骨架"图为"带底色框的逻辑图"（第一种），如图 4-58 所示。

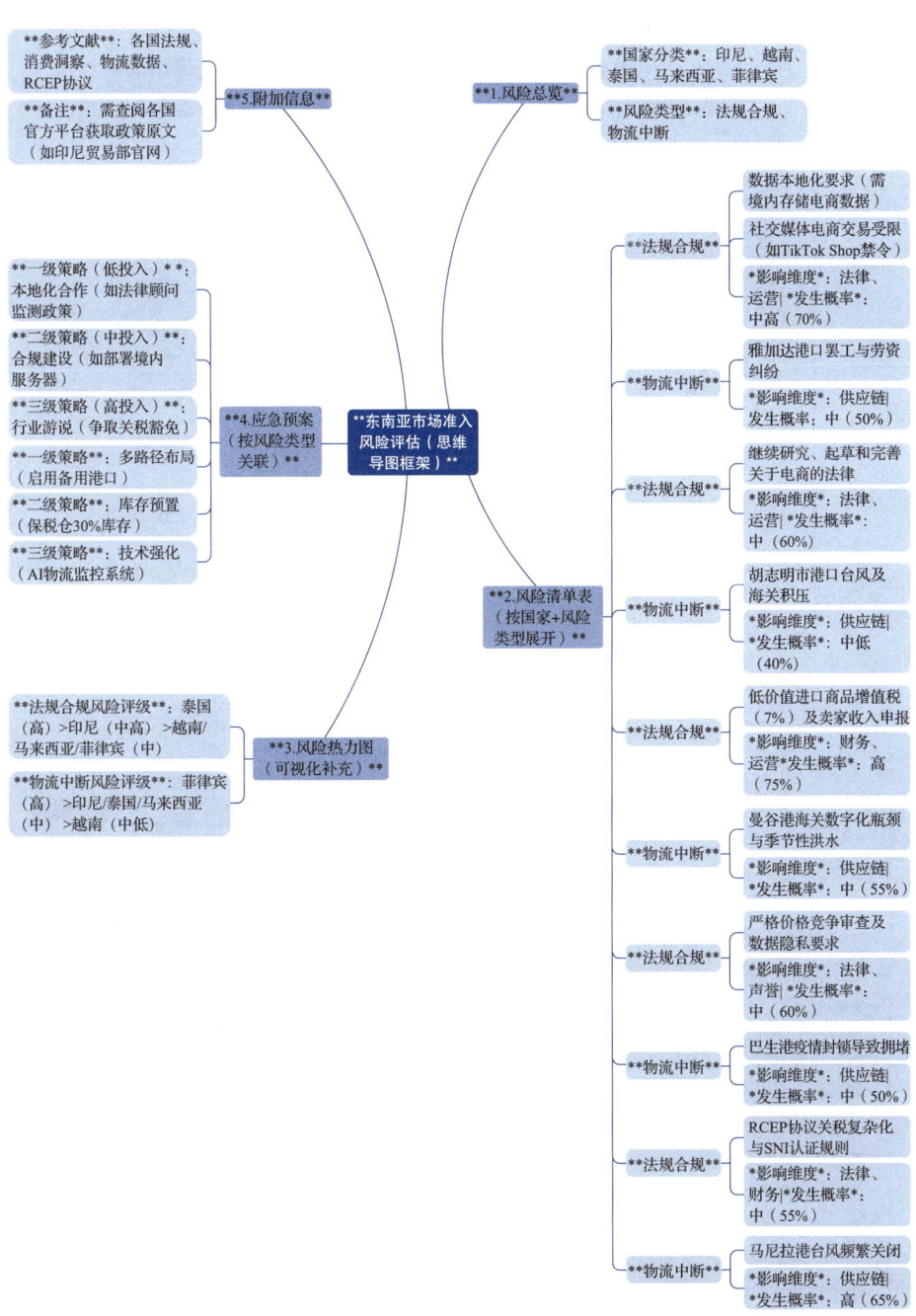

图 4-56 Xmind 一键生成思维导图

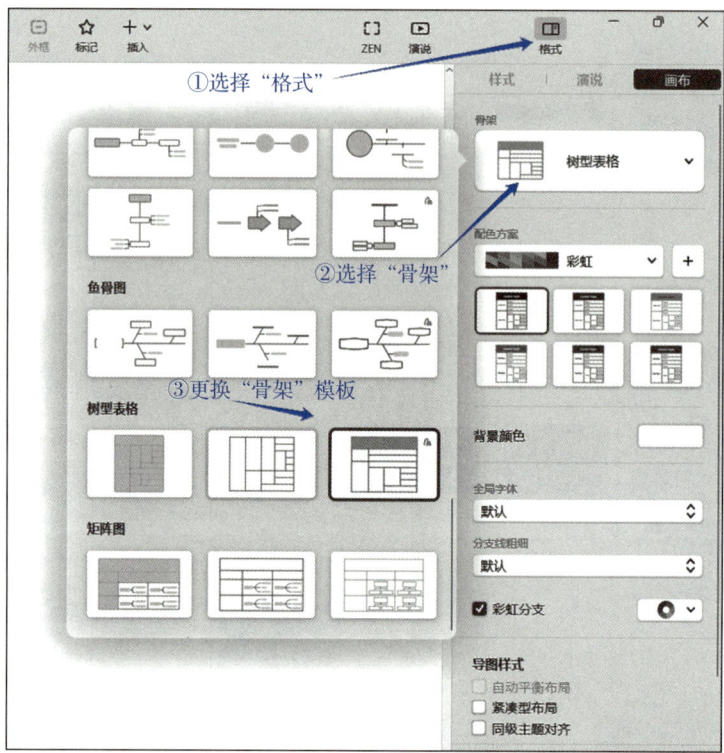

图 4-57 更换"骨架"模板

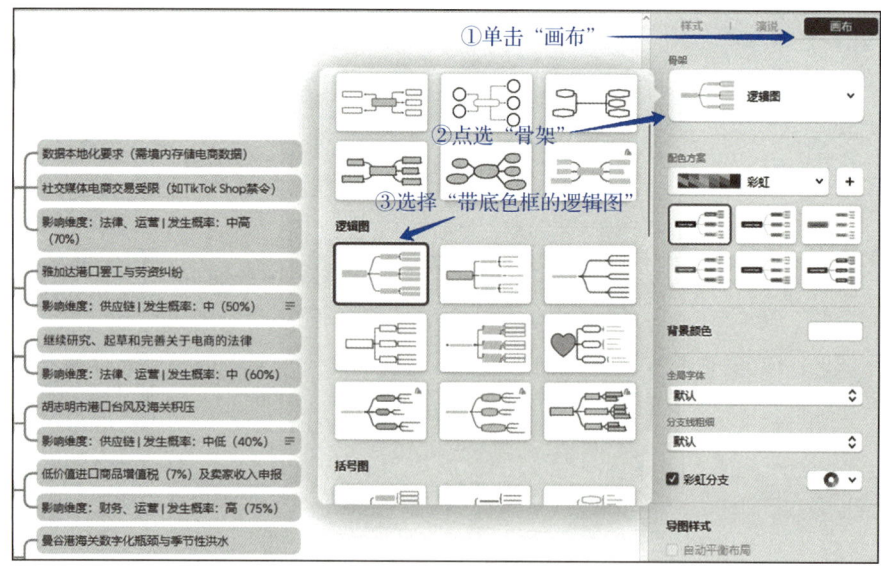

图 4-58 选择"带底色框的逻辑图"

如图 4-59 所示，新建一个二级标题（分支），作为竖版思维导图的大标题。

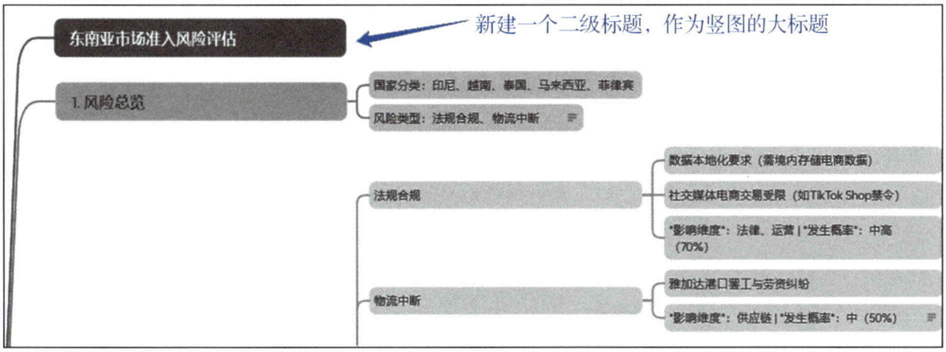

图 4-59　新建竖图大标题

如图 4-60 所示，单击选中思维导图的"总支"，然后选择"样式"选项卡，依次将"填充""边框""线条"都设置为"无"。接着，将"总支"的文字删除或者将字体颜色设置为白色。

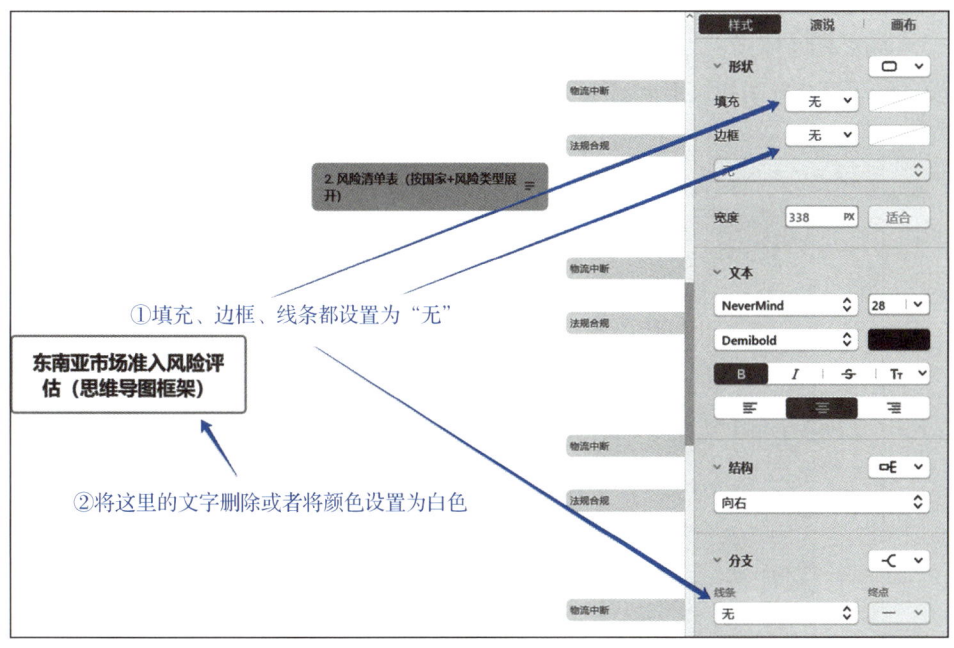

图 4-60　"总支"设置为隐藏

如图 4-61 所示，单击"画布"，将"同级主题对齐"勾选去除，然后就拖动顶部"大标题"宽度至与整体内容齐平，并将文字居中。

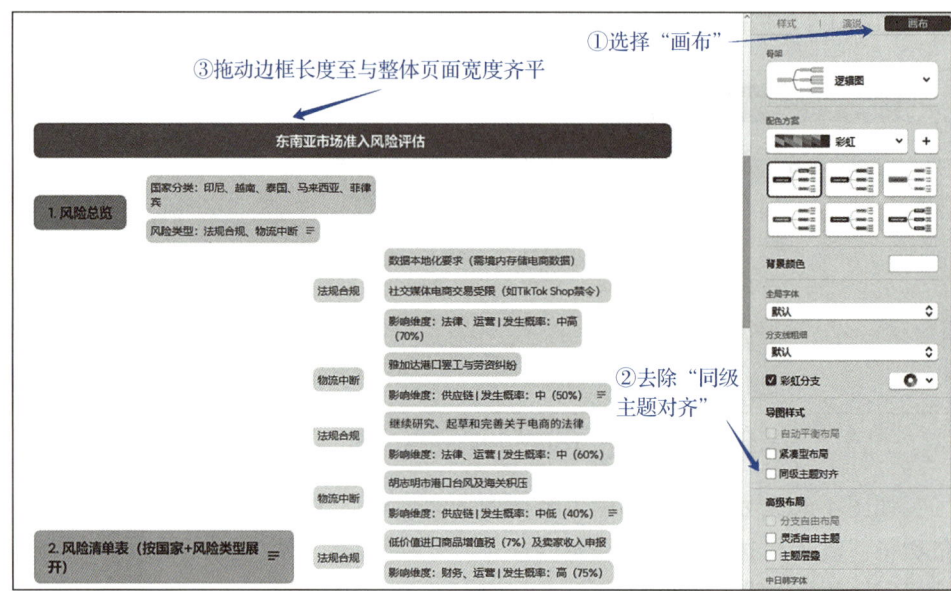

图 4-61 "大标题"宽度设置

如图 4-62 所示,先框选所有内容,然后单击"外框"按钮,新建外框。这时候,竖版思维导图的雏形就出来了。

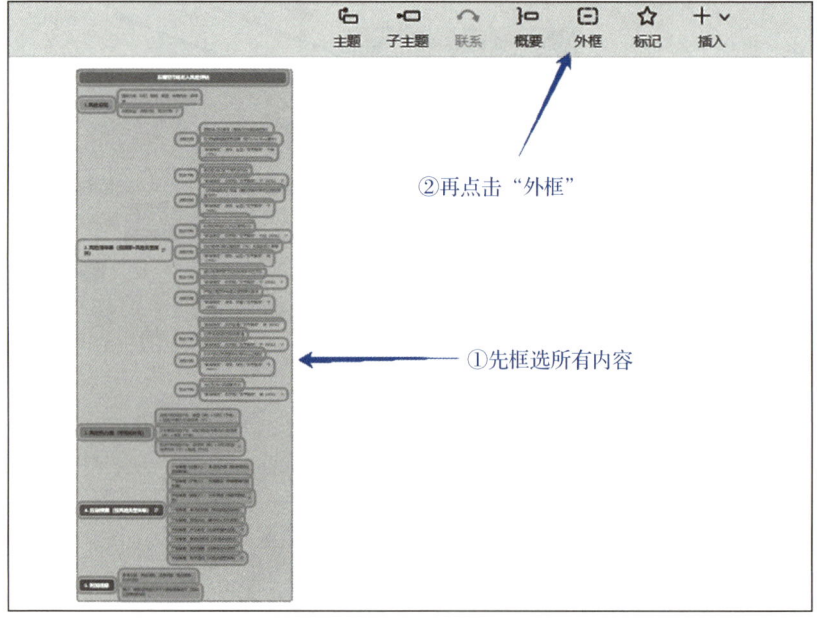

图 4-62 新建"外框"

如图 4-63 所示，点选空白背景处，在"样式"选项卡中将其填充色设置为白色。

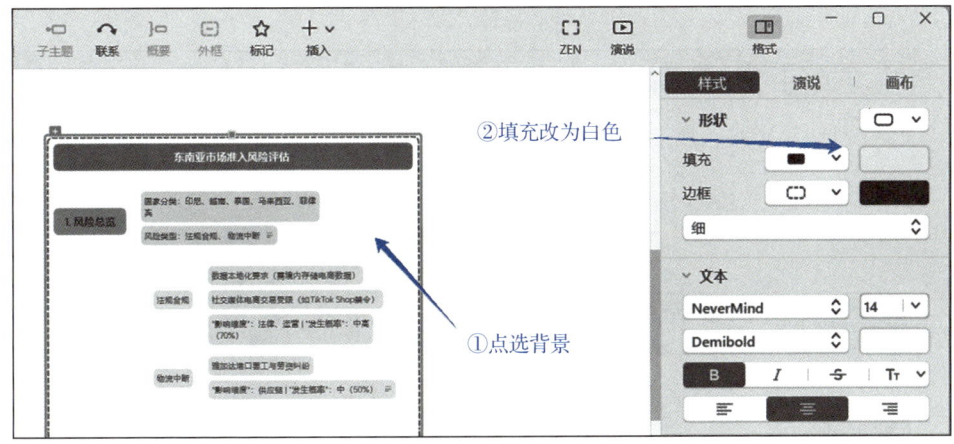

图 4-63　将背景改为白色

如图 4-64 所示，点选二级标题（分支），在"样式"选项卡中，将其"线条"设置为实线。

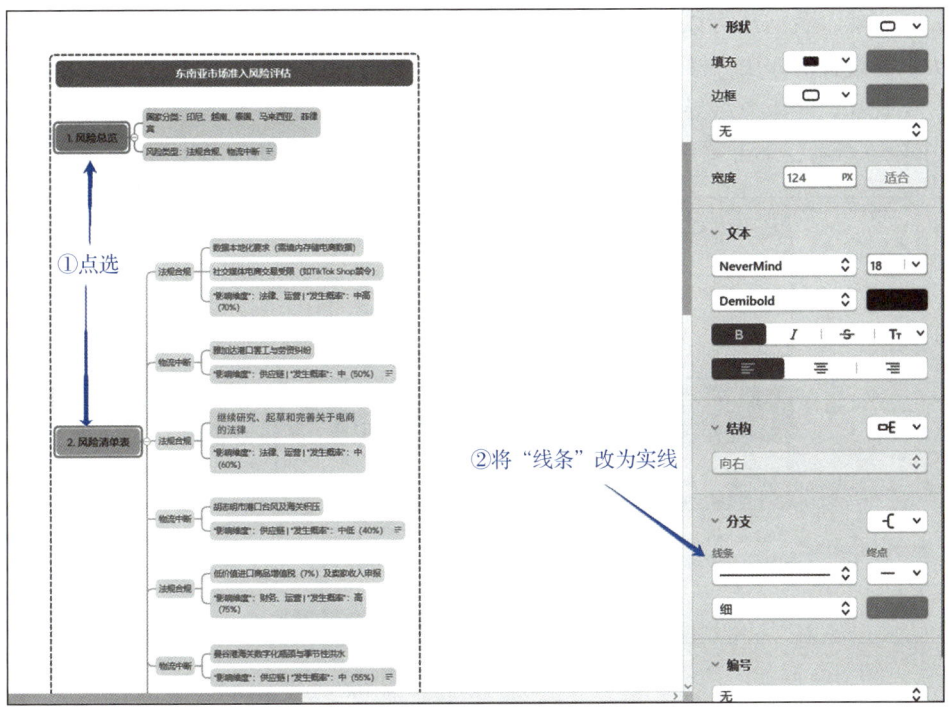

图 4-64　设置二级标题的"线条"为实线

接下来，再做一些美化，比如修改大标题的填充样式和字体字号，如图 4-65 所示。

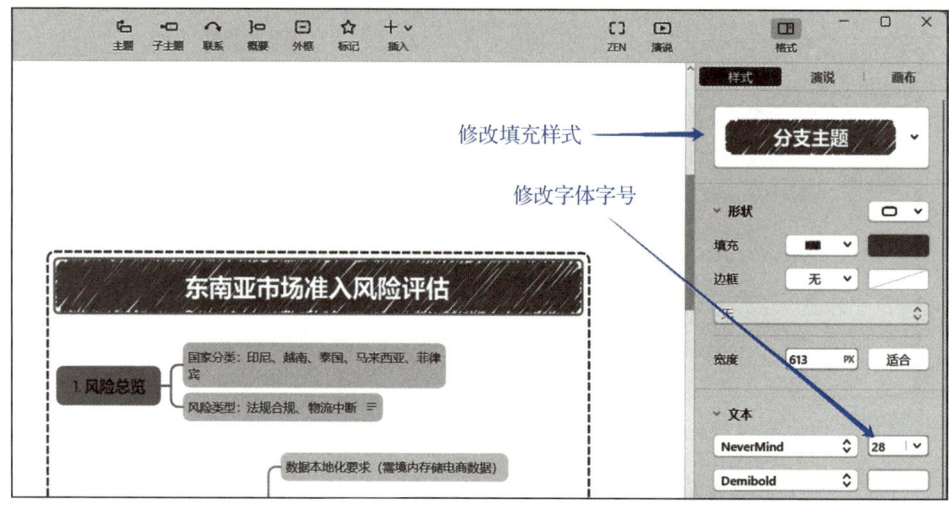

图 4-65　修改大标题的填充样式和字体字号

当然，我们还可以做更多的美化，比如：把二级标题放到其子内容上方（和大标题设置的方法一样）、设置配图等。限于篇幅，在此不详细展开。

现在，竖版思维导图的基本样式已经具备了，我们现在将其导出为图片。如图 4-66 所示，单击菜单按钮，依次选择"工具"-"Map Shot 截图"。

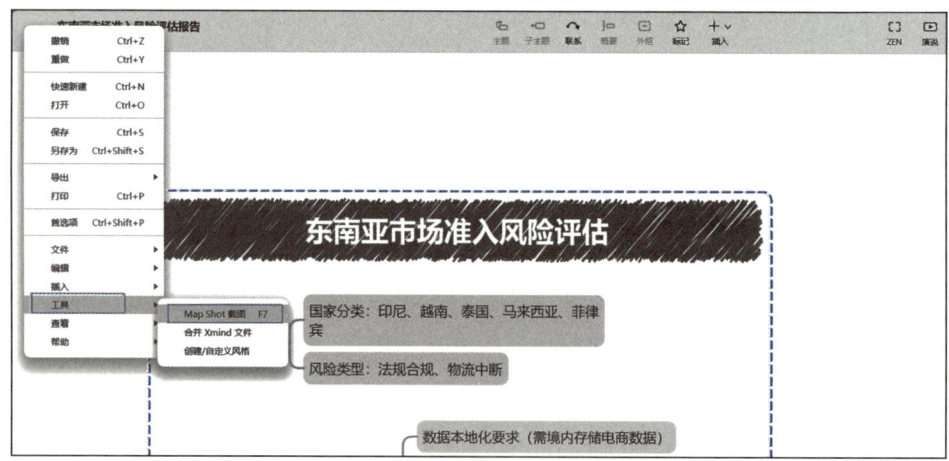

图 4-66　Map Shot 截图功能

导出竖版思维导图，如图 4-67 所示。

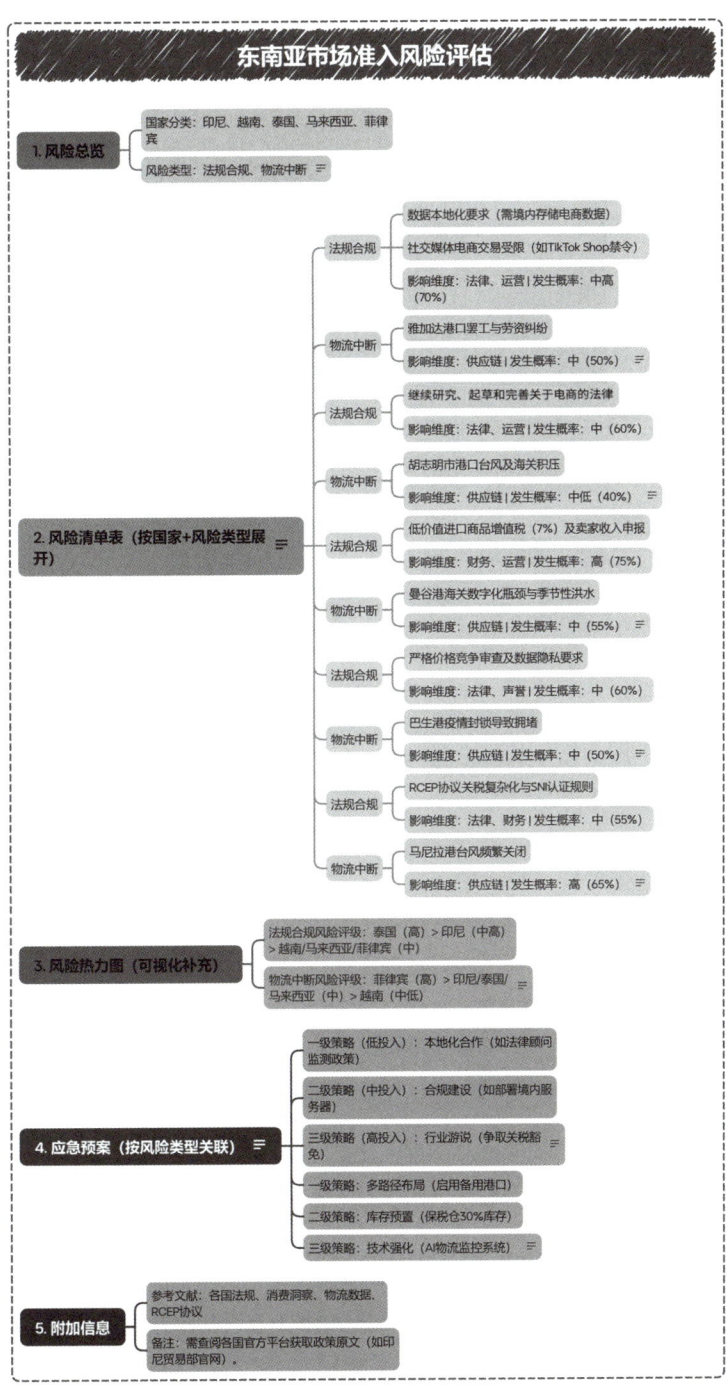

图 4-67　竖版思维导图

竖版思维导图非常适合做内容展示，经过深度美化后的竖版导图，会给人眼前一亮的感觉。图 4-68 是笔者制作的竖版思维导图，添加了配图，调整了视觉配色，添加了 emoji 表情等。

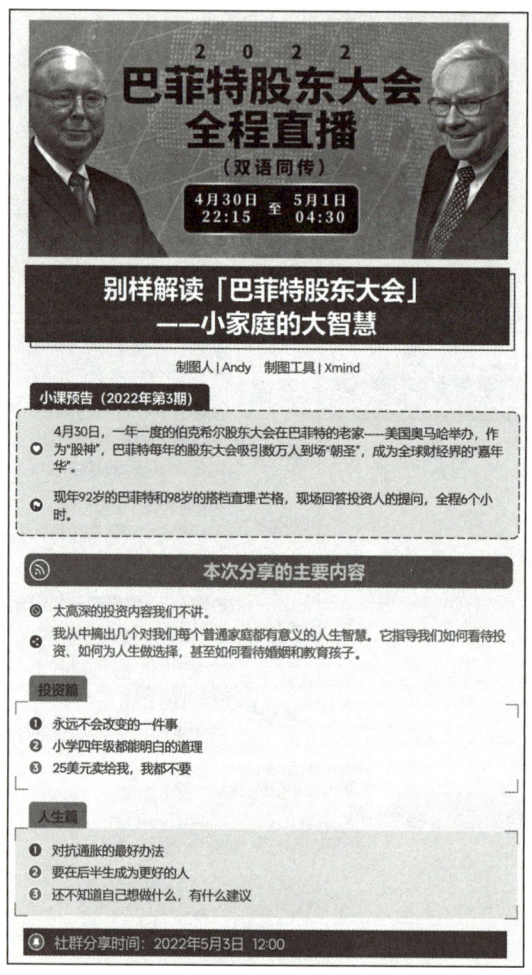

图 4-68　深度美化的竖版思维导图

4.11　DeepSeek+ima.copilot：个人知识库 AI 助手构建

在信息过载的数字化时代，构建个人知识体系已成为现代人必备的核心能力。腾讯推出的 ima.copilot（简称 ima）知识管理工具，通过深度融合混元大模型与 DeepSeek-R1 推理引擎，开创了 AI 驱动的知识管理新模式，为教育工作者、学生及知识工作者提供全场景解决方案。

ima 是一款以知识库为核心的智能工作台产品，ima 突破性地整合了腾讯混元大模型的广域知识储备与 DeepSeek-R1 的深度推理能力，形成独特的"知识雷达＋思维导图"双模式。混元大模型如同博学的图书馆员，能快速定位跨领域信息；DeepSeek-R1 则像严谨的学科专家，擅长拆解复杂逻辑问题。用户可根据需求自由切换，如在准备竞品分析报告时，先用混元搜集竞品信息，再启用 DeepSeek 分析竞品形成报告。

使用 ima 搭建个人知识库 AI 助手，可以实现以下几个主要功能：

- ❏ **智能知识问答**：ima 的智能问答功能是其核心优势之一。用户提出问题时，平台能迅速在知识库内整合多方面信息，以清晰、有条理的方式给出全面回答。
- ❏ **文档解读**：对于上传的历史文献、研究报告等，ima 可自动为其生成摘要和脑图。例如，在教师或者培训师在准备课程时，面对篇幅较长的文献报告，平台能快速提炼关键观点，梳理出相关内容的脉络，帮助用户快速把握核心内容，节省备课时间。
- ❏ **智能写作**：用户只需输入简单指令，AI 便可提供结构化的写作框架，帮助用户快速梳理思路，提高写作效率。例如，教师在备课过程中，无论是撰写教学反思、教学计划，还是做课堂笔记、完成小论文，ima 的 AI 智能笔记和写作辅助功能都能发挥作用；自媒体工作者在写作过程中，可以基于爆款写作素材库，快速完成文章的框架创作。
- ❏ **多模态交互**：ima 支持文字、图像等混合输入，在工作场景中，这种多模态交互方式为工作方式带来了更多可能性。用户可通过上传图片、地图等资料，结合文字描述进行提问，使学习更加生动直观，增强对知识的理解和记忆。
- ❏ **知识库共享**：对团队而言，ima 的共享知识库功能是促进交流与提升质量的重要工具。不同成员可将自己整理的优质资料上传到共享知识库中，根据团队协作需求设置编辑与查看权限。团队成员可共同完善知识库内容，实现资源的共建共享，促进专业成长。

那如何使用 ima 呢，接下来我们详细介绍它的使用方式。

1. 下载 ima 软件

想要在计算机上使用 ima，需要在官网找到下载页面，根据你的电脑操作系统类型，选择对应版本下载，下载完毕后，运行安装程序，并按照引导步骤完成安装，如图 4-69 所示。

当然，你也可以在微信中使用 ima。在微信小程序中搜索"ima 知识库"小程序，点击"添加到我的小程序"，即可方便随时操作。

图 4-69　ima 官网下载页面

2. 个人知识库 & 共享知识库

（1）个人知识库

ima 的知识库是整个工具的核心功能。如图 4-70 所示，单击侧边栏的"个人知识库"，找到右上角的上传按钮，即可上传本地文档。本地文档支持 pdf、doc、docx、jpg、png、jpeg 格式。

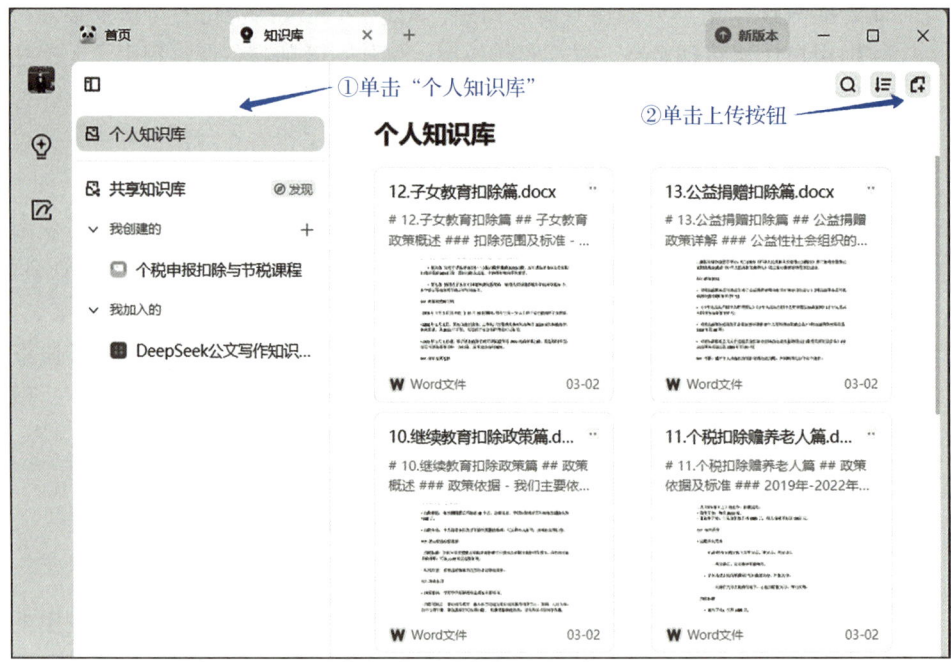

图 4-70　导入个人知识库

个人知识库在 ima 中应用非常广泛，在智能问答、智能写作等功能中，可以直接调用个人知识库的知识文档进行 AI 创作。

（2）共享知识库

除了搭建个人知识库之外，ima 还支持搭建"共享知识库"。如图 4-71 所示，在"知识库"界面，新建"共享知识库"，然后导入知识库文档。

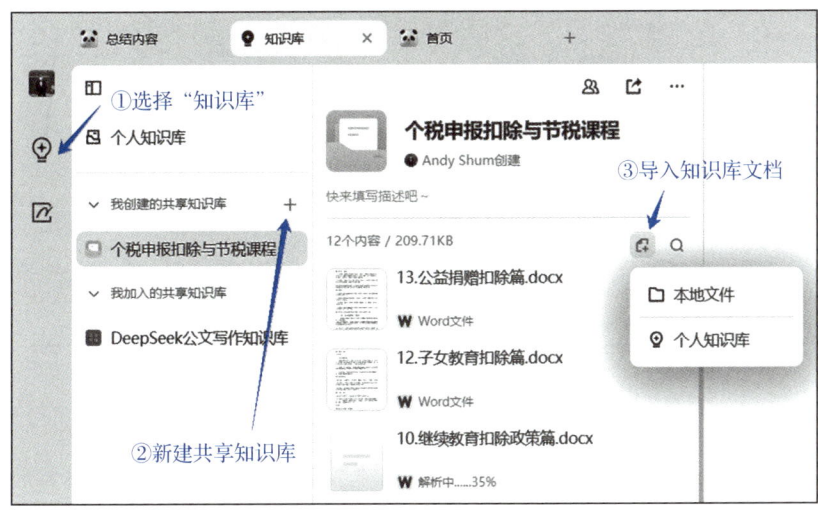

图 4-71　导入共享知识库文档

本地上传之后，AI 会对文档内容进行解析，并生成 AI 摘要。单击具体的某个文档，即可在线编辑文档内容，如图 4-72 所示。

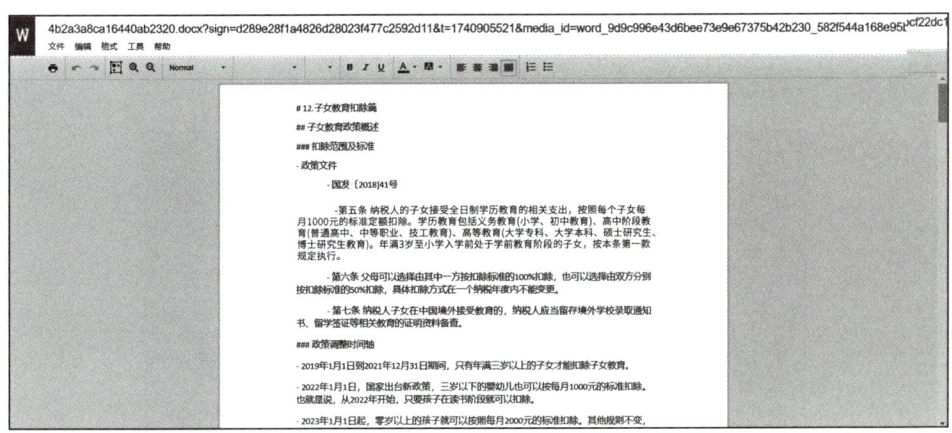

图 4-72　在线编辑知识库文档

如图 4-73 所示，共享知识库支持分享功能，单击共享知识库右上角"分享"按钮，然后设置合适的共享权限，即可分享给团队其他成员。

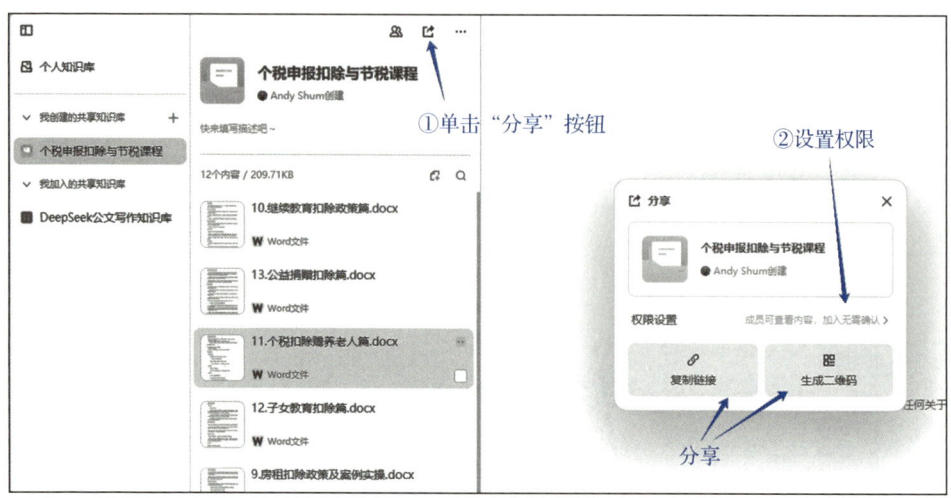

图 4-73　共享知识库的分享功能

3. 首页：智能问答

ima 的首页，就是智能问答界面。如图 4-74 所示，与其他 AI 问答界面类似，在聊天框左侧有切换大模型选项及联网开启选项，聊天框右侧为上传附件和截图问答功能。我们使用智能问答功能，询问如下问题：

> 张先生夫妇都在北京工作。结婚前，2020 年，张先生和妻子都没有房产，租房生活。2021 年 3 月，张先生在北京购房，享受首套房贷利息，但因房屋装修，仍然租房居住。妻子无房产，也租房居住。2022 年 2 月，两人结婚，夫妻共同租房生活。张先生的税率为 30%，妻子为 3%。如何扣除？

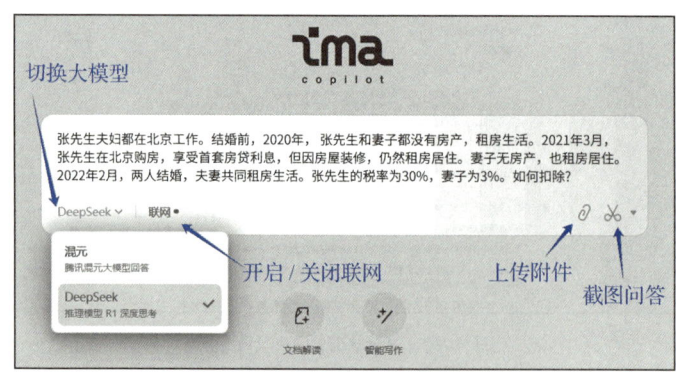

图 4-74　ima 的智能问答聊天框

ima 的智能问答有两种知识库模式：基于全网的微信公众号文章回答和基于

我们搭建的个人知识库回答。默认采用"基于全网"进行回答，单击"基于知识库"之后，ima 会基于知识库知识显示新的回答，如图 4-75 所示。

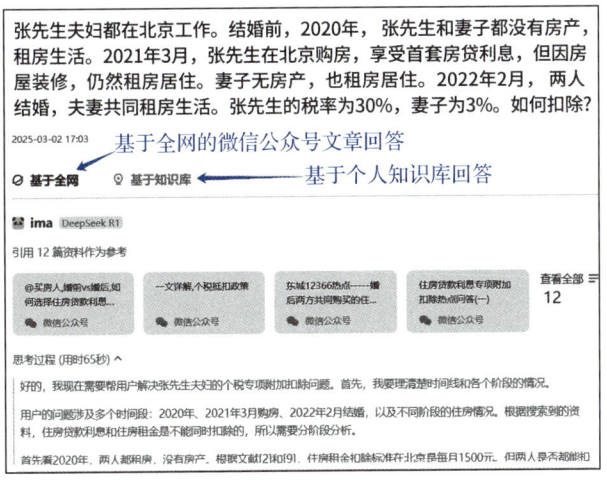

图 4-75　智能问答"基于全网"的回复界面

如图 4-76 所示，当我们单击"基于知识库"按钮之后，ima 会在"个人知识库"中搜寻适配的知识文档资料。接着，基于这些文档资料提供内容回复。

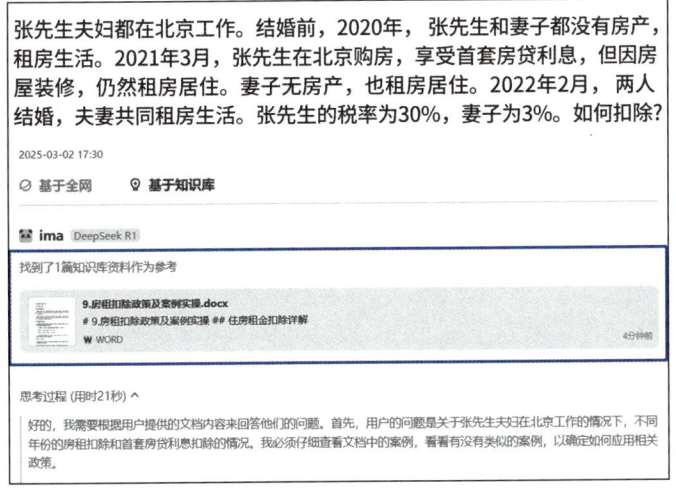

图 4-76　智能问答"基于知识库"的回复界面

4. 文档解读

单击 ima 首页的"文档解读"功能，ima 可以基于本地文档或者个人知识库内的文档进行回答。如图 4-77 所示，选中知识库 / 上传文档之后，系统弹出快捷回复按钮——"总结内容"和"生成脑图",这两种功能适合于大部分工作场景。当然,你也可以基于自己的需求,针对文档询问任何内容。

图 4-77　文档解读操作界面

5. 智能写作

智能写作功能也是 ima 的一大亮点,用户可基于个人知识库或者本地文档,快捷生成文章。如图 4-78 所示,选择知识库/上传文档之后,在提问内容框内输入写作背景及需求,即可生成文章。智能写作系统预设了四种场景:不限、论文、作文、文案,选择适配的场景,生成的内容会更贴近场景需求。

图 4-78　智能写作操作界面

如图 4-79 所示,生成文章之后,单击"插入"按钮,即可将文章存入"笔记"，从而在"笔记"中编辑生成的文章。如果对文章不满意，可以单击"重新生成"或者"舍弃"。

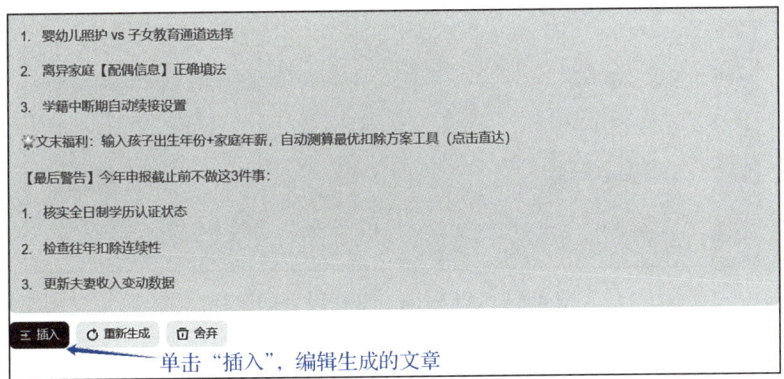

单击"插入"，编辑生成的文章

图 4-79 文章生成后的操作界面

6. 划词工具栏

除了以上功能之外，ima 还有一个非常实用的小工具——AI 划词工具栏。如图 4-80，当我们在计算机中划词框选文本之后，会自动弹出 AI 辅助功能菜单，有基于划词内容进行"AI 解读""翻译"等功能。

而且，AI 划词工具栏不仅支持在 ima 软件内部使用，你可以通过设置"全局开启"，在所有计算机应用中，都使用划词工具栏工具。

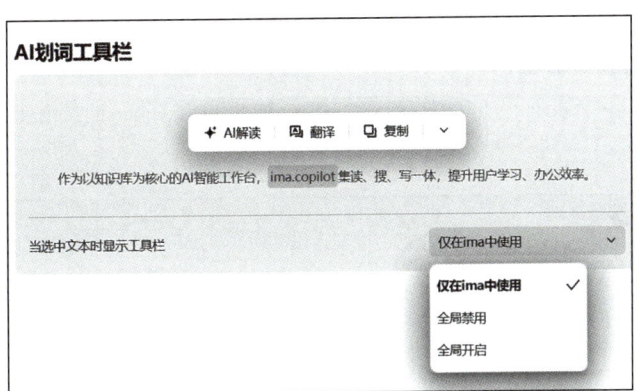

图 4-80 AI 划词工具栏的设置项

如何设置 AI 划词工具栏呢？如图 4-81 所示，在 ima 的侧边栏中，先单击你的头像，进入设置功能界面，然后在"通用设置"中，找到"AI 划词工具栏"即可对工具栏进行设置。

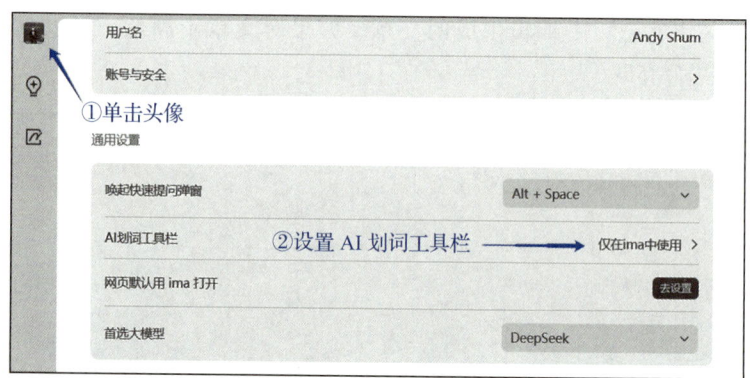

图 4-81　AI 划词工具栏设置的路径

4.12　DeepSeek+ 飞书多维表：批量 AI 办公实现

飞书多维表是飞书旗下的一款功能强大的在线数据库工具，它融合了表格的轻盈特点和业务系统的强大功能，旨在帮助团队更高效地管理和分析数据。它不仅支持数据的存储、分析及可视化，还提供了丰富的协作和自动化功能，适用于多种办公场景。

近日，飞书多维表将 DeepSeek 引入多维表系统，帮助用户实现批量 AI 办公。DeepSeek 与飞书多维表的结合，为批量工作带来了革命性的解决方案，让烦琐的任务完成过程变得轻松高效，可以为企业和个人提升生产力和竞争力。

1. 新建飞书多维表

使用飞书多维表有两种应用方式。第一种是直接在多维表格主页新建多维表格，如图 4-82。

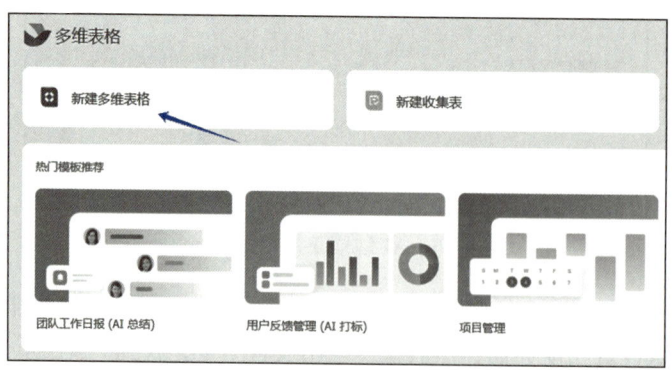

图 4-82　在多维表格主页中新建多维表格

第二种方式是笔者比较常用的：在飞书云文档中新建多维表格。如图 4-83 所示，本书稿就是在飞书云文档中编辑的。在飞书云文档中新建一行后，单击"+"按钮，然后在"多维表格"项目中选择"表格"即可新建多维表。

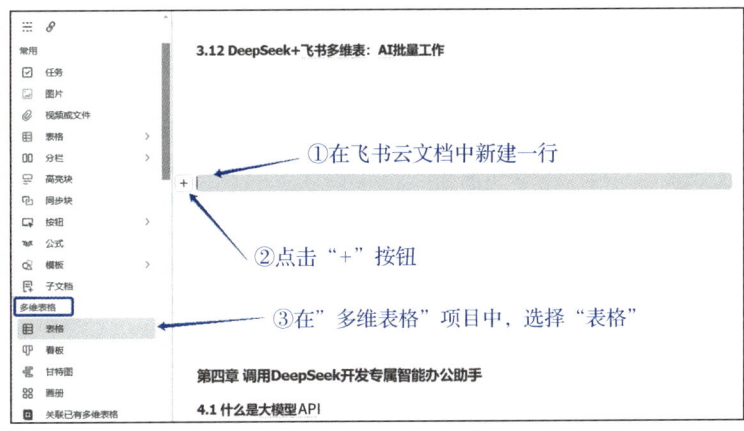

图 4-83　在飞书云文档中新建多维表格

由于飞书云文档在知识协作团队中被广泛使用，本节的多维表格操作将基于飞书云文档中的多维表格做演示。

2. 添加 DeepSeek 进表

（1）删除无关字段

为了让表格操作界面更简洁，我们首先删除除第一个字段外的其他字段，如图 4-84 所示。

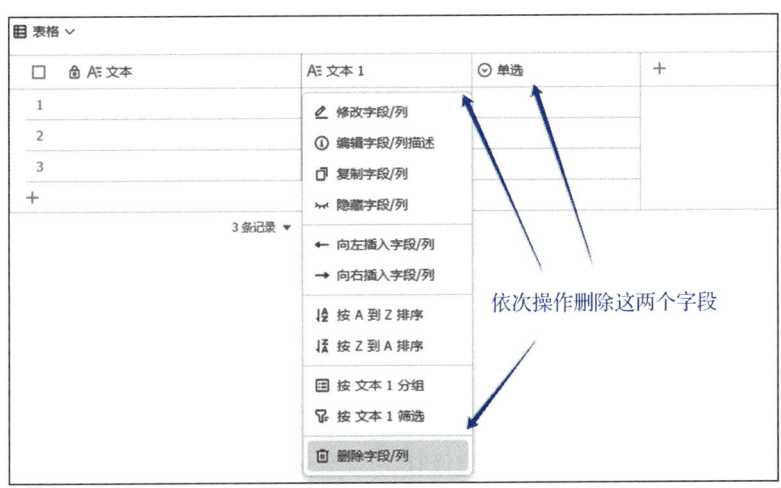

图 4-84　删除无关字段

（2）新建"DeepSeek"功能字段

如图 4-85 所示，在空白字段中，单击"+"新建字段。在弹出的菜单中，选择"字段类型"，接着在搜索栏中输入"DeepSeek"。如果需要联网功能，则选择"DeepSeek R1（联网版）"；反之，则选择"DeepSeek R1"。

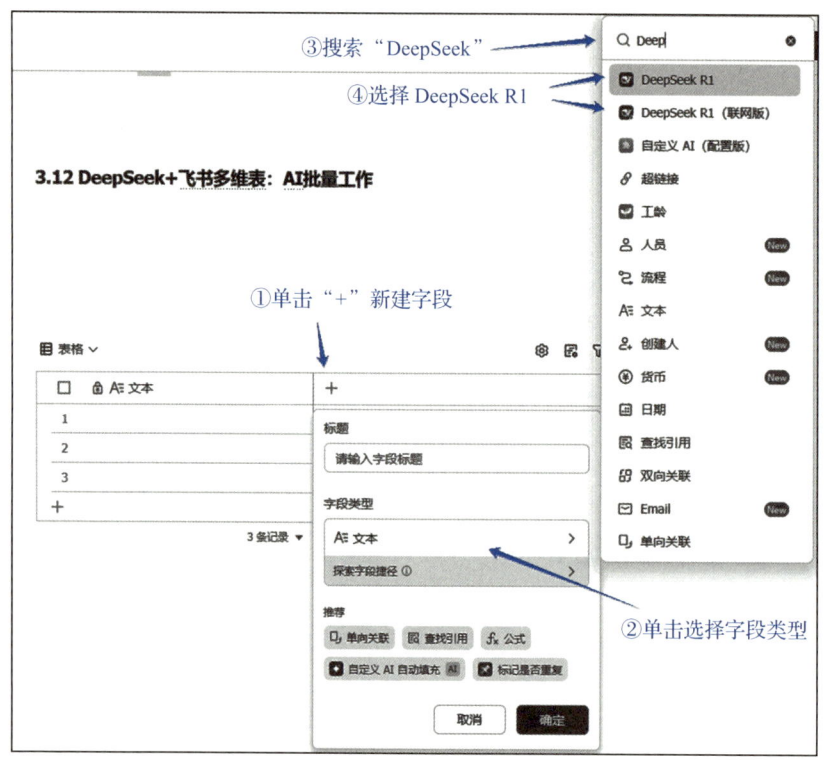

图 4-85　新建"DeepSeek"功能字段

（3）"DeepSeek"字段设置

在配置项的"选择指令内容"选项中，选择表格第一列的字段名称，在我们的操作演示中，该字段名称为"文本"，如图 4-86 所示。

如图 4-87 所示，选择"获取更多信息"，则系统会自动新建三列表格，分别将 DeepSeek 的"思考过程""输出结果"和"参考链接"自动填入对应表格中。

3. 批量工作方式一：统一提示词

第一种方式是将第一列视为单纯的待处理内容列，这一列中不单独放工作任务需求提示词，我们以一个批量翻译任务为案例演示。如图 4-88 所示，第一列为待翻译的英文短语，不包含请求翻译的提示词。在 DeepSeek 设置页中，点开

"自定义要求"项,填入提示词:

> 请将文本翻译成中文,要求翻译质量符合"信达雅"原则

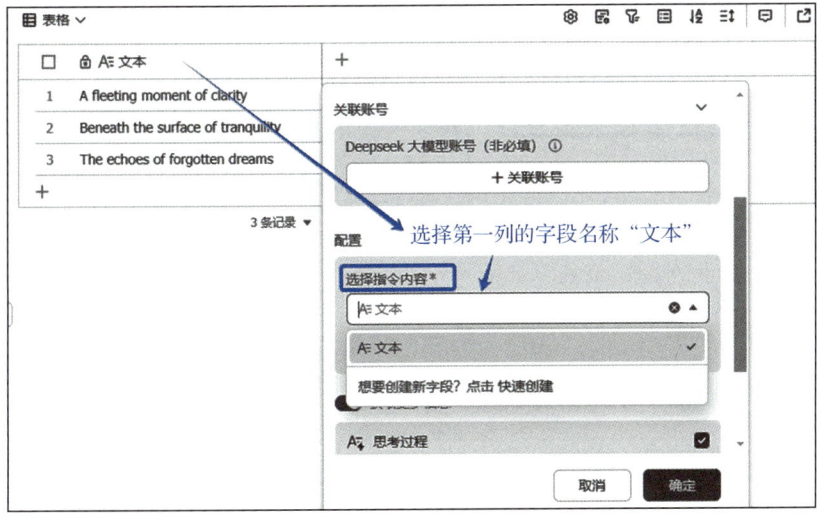

图 4-86　选择指令内容

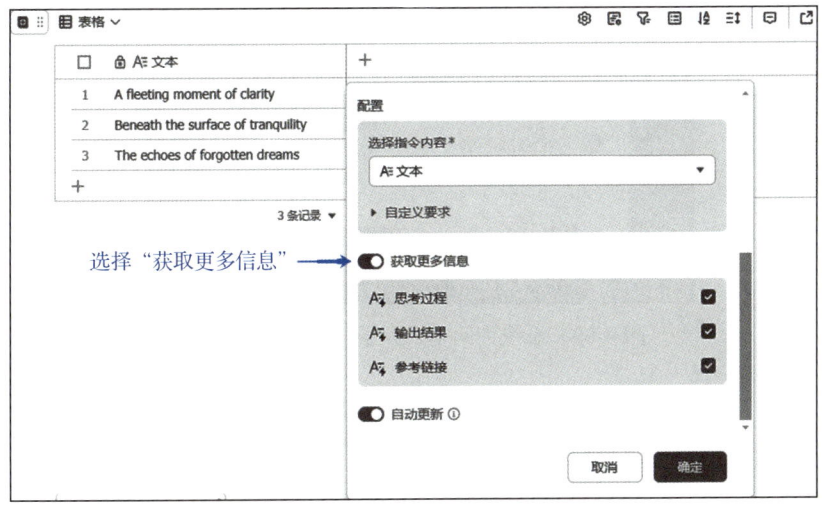

图 4-87　选择"获取更多信息"

在 2.5 节中,我们介绍了在系统开发当中,提示词的等级包括"系统级提示词""用户级提示词"和"助手提示词"。"系统级提示词"被广泛应用于 AI 智能体的开发。实际上,如果把多维表中的 DeepSeek 看作一个 AI 智能体应用,那么

"自定义要求"就是"系统级提示词","选择指令内容"就是"用户级提示词"。

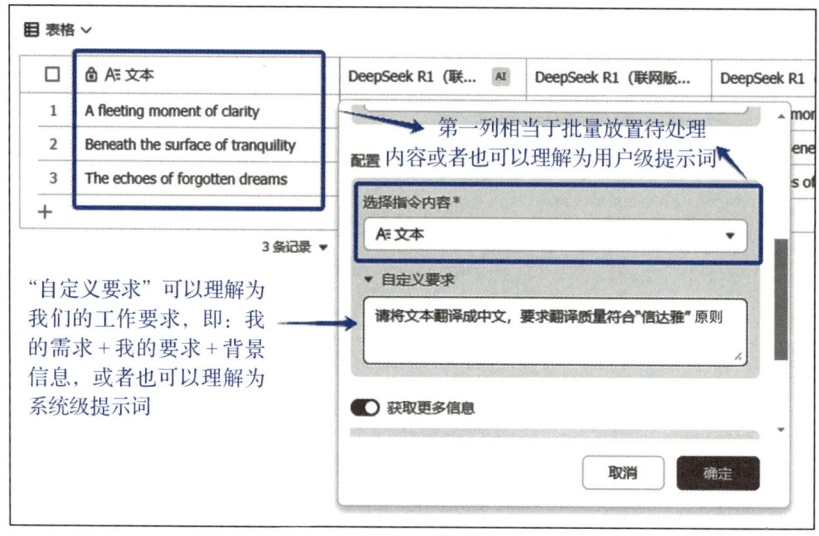

图 4-88　DeepSeek"自定义要求"的设置

设置好"自定义要求"之后，单击确定会弹出提示。如图 4-89 所示，单击"生成"按钮，DeepSeek 将开始批量工作。

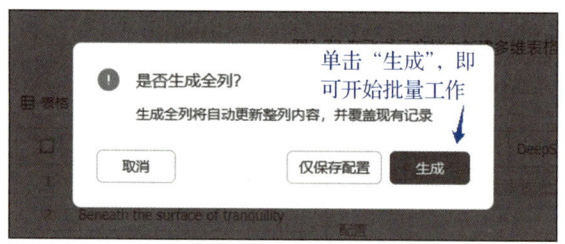

图 4-89　系统询问是否开始批量更新列内容

如图 4-90 所示，DeepSeek 会批量完成翻译工作，最终翻译结果在第二列展示（即"DeepSeek"字段列）；"思考过程""回复内容""参考链接"被拆分到三个对应列中。

4. 批量工作方式二：不同提示词

第二种方式是每一行的任务要求都不同，因此采用"千人千面"的方式。如图 4-91 所示，每一行单独填写任务需求，然后清空"自定义要求"，重新执行批量任务。

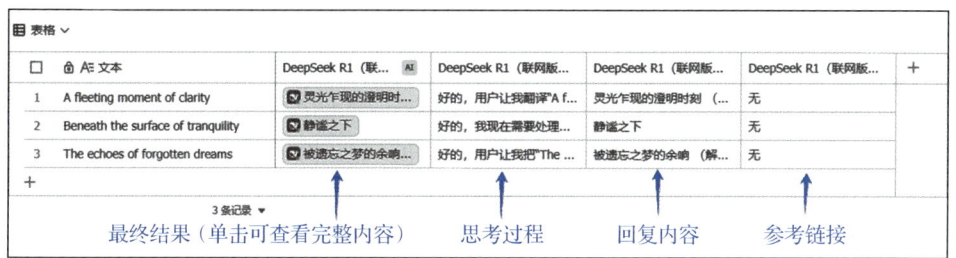

图 4-90　DeepSeek 批量完成翻译工作

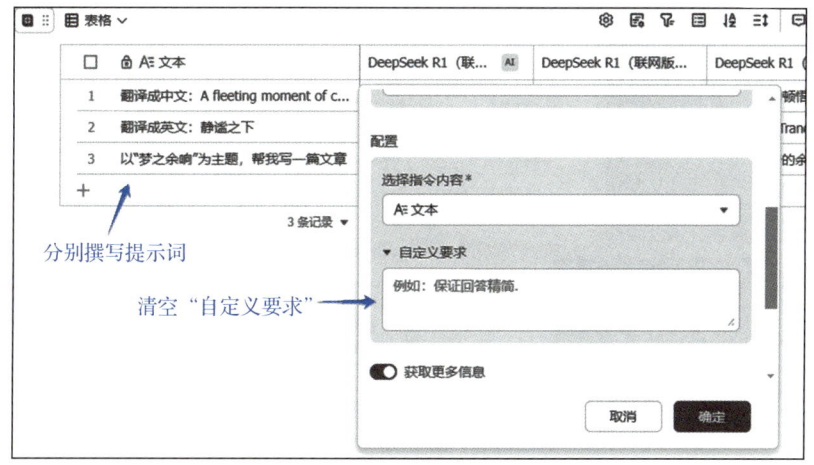

图 4-91　清空"自定义要求"

如图 4-92 所示,执行批量任务之后,DeepSeek 根据第一列每行文本的需求,分别完成批量任务。

图 4-92　DeepSeek 批量完成工作

4.13　DeepSeek+Napkin:文本一键生成高颜值图表

在这个信息爆炸的时代,图表已经成为职场沟通的"通用语言"。无论是项目汇报、方案演示、数据分析,还是流程梳理、知识整理,图表都能更直观、更高效地传递信息，提升沟通效率。

在 4.2 节和 4.3 节，虽然我们分别介绍了 Mermaid 和 HTML 图表的制作，但是过程还是稍显复杂。本节，我们再介绍一种高效的图表制作工具——Napkin。

Napkin.ai 是一个神奇的视觉 AI 平台，它的核心功能可以用一句话概括：输入文本，自动生成图表！没错，就是这么简单！

你只需要把你想要呈现的内容，以文本的形式输入或粘贴到 Napkin 中，它就能智能识别文本内容，并一键生成几十种精美的图表供你选择，如图 4-93 所示。

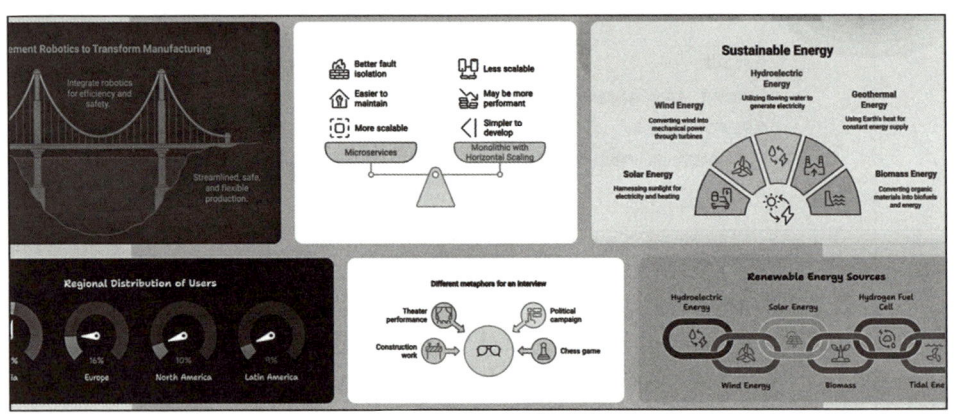

图 4-93　Napkin 一键生成几十种高颜值的图表

接下来，我们将演示如何利用 DeepSeek 生成高质量的文本内容，再使用 Napkin 一键绘制高颜值的图表。

案例背景

妮妮是某公司的项目经理，需要向老板汇报一个新项目"AI 智能客服系统"的落地执行流程。老板要求妮妮用流程图清晰地展示项目从启动到上线的各个关键阶段和步骤，以便更好地了解项目进度和风险。

1. 使用 DeepSeek 生成项目流程

使用以下提示词请求 DeepSeek 帮忙绘制项目流程：

> 请帮我梳理一个"AI 智能客服系统"项目从启动到上线的完整流程，包括项目启动、需求分析、系统设计、开发测试、上线部署、运营维护等阶段，每个阶段包含 3～5 个关键步骤。请以 Markdown 格式输出流程图的文本描述。

DeepSeek 会生成如下项目 Mermaid 流程图代码：

```
AI 智能客服系统项目流程
```
mermaid
graph TD
    A[项目启动阶段] --> A1[明确项目目标]
    A --> A2[组建项目团队]
    A --> A3[制定项目计划]
    B[需求分析阶段] --> B1[用户需求调研]
    B --> B2[竞品分析]
    B --> B3[需求文档编写]
    B --> B4[需求评审确认]
    C[系统设计阶段] --> C1[系统架构设计]
    C --> C2[功能模块设计]
    C --> C3[接口与数据库设计]
    C --> C4[技术选型确认]
    D[开发测试阶段] --> D1[核心功能开发]
    D --> D2[单元测试]
    D --> D3[集成测试]
    D --> D4[用户验收测试]
    E[上线部署阶段] --> E1[生产环境准备]
    E --> E2[系统部署]
    E --> E3[数据迁移]
    E --> E4[灰度发布]
    F[运营维护阶段] --> F1[系统监控]
    F --> F2[用户反馈收集]
    F --> F3[模型持续优化]
    F --> F4[定期系统升级]
    A1 -->|输出项目章程| A2
    A3 -->|包含时间表/资源表| B
    B4 -->|通过PRD文档| C
    C4 -->|技术方案确认| D
    D4 -->|测试报告| E
    E4 -->|正式上线| F
```
```

2. 使用 Napkin 生成高颜值图表

打开 Napkin 网站（https://www.napkin.ai/），注册并登录账号（免费版即可体验大部分功能）。首次进入 Napkin 工作页面，系统会弹出提示，让我们选择工作方式。如图 4-94 所示，Napkin 提供了两种工作方式：第一种，在我们已有文本内容的情况下，直接粘贴文本内容生成图表；第二种，在我们还没有文本内容的情况下，可以先使用 Napkin 提供的 AI 生成文本内容，再生成图表。

图 4-94　Napkin 提供的两种工作方式

我们已经通过 DeepSeek 生成了文本内容，因此我们选择方式一。如图 4-95 所示，进入工作页面之后，我们会看到类似于 Word 的空白文档界面，直接将 DeepSeek 生成的内容粘贴过来。框选需要生成图表的文本区域之后，单击左侧蓝色"生成图表"标识，即可生成图表。

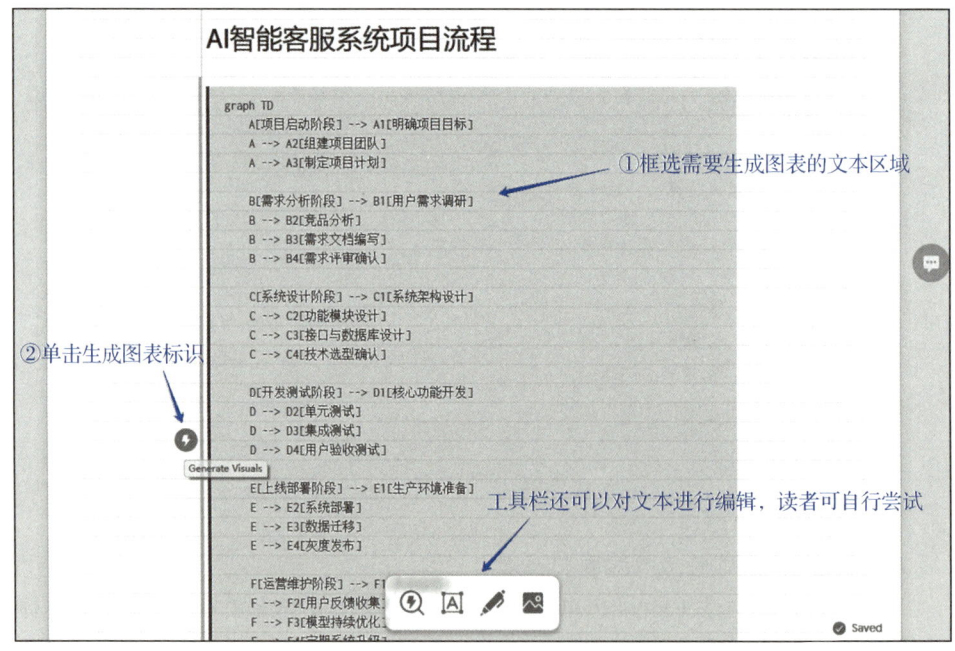

图 4-95　Napkin 的文本编辑界面

如图 4-96 所示，Napkin 自动在文本内容下方生成高颜值图表，左侧是图表样式视图，通过鼠标滑动列表的方式，可以自由选择几十种图表样式。

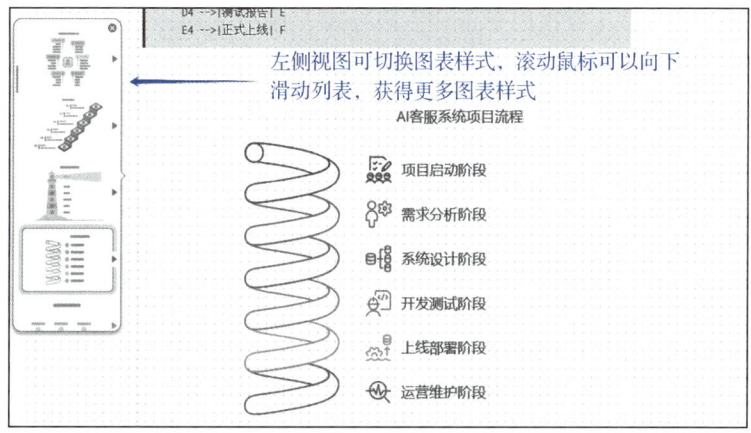

图 4-96 Napkin 选择图表样式

在选定图表样式之后，系统固定图表样式。此时，将鼠标移动到图表上，图表右上角将出现菜单栏，功能分别为：更换图表样式、更改图片比例、更改背景颜色和下载导出，如图 4-97 所示。

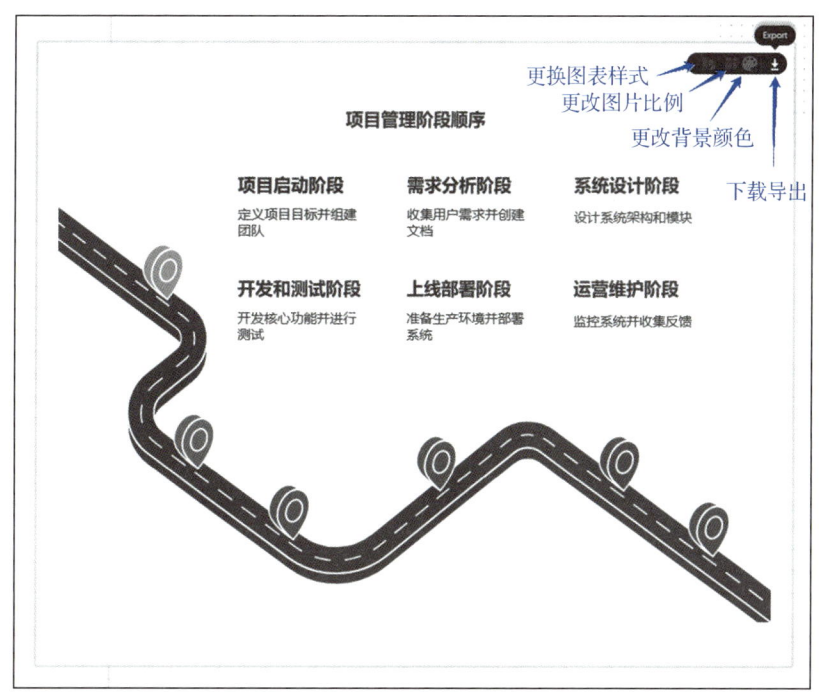

图 4-97 Napkin 的图表编辑菜单

如图 4-98 所示,当我们单击"下载导出"按钮之后,即可选择导出 PNG、SVG 或者 PDF 这三种格式的文件。

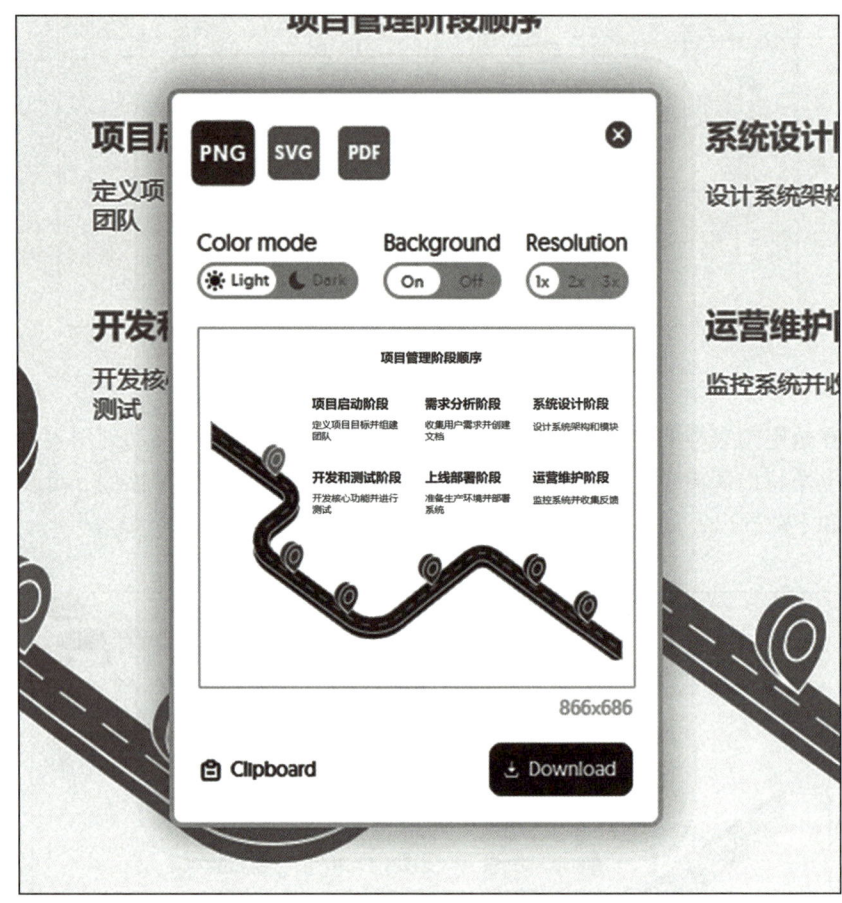

图 4-98　Napkin 的文件导出

第 5 章 CHAPTER

调用 DeepSeek API 定制智能助手

在本章中，我们将深入探讨如何调用 DeepSeek 的 API。首先，我们将介绍大模型 API 的基本概念及其核心优势，帮助你理解为什么调用 API 是提升智能助手性能的有效途径。接着，我们将详细分析 API 调用中的关键要素，确保你在使用过程中能够顺利实现功能。随后，我们将指导你获取 DeepSeek 的 API，并为你提供具体的步骤和注意事项。最后，我们将通过实例演示如何实际使用 DeepSeek 的 API，帮助你将理论知识转化为实践能力。通过本章的学习，你将能够更好地利用 DeepSeek 的 API，并在接下来介绍的办公自动化中更好地运用 DeepSeek 的 API。

5.1 什么是大模型 API

大模型 API（Application Programming Interface，应用程序编程接口）是一种允许开发者在自己的应用程序、服务或研究中整合和使用大型预训练模型功能的接口。通过大模型 API，开发者无须自己训练模型或拥有相应的计算资源，就能轻松地使用这些大模型完成各种任务，如文本生成、图像识别、自然语言处理等。

用通俗的比喻来说，如果把大模型看作电源，任何电器都需要用电，因此大模型是诸多电器应用的基础。而大模型的 API，就好比是插座，电源通过插座连接各类电器，实现供电。对开发者来说，它们可以通过 API 这个开发接口，来连接大模型的功能。

因此，我们会看到目前各类互联网应用平台都接入了 DeepSeek，实际上很多就是通过 API 来获得 DeepSeek 的能力，从而赋能到自己的应用程序里，为用户提供服务。

5.1.1　API 的核心优势

开发者调用 API 可以基于大模型的能力开发应用，因此使用 API 具有灵活的优势：

1. 自动化与批处理

通过调用 API 可以实现批量处理数据（如分析上千篇文献），显著提升效率。如 4.12 节及第 6 章内容所示。

2. 定制化与扩展性

可结合其他工具链，实现功能集成。比如，在 4.11 节中，ima 与 DeepSeek 结合，构建 AI 知识库。

同时，也可以实现支持多模型调用，比如，4.4 节～ 4.8 节介绍过的图片、海报、视频、音乐等 AI 大模型与 DeepSeek 的结合，如果是使用 API 接口来调用这些特殊功能的大模型，并把它们集成到一个工作流之中。就可以在真正意义上实现"一键生成"。

5.1.2　API 调用中的关键要素

接下来再简单了解几个 API 调用过程中的基本概念。

1. Token 机制

Token 是大模型处理文本的最小单位（如一个词或子词），直接影响计算成本和生成速度。你可以简单理解为，Token 是大模型的字数计算方法，大模型的字数计算不是计算文字数，而是计算 Token 数。

API 接口调用的计费，也是以 Token 数来计费。

2. API 密钥

相当于"数字钥匙"，用于身份验证。API 密钥就好比是进门的钥匙，要想成功调用 API，每个人都要有一把钥匙，即需要填写正确的密钥。

3. 调用限制

部分 API 对单次请求的 Token 数有限制（如 128000 个），超出可能会导致错误。部分 API 对于速率、并发也有限制。

5.2 如何获取 DeepSeek API

1. 注册并登录 DeepSeek 开放平台

首先，访问 DeepSeek 开放平台的官方网站：https://platform.deepseek.com/。如果你还没有账号，可以使用邮箱或手机号码进行注册。注册完成后，登录平台。

2. 创建 API key

如图 5-1，登录后，进入平台的开发者仪表盘。在左侧导航栏中找到 API keys 选项，单击进入。单击"创建 API key"按钮，为你的 API key 命名（如"test"），然后生成密钥。生成的 API key 只会显示一次，请务必将其复制并保存到安全的地方。如果你丢失了 API key，只能重新创建。

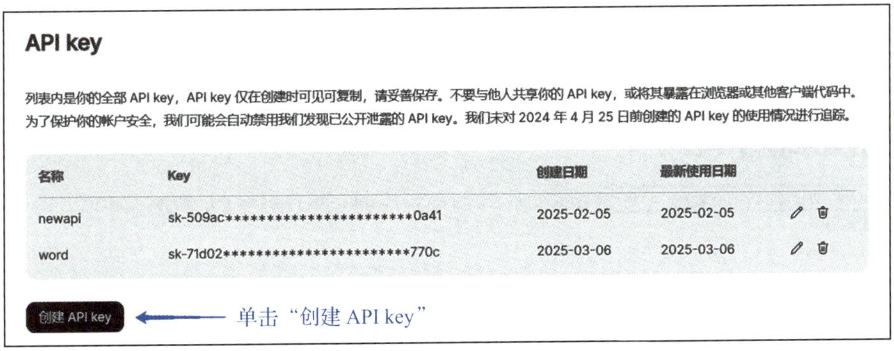

图 5-1　创建 API key

3. 第三方平台 API 接入

除了 DeepSeek 官方 API 外，各大第三方平台都接入了 DeepSeek 的 API。如表 5-1 所示，笔者整理了几家较知名的 API 提供商信息。

表 5-1　DeepSeek API 第三方提供商

平台名称	链接地址
硅基流动	https://siliconflow.cn/zh-cn/models
华为云	https://activity.huaweicloud.com/maas-ds.html

（续）

平台名称	链接地址
百度智能云千帆	https://cloud.baidu.com/
字节跳动火山引擎	https://console.volcengine.com/auth/login
腾讯云	https://console.cloud.tencent.com/lkeap
阿里云百炼	https://account.aliyun.com/login/login.htm

5.3 如何使用 DeepSeek API

在前面的章节中，我们已经了解了 DeepSeek 强大的语言模型能力。为了更灵活地将它的功能应用到你的项目和应用中，DeepSeek 提供了 API 接口。本节将深入探讨如何使用 DeepSeek API，并着重介绍其对 OpenAI 接口格式的兼容性，这能让你更加便捷地从 OpenAI 生态迁移或复用已有的工具和代码。

如图 5-2 所示，DeepSeek 官方提供的 API 文档（https://api-docs.deepseek.com/zh-cn/）中写明：DeepSeek API 使用与 OpenAI 兼容的 API 格式。因此，对开发者来说，在调用 DeepSeek API 时与其他大模型相似，可以快速完成项目的对接。

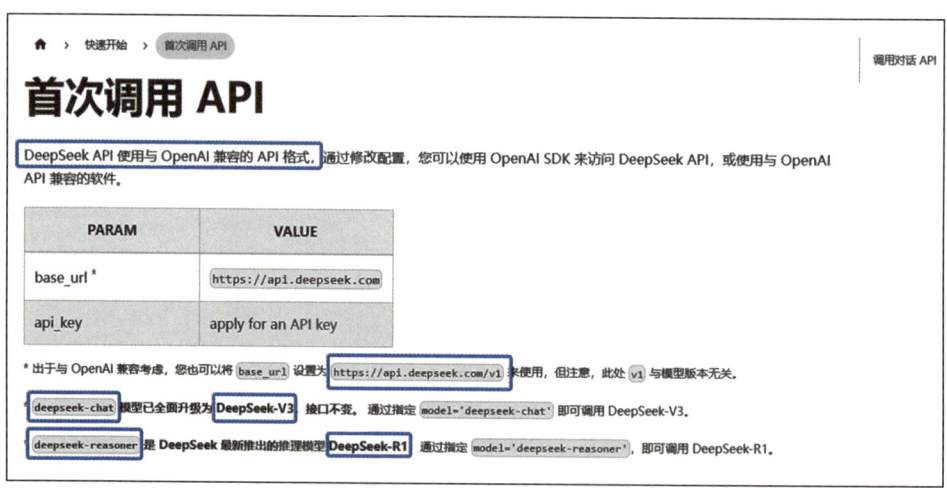

图 5-2　DeepSeek API 与 OpenAI 的 API 格式兼容

要成功使用 DeepSeek API 并利用其 OpenAI 接口格式，你需要了解并正确配置以下三个关键要素：调用网址（base_url）、模型名称（model）和 API key（api_key）。这三个要素就像是访问 DeepSeek API 大门的钥匙，缺一不可。

- 调用网址（base_url）：这是 DeepSeek API 的访问地址，通常为 https://api.deepseek.com，也可以使用 https://api.deepseek.com/v1，但这里的"v1"与模型版本无关。
- 模型名称（model）：用于指定要调用的 DeepSeek 模型。例如，deepseek-chat 对应的是 DeepSeek-V3 模型，deepseek-reasoner 对应的是 DeepSeek-R1 模型。
- API key（api_key）：这是用于认证的 API 密钥，开发者需要在 DeepSeek 官网注册账号并创建 API key。

可以在不同工具中使用这三个要素。

（1）使用 Python 代码调用

示例如下：

```python
from openai import OpenAI
client = OpenAI(api_key="your-api-key", base_url="https://api.deepseek.com")
response = client.chat.completions.create(
    model="deepseek-chat",
    messages=[{"role": "system", "content": "You are a helpful assistant"},{"role": "user", "content": "Hello"},],
    stream=False)print(response.choices[0].message.content)
```

如图 5-3 所示，在上述代码中，将 your-api-key 替换为你的 DeepSeek API key，如果需要使用 DeepSeek-R1 模型，model 的值则替换为 deepseek-reasoner。content 的内容则为你的提示词（包括系统提示词和角色提示词）。

```
1  from openai import OpenAI
2  client = OpenAI(api_key="your-api-key", base_url="https://api.deepseek.com")
3  response = client.chat.completions.create(
4      model="deepseek-chat",
5      messages=[{"role": "system", "content": "You are a helpful assistant"},{"role": "user", "content": "Hello"},],
6      stream=False)print(response.choices[0].message.content)
```

图 5-3　Python 代码拆解

（2）Chat UI 可视化调用

目前，市场上有很多 Chat UI 产品，它们的可视化操作界面可以让你更方便地与大语言模型进行交互，并且通常支持自定义 API 连接，从而非常便捷地调用 DeepSeek API。

如图 5-4 所示，这是某款 Chat UI 产品的模型设置界面，只需要在 API 密钥中填入你自己的 API key 就可以了。

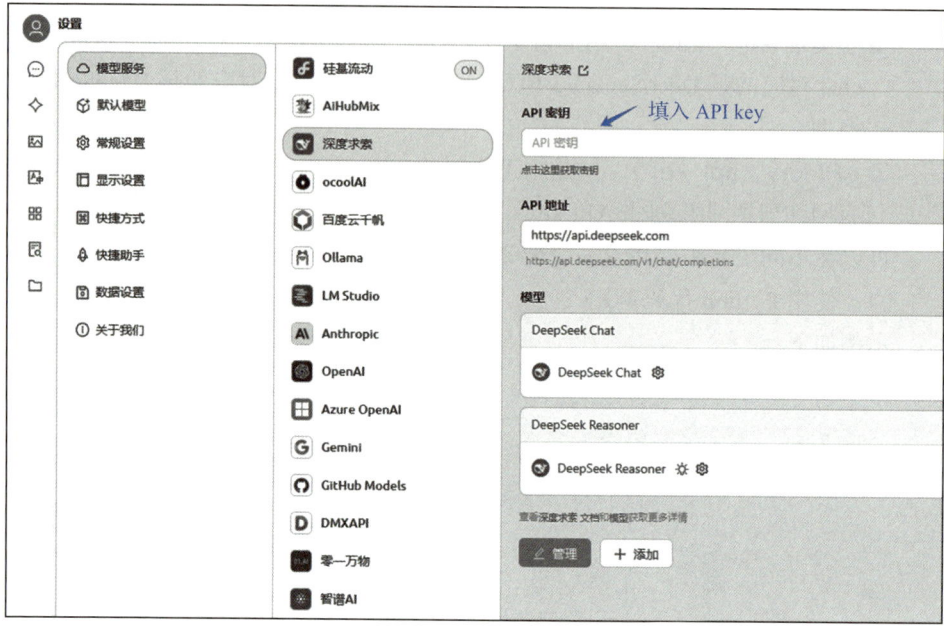

图 5-4　Chat UI 中的 API 设置

第 6 章 | CHAPTER

DeepSeek 结合 Office 实现智能办公

在快节奏的现代职场中，Office 软件无疑是我们日常工作中最亲密的伙伴，但日复一日，我们也难免被其中烦琐、重复的操作所累。VBA（Visual Basic for Applications）作为 Office 软件的"效率引擎"，一直是实现办公自动化的利器。然而，对不具备编程基础的职场人而言，VBA 相对较高的学习门槛，使其强大功能往往被束之高阁，难以真正惠及大众。

但现在，人工智能的浪潮席卷而来，特别是像 DeepSeek 这样强大 AI 工具的出现，为我们打破了这一僵局。你不再需要埋首于枯燥的代码学习，只需像与智能助手对话一般，将你的自动化需求清晰地告知 DeepSeek，它便能为你"量身定制"高效的 VBA 代码，一键实现各种自动化功能。

可以预见，在不远的将来，自动化办公将成为主流，我们将从大量重复性工作中抽身而出，而将更多时间和精力投入到更有价值、更有创造力的工作中，真正实现工作效率与个人发展的双重提升。

6.1 什么是 VBA

VBA 是一种编程语言和开发环境，被广泛应用于 Microsoft Office 软件套件

（如 Excel、Word、Access 等）中，用于实现自动化操作、扩展应用程序功能以及创建自定义解决方案。

VBA 不仅可以在 Office 软件中应用，在 WPS 中通过安装 VBA 插件，也能使用 VBA。在实际使用中，VBA 编写的自动化脚本常被称为"宏"（Macro）。

1. VBA 语言的特点

VBA 与 Office 软件高度集成，具有以下特点：

- **易学易用**：对没有深厚编程背景的用户来说，通过学习 VBA 的基本语法和一些常用的操作，就可以开始编写简单的代码来完成特定的任务。例如，在 Excel 中，使用 VBA 可以轻松地操作单元格，像读取单元格的值、设置单元格的格式等操作都有相应的简单语句来实现。
- **强大的自动化能力**：VBA 能够自动化 Office 软件中的许多重复性任务。以 Excel 为例，如果用户需要对大量的数据进行格式化、计算或者筛选等操作，手动完成会非常耗时。编写 VBA 代码，可以通过创建宏来自动执行这些操作。比如，可以编写一个宏，当用户打开工作簿时，自动对特定的数据区域进行排序和筛选，这样可以大大提高工作效率。
- **高度集成性**：VBA 与 Office 软件紧密集成。在 Excel 中，VBA 可以访问工作表、单元格、图表等几乎所有的对象；在 Word 中，VBA 可以操作文档、段落、表格等元素。这种集成性使得用户可以根据自己的需求，对 Office 软件进行深度定制。例如，在 Word 中，可以通过 VBA 代码创建自定义的文档模板，自动添加公司标志、页眉页脚等内容，并且可以根据不同的文档类型设置不同的格式规则。

2. VBA 的应用场景

- **数据处理与分析自动化**：在 Excel 中，VBA 可以用于处理复杂的数据分析任务。例如，可以编写代码来连接外部数据库，获取数据，然后在 Excel 工作表中进行数据清洗、转换和分析。对于一些需要定期更新的数据报告，VBA 可以自动从数据源获取最新的数据，更新报告中的图表和统计信息，节省了人工更新的时间和精力。
- **文档自动化处理**：在 Word 中，VBA 可以用于自动化文档处理。比如，企业可能需要生成大量格式相似的合同文档，通过 VBA 可以创建一个模板，然后根据不同的客户信息自动填充合同内容，生成个性化的合同文档。此外，还可以使用 VBA 来批量处理文档，如批量添加页码、批量修改文档格式等。

- **自定义用户界面**：VBA 允许用户创建自定义的用户界面。在 Excel 或 Word 中，可以添加自定义的菜单、工具栏和对话框，使用户能够更方便地访问特定的功能。例如，在 Excel 中，可以创建一个自定义的对话框，让用户输入一些参数，然后软件根据这些参数自动执行一系列的数据处理操作，以提供更加友好的用户交互体验。

需要补充说明的是：VBA 在 Windows 系统上运行良好，在 macOS 系统上适配大部分应用场景。但是，一些应用场景中 VBA 在 macOS 上执行困难，比如使用 VBA 访问网络。因此，对于 macOS 计算机，如果所需场景在 VBA 上无法运行，可考虑使用 Python 来替代。关于 Python 的介绍，见第 7 章。

6.2　DeepSeek+VBA：实现 Office 办公自动化

6.2.1　一键批量导入报表

Excel 表格是职场人每天都要面对的"老朋友"。然而，面对堆积如山的报表数据，烦琐的手工操作成为效率的"绊脚石"。你是否也曾遇到过以下令人头疼的工作场景？

- **表格"套娃"**：公司下发的报表往往是字段繁杂的"大表"，我们需要从中筛选出自己需要的特定列数据，粘贴到自己的"小表"中进行分析汇总。
- **重复劳动**：每周、每月甚至每天都要进行相同的数据筛选和复制粘贴操作，机械重复，毫无技术含量，浪费了大量的宝贵时间。
- **效率瓶颈**：手动操作容易出错，效率低下，加班加点只为处理这些重复性工作，严重影响工作体验和产出。

关于这些痛点，相信很多职场人都深有体会。尤其是在财务、销售、运营等部门，报表处理更是家常便饭。难道我们要一直困在"复制–粘贴–筛选"的循环中，让宝贵的时间消耗在无意义的机械劳动上吗？

本小节将讲解如何使用 DeepSeek+VBA 实现一键导入报表，告别机械重复的复制粘贴操作。

> **案例背景**
>
> 小王是某公司销售部门的数据专员，每周都需要处理一份由总部下发的《维莱茶公司全国门店销售明细报表》。这份报表数据量庞大，包含了全国所有门店的详细销售数据，足足有数十列，涉及各种维度的信息，如门店编号、门店名称、日期、商品名称、商品编码、销售数量、销售金额、成本金额、

利润、会员类型、支付方式等等。

然而，小王的工作只需要关注华东和华南地区"美式咖啡"和"龙井茶"这两类产品的销售数据。他需要将报表中"日期""门店名称""商品名称""销售数量""销售金额"这五列数据筛选出来，整理到他自己维护的《华东＆华南咖啡茶饮销售日报表》中，用于分析区域销售情况和制定销售策略。

如表 6-1 所示，这是"大表"数据，这份表格包含了数十列数据。

表 6-1 "大表"——《维莱茶公司全国门店销售明细报表》

订单编号	日期	门店编号	门店名称	地区	商品名称	商品编码	销售数量	销售金额	成本金额	利润	会员类型	支付方式	……（其他字段）
OD20250301001	2025/3/1	MD001	上海旗舰店	华东	美式咖啡	CP1001	15	300	150	150	普通会员	支付宝	……
OD20250301002	2025/3/1	MD002	深圳万象城店	华南	卡布奇诺	CP1002	12	360	180	180	会员	微信支付	……
OD20250301003	2025/3/1	MD003	北京国贸店	华北	龙井茶	CY2001	20	400	200	200	普通会员	银行卡	……
OD20250301004	2025/3/1	MD004	广州太古汇店	华南	茉莉花茶	CY2002	18	360	180	180	会员	支付宝	……
OD20250301005	2025/3/1	MD005	南京德基广场店	华东	拿铁咖啡	CP1003	25	625	312.5	312.5	普通会员	微信支付	……
……	……	……	……	……	……	……	……	……	……	……	……	……	……

表 6-2 是小王的"小表"——《华东＆华南咖啡茶饮销售日报表》，这份"小表"只包含"日期""门店名称""商品名称""销售数量""销售金额"这五列数据。

表 6-2 "小表"——《华东＆华南咖啡茶饮销售日报表》

日期	门店名称	商品名称	销售数量	销售金额
2025/3/1	上海旗舰店	美式咖啡	15	300
2025/3/1	深圳万象城店	卡布奇诺	12	360
2025/3/1	北京国贸店	龙井茶	20	400
2025/3/1	广州太古汇店	茉莉花茶	18	360
2025/3/1	南京德基广场店	拿铁咖啡	25	625
……	……	……	……	……

我们需要实现的目标是：从"大表"中筛选出"地区"为"华东"或"华南"且"商品名称"包含"美式咖啡"或"龙井茶"的数据，并将筛选结果的"日期""门店名称""商品名称""销售数量""销售金额"五列数据自动导入"小

表"的表格对象中。

1. 使用 DeepSeek 生成 VBA 代码

现在，我们使用 DeepSeek 来协助编写 VBA 代码，提示词如下：

> 我想要从"大表"中筛选数据并将所需要的数据粘贴到"小表"中，请编写 VBA 代码，实现以下 Excel 数据处理自动化：
> 1）选择"大表"数据源：从当前工作簿（"小表"）开始，弹出文件选择对话框，用户选择计算机中的 Excel 表格文档。
> 2）筛选数据：从"大表"中筛选出"地区"列为"华东"或"华南"，并且"商品名称"列包含"美式咖啡"或"龙井茶"的行。
> 3）提取数据列：提取筛选结果中的"日期""门店名称""商品名称""销售数量""销售金额"五列数据。
> 4）导入数据：将筛选出的数据及所需要列的数据，粘贴到"小表"中。

将提示词发给 DeepSeek，DeepSeek 为我们编写的 VBA 代码如下：

> [思考开始] 好的，我现在需要帮用户编写一个 VBA 代码，实现从"大表"中筛选数据并粘贴到"小表"中的功能。让我先仔细看一下用户的需求。
> ……（限于篇幅，此处内容省略，读者可使用提示词自行尝试）
> 现在，编写完整的代码，并添加必要的错误处理方法。[思考结束]
> 以下是实现你需求的 VBA 代码，请将其粘贴到 Excel 的 VBA 编辑器中（按 Alt+F11 键打开）：
>
> ```
> Sub ImportDataFromMasterSheet()
>     Dim fd As FileDialog
>     Dim filePath As String
>     Dim srcWB As Workbook
>     Dim srcWS As Worksheet
>     Dim destWS As Worksheet
>     Dim headerRow As Range
>     Dim regionCol As Long, productCol As Long
>     Dim dateCol As Long, storeCol As Long, qtyCol As Long, amtCol _
>         As Long
>     Dim srcData As Range, area As Range, row As Range
>     Dim destRow As Long
>     ' 设置目标工作表
>     Set destWS = ThisWorkbook.ActiveSheet
>     ' 创建文件选择对话框
>     Set fd = Application.FileDialog(msoFileDialogFilePicker)
> ```

```vb
With fd
    .Title = "请选择大表文件"
    .Filters.Clear
    .Filters.Add "Excel 文件", "*.xls; *.xlsx; *.xlsm"
    If .Show = -1 Then
        filePath = .SelectedItems(1)
    Else
        MsgBox "操作已取消。", vbInformation
        Exit Sub
    End If
End With
' 打开源工作簿
Set srcWB = Workbooks.Open(filePath)
Set srcWS = srcWB.Worksheets(1)
On Error Resume Next
' 获取各列位置
Set headerRow = srcWS.Rows(1)
regionCol = Application.Match("地区", headerRow, 0)
productCol = Application.Match("商品名称", headerRow, 0)
dateCol = Application.Match("日期", headerRow, 0)
storeCol = Application.Match("门店名称", headerRow, 0)
qtyCol = Application.Match("销售数量", headerRow, 0)
amtCol = Application.Match("销售金额", headerRow, 0)
On Error GoTo 0
' 验证列是否存在
If regionCol = 0 Or productCol = 0 Or dateCol = 0 Or storeCol = 0 Or qtyCol = 0 Or amtCol = 0 Then
    MsgBox "大表中缺少必要的列, 请检查列标题是否正确。", vbCritical
    srcWB.Close False
    Exit Sub
End If
' 清除现有筛选
If srcWS.AutoFilterMode Then srcWS.AutoFilterMode = False
' 设置筛选条件
With srcWS.Range("A1").CurrentRegion
    ' 筛选地区为华东或华南
    .AutoFilter Field:=regionCol, Criteria1:=Array("华东", "华南"), Operator:=xlFilterValues
    ' 筛选商品名称包含美式咖啡或龙井茶
    .AutoFilter Field:=productCol, Criteria1:="=*美式咖啡*", Operator:=xlOr, Criteria2:="=*龙井茶*"
End With
' 获取筛选后的可见数据
On Error Resume Next
Set srcData = srcWS.AutoFilter.Range.SpecialCells(xlCellTypeVisible)
On Error GoTo 0
If srcData Is Nothing Then
    MsgBox "没有找到符合条件的数据。", vbInformation
```

```vba
            srcWB.Close False
            Exit Sub
        End If
        ' 准备写入数据
        destRow = 1
        destWS.Range("A:E").ClearContents ' 清空目标区域
        ' 添加标题
        destWS.Range("A1").Value = "日期"
        destWS.Range("B1").Value = "门店名称"
        destWS.Range("C1").Value = "商品名称"
        destWS.Range("D1").Value = "销售数量"
        destWS.Range("E1").Value = "销售金额"
        destRow = 2
        ' 遍历并复制数据
        For Each area In srcData.Areas
            For Each row In area.Rows
                If row.Row > 1 Then ' 跳过标题行
                    destWS.Cells(destRow, 1).Value = srcWS.Cells(row.Row, _
                        dateCol).Value
                    destWS.Cells(destRow, 2).Value = srcWS.Cells(row.Row, _
                        storeCol).Value
                    destWS.Cells(destRow, 3).Value = srcWS.Cells(row.Row, _
                        productCol).Value
                    destWS.Cells(destRow, 4).Value = srcWS.Cells(row.Row, _
                        qtyCol).Value
                    destWS.Cells(destRow, 5).Value = srcWS.Cells(row.Row, _
                        amtCol).Value
                    destRow = destRow + 1
                End If
            Next row
        Next area
        ' 关闭源工作簿
        srcWB.Close False
        MsgBox "数据导入完成，共导入 " & destRow - 2 & " 条记录。", vbInformation
End Sub
```

使用说明：

1. 在"小表"中按 Alt+F11 键打开 VBA 编辑器

2. 在左侧工程资源管理器中单击右键插入新模块

3. 将代码粘贴到模块中

4. 返回 Excel 界面，运行宏（开发者工具→宏→选择 ImportDataFrom-MasterSheet→运行）

如果在使用中遇到任何问题，可以根据弹出的提示信息检查"大表"的格式是否符合要求。

2. 代码写入 VBA 编辑器

如图 6-1 所示，在"小表"中按 Alt+F11 键打开 VBA 编辑器，在左侧工程资源管理器中单击右键插入新模块。

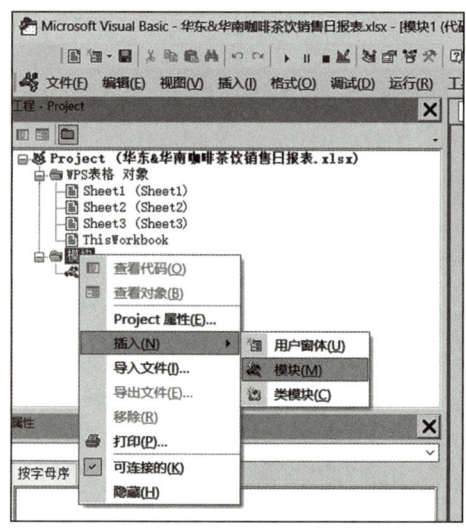

图 6-1　在 VBA 编辑器中新建模块

接着，将代码粘贴到模块中，如图 6-2 所示。代码的名称位于第一行，为 ImportDataFromMasterSheet。

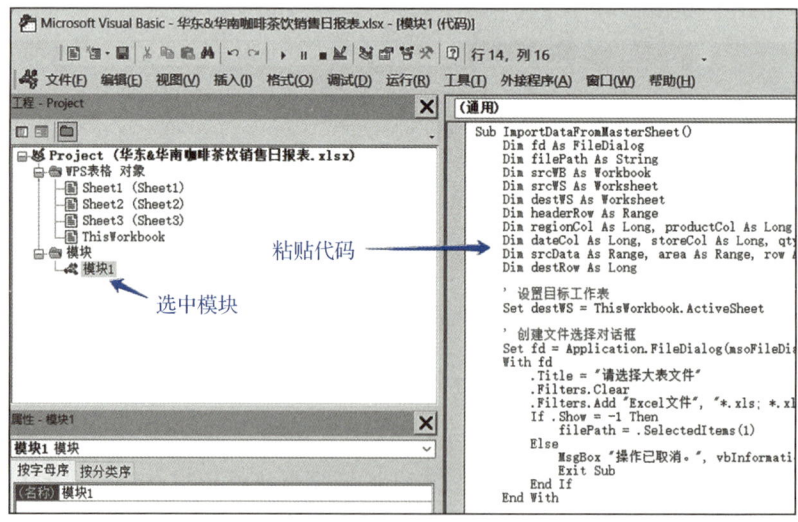

图 6-2　粘贴代码

3. 测试运行代码

如图6-3所示，单击▶按钮运行代码。

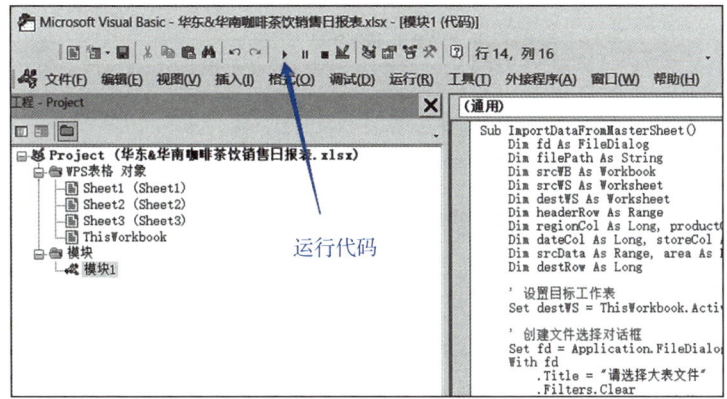

图6-3　运行代码

如图6-4所示，运行代码后弹出文件选择对话框，在计算机中找到"大表"文件，单击"打开"即可。

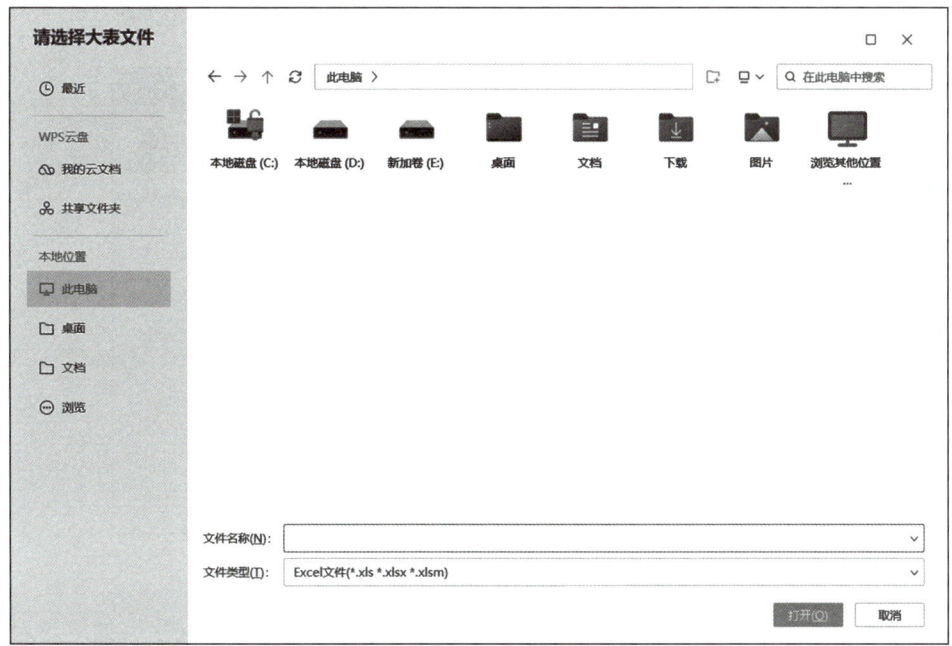

图6-4　运行代码后弹出文件选择对话框

选中"大表"打开之后，系统自动完成数据筛选及提取工作。如图 6-5 所示，任务完成之后，自动弹出对话框。

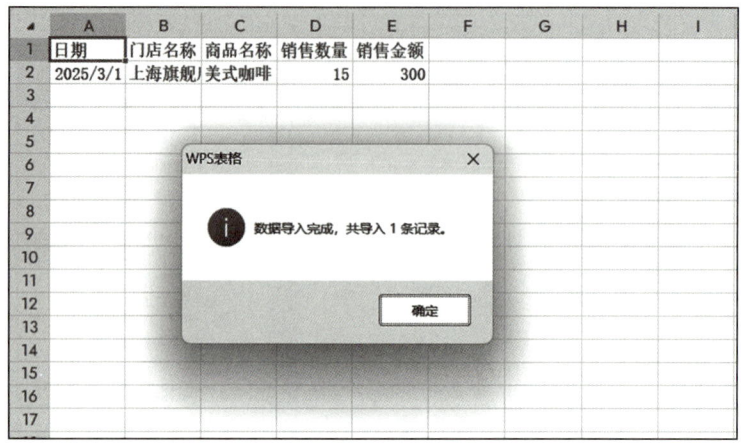

图 6-5　任务完成的消息弹窗

4. 添加快捷按钮

为了以后更加便捷地工作，在"小表"工作表上可添加快捷运行 VBA 代码的按钮。如图 6-6 所示，单击"插入"-"形状"，选择一个自己喜欢的形状。

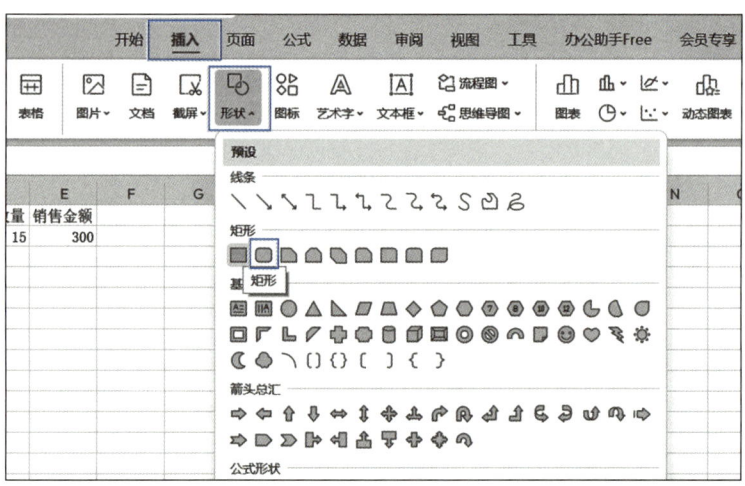

图 6-6　插入形状

如图 6-7 所示，笔者常用圆角矩形，在圆角矩形框内可录入文字，如"导入报表"。右键单击新建的"圆角矩形"框之后，选择"指定宏"。

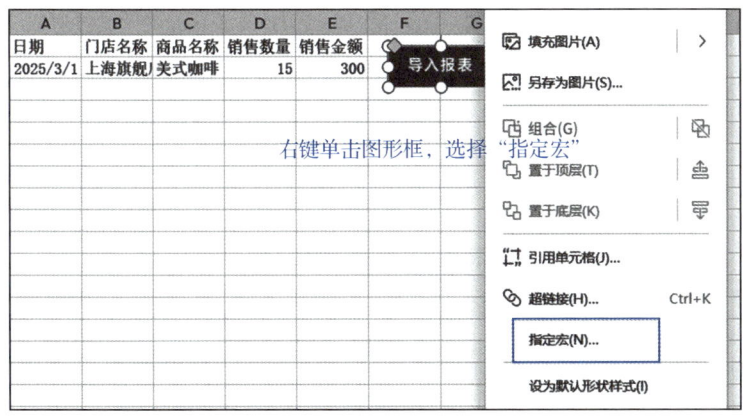

图 6-7　从右键菜单中选择"指定宏"

如图 6-8 所示，在弹出的"指定 VB 宏"对话框中，选中刚才新建的 VBA。这样设置之后，以后直接单击该圆角矩形框，即可自动运行 VBA 代码。

本节中的 8 个场景都可以使用这种方式添加快捷按钮，限于篇幅，此后 7 个场景添加快捷按钮将不再赘述。

6.2.2　一键批量筛选数据

职场人每天都与各种各样的数据表格打交道，从销售报表、客户信息，到财务数据、运营指标，数据分析和处理已经成为日常工作中不可或缺的一部分。

然而，面对堆积如山的数据，如何快速、准确地从中提取出所需信息，成为许

图 6-8　选择新建的 VBA 宏代码

多职场人"甜蜜的负担"。特别是当我们需要同时根据多个条件在多列数据中进行筛选时，Excel 自带的筛选功能虽然强大，但操作起来略显烦琐，效率不高。

如果每天都需要进行这种重复性的筛选操作，而且筛选条件组合还可能不止一种，日复一日，这种工作不仅耗费大量的时间和精力，还容易让人感到枯燥和厌倦。

案例背景

王萍是一位电商运营人员，每天都需要从大量的订单数据中筛选出特定地区、特定产品类别的订单信息，用于分析销售情况和制定运营策略。假设你需要的数据筛选条件是：

- 地区为"华东地区";
- 产品类别为"电子产品"和"家居用品";
- 销售金额大于1万元。

表 6-3 是待筛选的数据表,现在需要同时筛选第 4 列、第 5 列、第 8 列数据。

表 6-3　待筛选数据表

订单编号	订单日期	客户姓名	地区	产品类别	产品名称	销售数量	销售金额
OD20250301-001	2025/3/1	张三	华东地区	电子产品	智能手机	10	59990
OD20250301-002	2025/3/1	李四	华南地区	家居用品	舒适沙发	2	12000
OD20250301-003	2025/3/1	王五	华北地区	美妆个护	保湿面膜	50	2500
OD20250302-001	2025/3/2	赵六	华东地区	食品饮料	进口牛奶	100	8000
OD20250302-002	2025/3/2	钱七	华南地区	电子产品	蓝牙耳机	20	3000
OD20250302-003	2025/3/2	孙八	华北地区	家居用品	柔软地毯	5	1500
OD20250303-001	2025/3/3	周九	华东地区	电子产品	智能手表	15	45000
OD20250303-002	2025/3/3	吴十	华南地区	美妆个护	口红套装	30	9000
OD20250303-003	2025/3/3	郑十一	华北地区	食品饮料	坚果礼盒	80	6400
OD20250304-001	2025/3/4	冯十二	华东地区	家居用品	创意书架	8	2400

1. 使用 DeepSeek 生成 VBA 代码

现在,我们使用 DeepSeek 来协助编写 VBA 代码,使用如下提示词:

> 我想要同时筛选多列数据,请编写 VBA 代码,实现以下 Excel 数据处理自动化:
>
> **筛选数据**:从当前数据表中,筛选"地区"列为"华东地区"的数据;筛选"产品类别"列为"电子产品"或"家居用品"的数据;筛选"销售金额"列大于"10000"的数据。

将提示词发给 DeepSeek,DeepSeek 编写代码的过程如下:

> [思考开始] 好的,我现在需要帮用户编写一个 VBA 代码来实现 Excel 中多列数据的筛选。用户的需求是同时筛选三列数据:地区为华东地区,产品类别为电子产品或家居用品,销售金额大于 10000。我得先厘清这些条件之间的关系,以及如何在 Excel VBA 中正确应用这些筛选条件。
>
> ……(限于篇幅,此处内容省略,读者可使用提示词自行尝试)
>
> 总结:这段代码动态查找各标题在数据区域中的位置,应用多条件筛选,各条件之间为"与"关系,同一列的多个条件为"或"关系,应该能够满足

用户的需求。[思考结束]

以下是实现多列筛选的 VBA 代码,根据你的需求动态查找列并应用筛选条件:

```
Sub MultiColumnFilter()
    Dim ws As Worksheet
    Dim dataRange As Range
    Dim regionCol As Long, categoryCol As Long, salesCol As Long
    Dim cell As Range
    Set ws = ActiveSheet
    Set dataRange = ws.UsedRange ' 获取当前使用的数据区域
    ' 关闭现有筛选
    If ws.AutoFilterMode Then ws.AutoFilterMode = False
    ' 动态查找列位置
    For Each cell In dataRange.Rows(1).Cells
        Select Case cell.Value
            Case "地区": regionCol = cell.Column - dataRange.Column + 1
            Case "产品类别": categoryCol = cell.Column - dataRange.
                Column + 1
            Case "销售金额": salesCol = cell.Column - dataRange.
                Column + 1
        End Select
    Next
    ' 验证列是否存在
    If regionCol = 0 Then MsgBox "未找到【地区】列!", vbExclamation:
        Exit Sub
    If categoryCol = 0 Then MsgBox "未找到【产品类别】列!",
        vbExclamation: Exit Sub
    If salesCol = 0 Then MsgBox "未找到【销售金额】列!",
        vbExclamation: Exit Sub
    ' 应用多重筛选
    With dataRange
        .AutoFilter Field:=regionCol, Criteria1:="华东地区" ' 华东地区
        .AutoFilter Field:=categoryCol, Criteria1:=Array("电子产品",
            "家居用品"), Operator:=xlFilterValues ' 二选一
        .AutoFilter Field:=salesCol, Criteria1:=">10000"
            ' 金额大于 10000
    End With
    MsgBox "筛选条件已应用!", vbInformation
End Sub
```

代码说明:

1)动态定位列:通过遍历标题行,智能识别"地区""产品类别""销售金额"三列的位置,适应不同数据表结构。

2）多重条件筛选：
☐ 地区：精确匹配"华东地区"
☐ 产品类别：包含"电子产品"或"家居用品"（使用数组实现 OR 逻辑）
☐ 销售金额：大于 10000 元（自动识别数值格式）
3）错误处理：检测列标题是否存在，缺失时会弹出提示
4）智能数据范围：自动识别当前工作表的有效数据区域（UsedRange）

使用说明：
1）按 Alt+F11 键打开 VBA 编辑器
2）插入新模块（Insert → Module）
3）粘贴代码后按 F5 键运行
4）筛选结果将直接显示在工作表中，隐藏不符合条件的行为

注意事项：
☐ 确保数据首行为标题行
☐ 销售金额列应为数值格式
☐ 可随时通过数据选项卡的"清除筛选"恢复原始数据

此代码可自动适应不同数据量级（支持百万行级数据），且筛选条件可根据需要直接修改数组内容或比较运算符进行调整。

2. 代码写入 VBA 编辑器

如 6.2.1 节中打开 VBA 编辑器的方法，在 VBA 编辑器中新建模块，并粘贴代码，如图 6-9 所示。

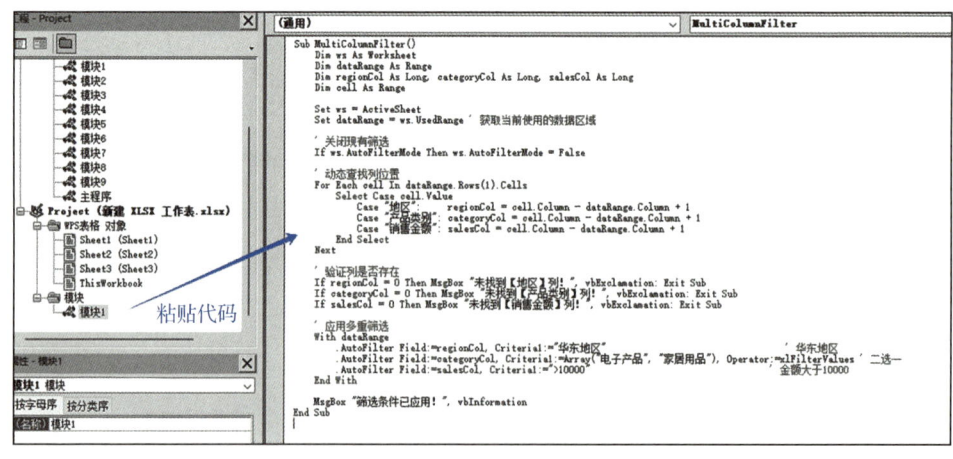

图 6-9　将代码粘贴至 VBA 编辑器

3. 运行 VBA 宏程序

如 6.2.1 节中运行宏的方法，程序执行之后自动筛选数据。任务完成之后，弹出提示窗口，如图 6-10 所示。

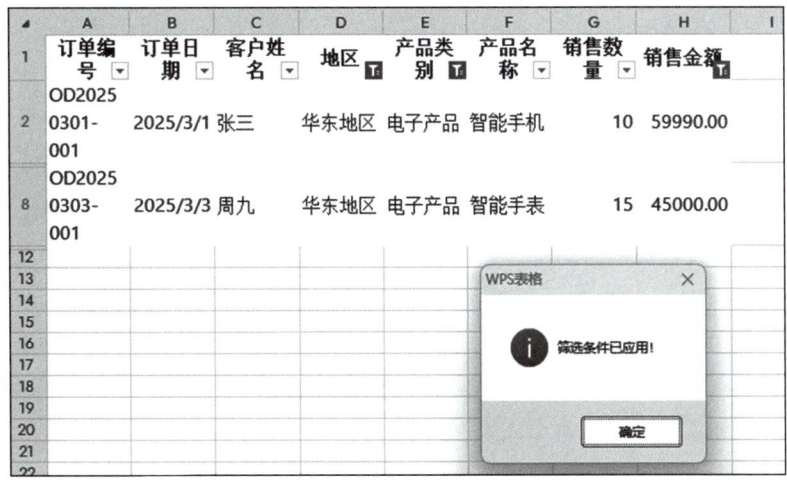

图 6-10　VBA 自动完成筛选任务

4. 新增重置筛选

现在，我们已经实现了"一键筛选"功能。但是，新的问题来了：如何一键重置筛选，将表格恢复原样呢？我们继续追问 DeepSeek：

> 非常好，我已经使用你的代码成功筛选了数据。现在有一个新需求，我需要实现一键重置筛选。帮我编写 VBA 代码。

DeepSeek 回复如下：

> 好的，用户现在需要一键重置筛选的 VBA 代码。让我先回顾之前的对话。用户之前需要同时筛选多列数据，我提供了动态查找列并应用多重筛选的代码。现在用户已经成功使用该代码筛选数据，现在想要一个重置筛选的功能。
> ……（限于篇幅，此处内容省略，读者可使用提示词自行尝试）
> 因此，最终的代码可能如下，并附上说明，解释如何运行，以及注意事项，比如提示信息可以按需注释掉。
> 以下是为你编写的重置筛选的 VBA 代码，可一键清除所有筛选条件：
> ```
> Sub ResetFilters()
```
```

```
        On Error Resume Next   ' 防止无筛选时报错
        Dim ws As Worksheet
        Set ws = ActiveSheet
        ' 关闭自动筛选模式
        If ws.AutoFilterMode Then
            ws.AutoFilterMode = False
            MsgBox " 筛选已清除，所有数据恢复显示！", vbInformation
        Else
            MsgBox " 当前未应用任何筛选 ", vbInformation
        End If
End Sub
```

代码说明：

1）**智能检测筛选状态**：自动判断当前工作表是否处于筛选模式

2）**双重状态反馈**：

❑ 当存在筛选时：关闭筛选并提示重置成功

❑ 无筛选时：提示当前未应用筛选

3）**错误处理**：防止未应用筛选时执行操作导致的错误

使用方式：

1）与之前的筛选代码保存到同一模块

2）可通过以下方式调用：

❑ 按 **Alt+F8** 键选择宏运行

❑ 添加 **Excel** 按钮关联宏

❑ 设置快捷键（推荐 **Ctrl+Shift+R** 键）

进阶功能扩展建议：

可在代码中添加以下功能（根据实际需要选择）：

```
' 清除筛选但保持筛选按钮可见 ( 适用于表格对象 )
If ws.ListObjects.Count > 0 Then
    ws.ListObjects(1).AutoFilter.ShowAllData
End If
' 重置后自动跳转到首行
ws.Range("A1").Select
' 清除特定列的筛选 ( 示例清除 B 列筛选 )
ws.AutoFilter.Filters(2).Clear
```

推荐设置：

1）将两个宏绑定到快速访问工具栏

2）使用按钮形状分别关联"筛选"和"重置"宏

3）在 Worksheet_Activate 事件中自动重置筛选状态

该代码可以完美兼容你之前的多条件筛选代码，建议将两个宏配对使用，形成完整的数据筛选解决方案。

写入 VBA 代码的过程不再赘述。现在，使用 6.2.1 节的方法，新建两个快捷按钮，实现一键筛选数据和重置筛选数据功能，如图 6-11 所示。

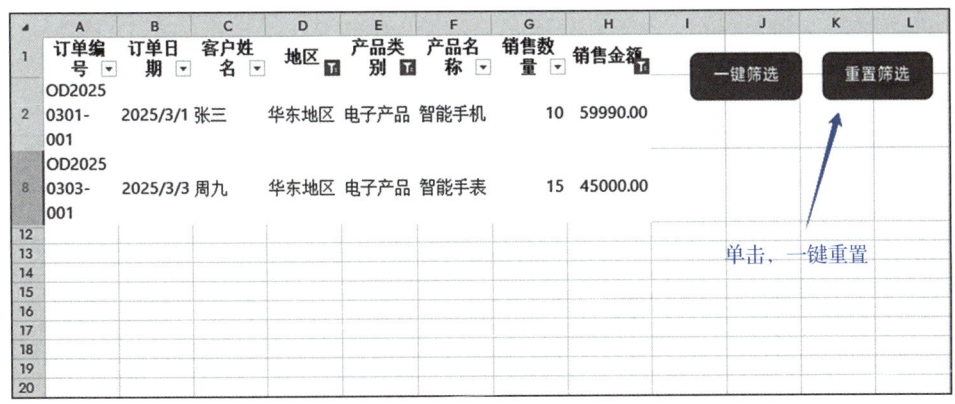

图 6-11　筛选数据和重置筛选数据功能快捷按钮

6.2.3　一键批量导出报表

在 6.2.2 节中，我们已经体验了"一键批量筛选数据"的便捷，它帮助我们快速地从海量数据中提取出目标信息，极大地提升了数据处理的效率。然而，在实际工作中，仅仅筛选出数据可能还不够，我们往往还需要将筛选后的数据导出为独立的文档，用于进一步的分析、汇报或存档。

案例背景

张佳嘉作为电商运营主管人员，需要每天从订单数据中筛选出不同地区、不同产品类别的订单，并分别导出为独立的 Excel 报表，发送给不同区域的负责人或产品经理进行分析和跟进。

她有两个表格筛选及拆分需求：

1. 需求一："华北地区家居用品订单"

❑ 地区为"华北地区"

❑ 产品类别为"家居用品"

- 导出文件命名为"华北地区家居用品订单.xlsx"

2. 需求二:"华东地区电子产品高价值订单"
- 地区为"华东地区"
- 产品类别为"电子产品"
- 销售金额大于或等于 50000 元
- 导出文件命名为"华东地区电子产品高价值订单.xlsx"

表 6-4 是张佳嘉的待筛选数据表,她需要同时完成两组数据的筛选并分别导出为 Excel 文档。

表 6-4 张佳嘉的待筛选数据表

订单编号	订单日期	客户姓名	地区	产品类别	产品名称	销售数量	销售金额
OD20250301-001	2025/3/1	张三	华东地区	电子产品	智能手机	10	59990
OD20250301-002	2025/3/1	李四	华南地区	家居用品	舒适沙发	2	12000
OD20250301-003	2025/3/1	王五	华北地区	美妆个护	保湿面膜	50	2500
OD20250302-001	2025/3/2	赵六	华东地区	食品饮料	进口牛奶	100	8000
OD20250302-002	2025/3/2	钱七	华南地区	电子产品	蓝牙耳机	20	3000
OD20250302-003	2025/3/2	孙八	华北地区	家居用品	柔软地毯	5	1500
OD20250303-001	2025/3/3	周九	华东地区	电子产品	智能手表	15	45000
OD20250303-002	2025/3/3	吴十	华南地区	美妆个护	口红套装	30	9000
OD20250303-003	2025/3/3	郑十一	华北地区	食品饮料	坚果礼盒	80	6400
OD20250304-001	2025/3/4	冯十二	华东地区	家居用品	创意书架	8	2400

1. 使用 DeepSeek 生成 VBA 代码

此处是 6.2.2 节需求的延伸。因此,我们在 6.2.2 节提示词的基础上加以修改,并使用 DeepSeek 协助编写 VBA 代码。使用如下提示词:

> 我想要同时筛选多列数据并分别导出为单独的 Excel 文档,请编写 VBA 代码,实现以下 Excel 数据处理自动化:
>
> **步骤 1 筛选 & 导出数据**:从当前数据表中,筛选"地区"列为"华北地区"的数据;筛选"产品类别"列为"家居用品"的数据。然后,将筛选后的数据导出为"华北地区家居用品订单.xlsx"文件。
>
> **步骤 2 筛选 & 导出数据**:从当前数据表中,筛选"地区"列为"华东地区"的数据;筛选"产品类别"列为"电子产品"的数据;筛选"销售金额"大于 50000 元的数据。然后,将筛选后的数据导出为"华东地区电子产品高价值订单.xlsx"文件。

将提示词发给 DeepSeek，DeepSeek 编写代码的过程如下：

[思考开始] 好的，我现在需要帮用户编写一个 VBA 代码，实现同时筛选多列数据并分别导出为单独的 Excel 文件。用户已经给出了具体的步骤，我需要先仔细分析需求，然后思考如何实现。

……（限于篇幅，此处内容省略，读者可使用提示词自行尝试）

最后，测试代码时需要确保列名正确，并且数据符合条件，以验证筛选是否正确。[思考结束]

以下是实现你需求的 VBA 代码，可以自动执行多条件筛选并导出为独立的 Excel 文件：

```
Sub ExportFilteredData()
    Dim ws As Worksheet
    Dim newWB As Workbook
    Dim filterRange As Range
    Dim regionCol As Long, categoryCol As Long, salesCol As Long
    Dim desktopPath As String
    Dim recordsCount As Long
    ' 设置基础参数
    Set ws = ActiveSheet
    desktopPath = Environ("UserProfile") & "\Desktop\"
    ' 查找列位置
    On Error Resume Next
    regionCol = Application.Match("地区", ws.Rows(1), 0)
    categoryCol = Application.Match("产品类别", ws.Rows(1), 0)
    salesCol = Application.Match("销售金额", ws.Rows(1), 0)
    On Error GoTo 0
    ' 验证列是否存在
    If regionCol = 0 Or categoryCol = 0 Or salesCol = 0 Then
        MsgBox "数据表中缺少必要的列标题，请检查列名是否正确!", _
            vbCritical
        Exit Sub
    End If
    Application.ScreenUpdating = False
    Application.DisplayAlerts = False
    ' ========== 步骤1：华北地区家居用品 ==========
    With ws
        .AutoFilterMode = False
        With .Range("A1").CurrentRegion
            .AutoFilter Field:=regionCol, Criteria1:="华北地区"
            .AutoFilter Field:=categoryCol, Criteria1:="家居用品"
        End With
        ' 复制可见数据
```

```vba
        On Error Resume Next
        Set filterRange = .AutoFilter.Range.SpecialCells(xlCellTypeVisible)
        On Error GoTo 0
        If Not filterRange Is Nothing Then
            ' 创建新工作簿
            Set newWB = Workbooks.Add
            filterRange.Copy newWB.Sheets(1).Range("A1")
            ' 优化格式并保存
            With newWB
                .Sheets(1).UsedRange.EntireColumn.AutoFit
                .SaveAs desktopPath & "华北地区家居用品订单.xlsx", _
                    FileFormat:=51
                .Close False
            End With
            recordsCount = filterRange.Rows.Count - 1
            MsgBox "步骤1完成,导出 " & recordsCount & " 条记录!", _
                vbInformation
        Else
            MsgBox "步骤1:没有找到符合条件的记录!", vbExclamation
        End If
End With
' ========== 步骤2:华东地区电子产品高价值订单 ==========
With ws
    .AutoFilterMode = False
    With .Range("A1").CurrentRegion
        .AutoFilter Field:=regionCol, Criteria1:="华东地区"
        .AutoFilter Field:=categoryCol, Criteria1:="电子产品"
        .AutoFilter Field:=salesCol, Criteria1:=">50000"
    End With
    ' 复制可见数据
    On Error Resume Next
    Set filterRange = .AutoFilter.Range.SpecialCells(xlCellTypeVisible)
    On Error GoTo 0
    If Not filterRange Is Nothing Then
        ' 创建新工作簿
        Set newWB = Workbooks.Add
        filterRange.Copy newWB.Sheets(1).Range("A1")
        ' 优化格式并保存
        With newWB
            .Sheets(1).UsedRange.EntireColumn.AutoFit
            .SaveAs desktopPath & "华东地区电子产品高价值订单.xlsx", _
                FileFormat:=51
            .Close False
        End With
        recordsCount = filterRange.Rows.Count - 1
        MsgBox "步骤2完成,导出 " & recordsCount & " 条记录!", _
            vbInformation
```

```
            Else
                MsgBox "步骤2：没有找到符合条件的记录!", vbExclamation
            End If
        End With
        '清理环境
        ws.AutoFilterMode = False
        Application.DisplayAlerts = True
        Application.ScreenUpdating = True
        MsgBox "所有操作已完成!", vbInformation
End Sub
```

使用说明：

1）按 Alt+F11 键打开 VBA 编辑器

2）在左侧工程资源管理器中单击右键插入新模块

3）将代码粘贴到模块中

4）返回 Excel 界面运行宏（开发者工具→宏→选择 ExportFilteredData→运行）

代码特点：

1）自动检测列位置（根据标题名称）

2）自动保存到桌面路径

3）自动调整列宽优化显示

4）导出文件为 .xlsx 格式

5）包含记录数量统计

6）分步骤显示操作结果

7）完善的错误处理机制

注意事项：

1）确保数据表首行为标题行

2）列标题必须包含"地区""产品类别""销售金额"

3）销售金额字段应为数字格式

4）桌面路径需要有写入权限

5）导出的文件名不可重复（否则会自动覆盖）

执行效果：

1）在桌面生成两个文件：

☐ 华北地区家居用品订单 .xlsx

☐ 华东地区电子产品高价值订单 .xlsx

2）每个文件包含对应筛选条件的完整数据

3）自动弹出操作结果提示

如果需要修改保存路径，可将代码中的 desktopPath 变量修改为其他路径，例如：desktopPath = "D:\ExportFiles\"

2. 执行 VBA 程序

使用 6.2.1 节介绍的方式，将代码粘贴到 VBA 编辑器中运行，即可自动拆分表格，如图 6-12 所示。

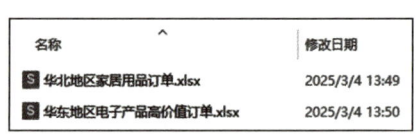

图 6-12　VBA 宏程序自动拆分表格

3. 修改导出路径

刚执行的程序导出路径为"桌面"，如果你想更换导出路径，修改如下部分代码即可：

```
desktopPath = Environ("UserProfile") & "\Desktop\"
```

比如，将导出路径设置为 D 盘的"销售追踪"文件夹，要做以下修改：

```
desktopPath = "D:\销售追踪\"
```

6.2.4　一键批量发送邮件

在 6.2.2 节和 6.2.3 节中，我们分别掌握了"一键批量筛选数据"和"一键批量导出报表"的技巧，然而在日常工作中，数据处理的最终目的往往是更好地服务于业务沟通和协作。而邮件，作为职场沟通的重要桥梁，仍然有着举足轻重的地位。

许多职场人士，尤其是行政、运营、市场等岗位，经常需要进行批量邮件发送，例如：

- 发送周报、月报给团队成员或领导。
- 发送活动通知、会议邀请给客户或合作伙伴。
- 发送工资条、绩效考核结果给员工。
- 发送产品更新、促销信息给用户。

如果收件人数量不多，手动复制粘贴邮件内容，逐个添加附件，可能还能勉强应付，但一旦收件人数量庞大，或者需要发送的邮件内容、附件因人而异，手动操作就变得极其烦琐、低效，且容易出错。

案例背景

章蕾需要给上百位客户发送一份活动邀请函，每封邮件的内容略有不同

（例如，需要根据客户姓名进行个性化称呼），并且需要附带不同的附件（例如，根据客户所在行业发送不同的产品介绍资料）。

如果手动操作，章蕾可能需要：

1）逐个复制客户姓名，粘贴到邮件正文的称呼位置。
2）从文件夹中找到对应的产品介绍附件，手动添加到邮件中。
3）手动输入客户的邮箱地址，或者从通讯录中查找后复制粘贴。
4）单击"发送"按钮。
5）重复步骤 1～4 上百次……

仅仅想想就让人头皮发麻！这种重复性的劳动不仅浪费大量宝贵的时间，还极易因疏忽大意而出错，例如附件添加错误、邮箱地址输入错误、内容个性化信息遗漏等，严重影响工作效率和专业性。

表 6-5 是一份客户邮件信息列表，包含客户姓名、职务、邮箱地址、邮件正文内容和附件地址信息。现在，我们需要使用 VBA 实现邮件批量发送。

表 6-5 客户邮件信息列表

客户姓名	客户职务	邮箱地址	邮件正文内容（个性化部分）	附件地址（多个附件用分号分隔）
张三	采购经理	zhangsan@example.com	尊敬的张经理，你好！我们今天更新了产品信息手册，请你查收！	D:\Attachments\ProductBrochure_Electronics.pdf;D:\Attachments\CaseStudy_Electronics.pdf
李四	运营主管	lisi@anotherexample.net	亲爱的李主管，你好！我们今天更新了产品信息手册，请你查收！	D:\Attachments\ProductBrochure_Fashion.pdf
王五	项目经理	wangwu@sample.org	你好，王经理！我们今天更新了产品信息手册，请你查收！	D:\Attachments\ProductBrochure_Healthcare.pdf;D:\Attachments\PriceList_Healthcare_2025.xlsx;D:\Attachments\Webinar_Healthcare.mp4
赵六	市场总监	zhaoliu@testmail.com	尊敬的赵总监，你好！我们今天更新了产品信息手册，请你查收！	D:\Attachments\ProductBrochure_Finance.pdf
钱七	技术主管	qianqi@demo.net	亲爱的钱主管，你好！我们今天更新了产品信息手册，请你查收！	D:\Attachments\ProductBrochure_Technology.pdf;D:\Attachments\FAQ_Technology.docx

1. 使用 DeepSeek 编写 VBA 代码

使用 DeepSeek 来协助编写 VBA 代码，提示词如下：

> 我想要根据邮件信息列表的数据，依次批量发送邮件及对应附件。请编写 VBA 代码，实现以下 Excel 数据处理自动化：
>
> 邮件信息列表：邮件信息列表中的"邮箱地址"列有若干位客户的邮箱；"邮件正文内容（个性化部分）"列是对应的邮件正文内容；"附件地址（多个附件用分号分隔）"列是需要发送给客户的附件地址路径，当同一客户含多个文件时，采用";"分隔多个文件。
>
> 发件邮箱设置：
> ❏ SMTP 服务器地址：smtp.163.com
> ❏ SMTP 服务器端口：465
> ❏ SMTP 用户名称：Example@163.com
> ❏ SMTP 用户密码：Example123456
>
> 发送邮件：根据要求批量发送邮件，为了避免被系统风控，请每间隔 1 秒发送。

DeepSeek 输出代码规划思考如下：

> [思考开始] 嗯，用户想要用 VBA 根据 Excel 里的数据批量发送邮件和附件。首先，我需要理解他们的需求。邮件信息列表中有邮箱地址、正文内容和附件路径，附件可能有多个，用分号分隔。发件箱用的是 163 的 SMTP，端口 465，需要 SSL 加密。还有，为了避免风控，每封邮件的发送要间隔 1 秒。
>
> ……（限于篇幅，此处内容省略，读者可使用提示词自行尝试）
>
> 现在，将所有部分整合成一个完整的代码，确保每一部分都有注释说明，方便用户理解。同时，提供使用前的准备步骤和注意事项，帮助用户正确配置环境和处理可能的问题。[思考结束]
>
> 以下是实现该需求的 VBA 代码，请根据实际需求修改参数后使用：

```
Sub 批量发送邮件带附件()
    ' ========== 配置区域 ==========
    Const SMTP_Server As String = "smtp.163.com"
    Const SMTP_Port As Long = 465
    Const Email_From As String = "Example@163.com"    ' 改为你的邮箱
```

```vba
Const Email_Password As String = "Example123456"
    ' 改为你的邮箱授权码
Const Schema As String = "http://schemas.microsoft.com/cdo/
    configuration/"
' ========== 变量声明 ==========
Dim ws As Worksheet
Dim LastRow As Long, i As Long
Dim Email_To As String, Body As String, Attachments As String
Dim colEmail As Long, colBody As Long, colAttach As Long
Dim arrAttachments() As String
Dim CDO As Object
Dim Sent_Count As Long
Dim rng As Range
On Error GoTo ErrorHandler
Set ws = ThisWorkbook.Sheets("邮件信息列表")  ' 确保工作表名称正确
' ========== 查找列位置 ==========
With ws.Rows(1)   ' 假设标题在第一行
    ' 查找邮箱列
    Set rng = .Find(What:="邮箱地址", LookIn:=xlValues, _
        LookAt:=xlWhole)
    If rng Is Nothing Then Err.Raise 1, , "找不到【邮箱地址】列"
    colEmail = rng.Column
    ' 查找正文列
    Set rng = .Find(What:="邮件正文内容（个性化部分）", _
        LookIn:=xlValues, LookAt:=xlWhole)
    If rng Is Nothing Then Err.Raise 1, , "找不到【邮件正文内容】列"
    colBody = rng.Column
    ' 查找附件列
    Set rng = .Find(What:="附件地址（多个附件用分号分隔）", _
        LookIn:=xlValues, LookAt:=xlWhole)
    If rng Is Nothing Then Err.Raise 1, , "找不到【附件地址】列"
    colAttach = rng.Column
End With
' ========== 主程序 ==========
LastRow = ws.Cells(ws.Rows.Count, colEmail).End(xlUp).Row
Sent_Count = 0
For i = 2 To LastRow    ' 从第二行开始
    ' 读取数据
    Email_To = Trim(ws.Cells(i, colEmail).Value)
    Body = Trim(ws.Cells(i, colBody).Value)
    Attachments = Trim(ws.Cells(i, colAttach).Value)
    ' 数据验证
    If Email_To = "" Or Body = "" Then
```

```vba
            MsgBox "第 " & i & " 行数据不完整,已跳过", vbExclamation
            GoTo Continue
        End If
        ' 创建邮件对象
        Set CDO = CreateObject("CDO.Message")
        ' 配置邮件内容
        With CDO
            .From = Email_From
            .To = Email_To
            .Subject = "你的专属文件"    ' 可改为固定主题或读取单元格
            .TextBody = Body
            ' 处理多个附件
            If Attachments <> "" Then
                arrAttachments = Split(Attachments, ";")
                For Each strPath In arrAttachments
                    strPath = Trim(strPath)
                    If Dir(strPath) <> "" Then
                        .AddAttachment strPath
                    Else
                        MsgBox "第 " & i & " 行附件无效:" & strPath, _
                            vbExclamation
                        GoTo Continue
                    End If
                Next
            End If
        End With
        ' 配置SMTP服务器
        With CDO.Configuration.Fields
            .Item(Schema & "sendusing") = 2
            .Item(Schema & "smtpserver") = SMTP_Server
            .Item(Schema & "smtpserverport") = SMTP_Port
            .Item(Schema & "smtpauthenticate") = 1
            .Item(Schema & "sendusername") = Email_From
            .Item(Schema & "sendpassword") = Email_Password
            .Item(Schema & "smtpusessl") = True
            .Update
        End With
        ' 发送邮件
        On Error Resume Next
        CDO.Send
        If Err.Number = 0 Then
            Sent_Count = Sent_Count + 1
            Application.Wait Now + TimeValue("00:00:01")    ' 1秒间隔
```

```
        Else
            MsgBox "第 " & i & " 行发送失败: " & Err.Description,
                vbCritical
        End If
        On Error GoTo 0

Continue:
        Set CDO = Nothing
    Next i
    MsgBox "成功发送 " & Sent_Count & " 封邮件", vbInformation
    Exit Sub

ErrorHandler:
    MsgBox "错误发生: " & Err.Description, vbCritical
End Sub
```

使用说明：

1）已启用 VBA 访问网络权限

2）计算机防火墙未阻止 Outlook/SMTP 连接

3）邮箱服务器设置正确（本例使用 163 邮箱，其他邮箱需要修改 SMTP 配置）

运行时请确保：

1）已启用 VBA 访问网络权限

2）计算机防火墙未阻止 Outlook/SMTP 连接

3）邮箱服务器设置正确（本例使用 163 邮箱，其他邮箱需要修改 SMTP 配置）

2. 邮箱 SMTP 配置

在配置区域，需要设置你自己的邮箱地址和授权码。请注意，授权码不是你的邮箱登录密码。授权码在哪里查看呢？

```
' ========== 配置区域 ==========
Const SMTP_Server As String = "smtp.163.com"
Const SMTP_Port As Long = 465
Const Email_From As String = "Example@163.com"      ' 改为你的邮箱
Const Email_Password As String = "Example123456"    ' 改为你的邮箱授权码
Const Schema As String = "http://schemas.microsoft.com/cdo/
    configuration/"
```

电子邮箱的服务器地址和授权码通常可以在你的邮箱设置中找到。如图 6-13 所示，我们以 163 邮箱为例，在邮箱顶部菜单栏单击"设置"，然后选择"POP3/SMTP/IMAP"。

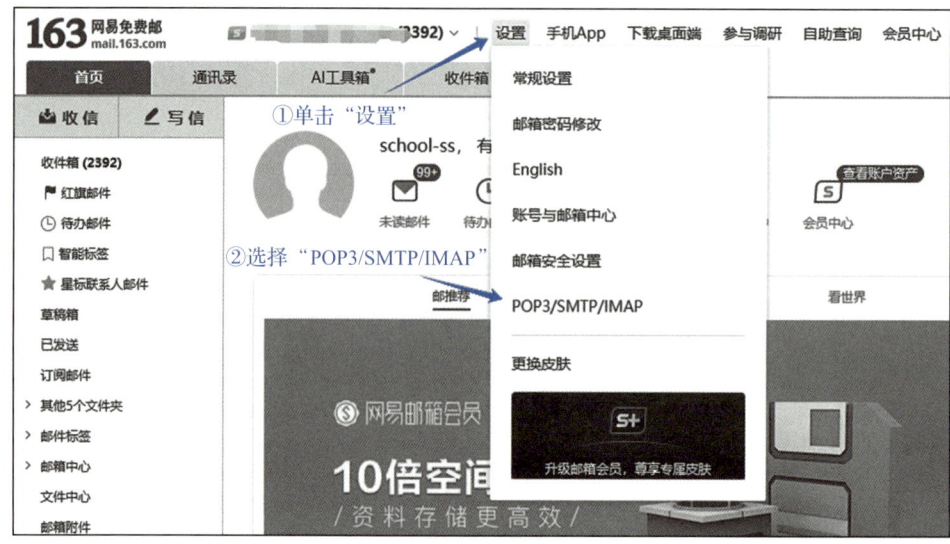

图 6-13　163 邮箱的 SMTP 设置入口

进入 SMTP 服务器设置后，创建并妥善保管授权密码，如图 6-14 所示。

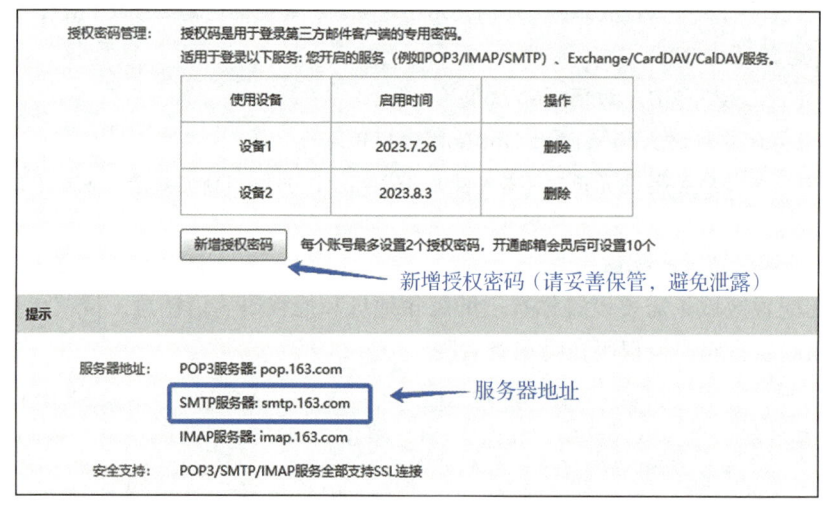

图 6-14　SMTP 信息获取

3. 测试批量邮件发送

表 6-5 中的邮箱地址和附件地址使用的是模拟数据，为了测试 DeepSeek 代码的有效性，笔者使用自己的邮箱（因涉隐私做图片打码）及本地文档作为测试，如图 6-15 所示。

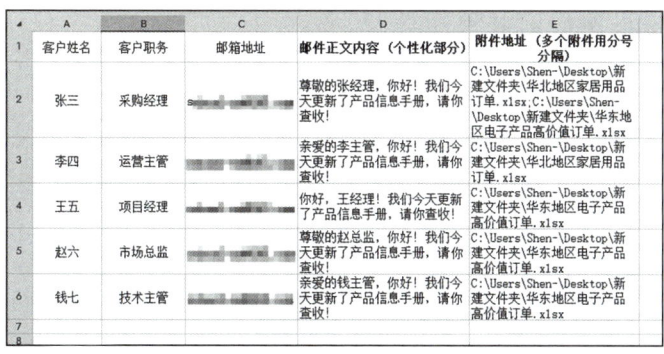

图 6-15　笔者真实邮箱及本地文档测试

如图 6-16 所示，笔者成功接收到 VBA 宏程序批量发送的邮件。

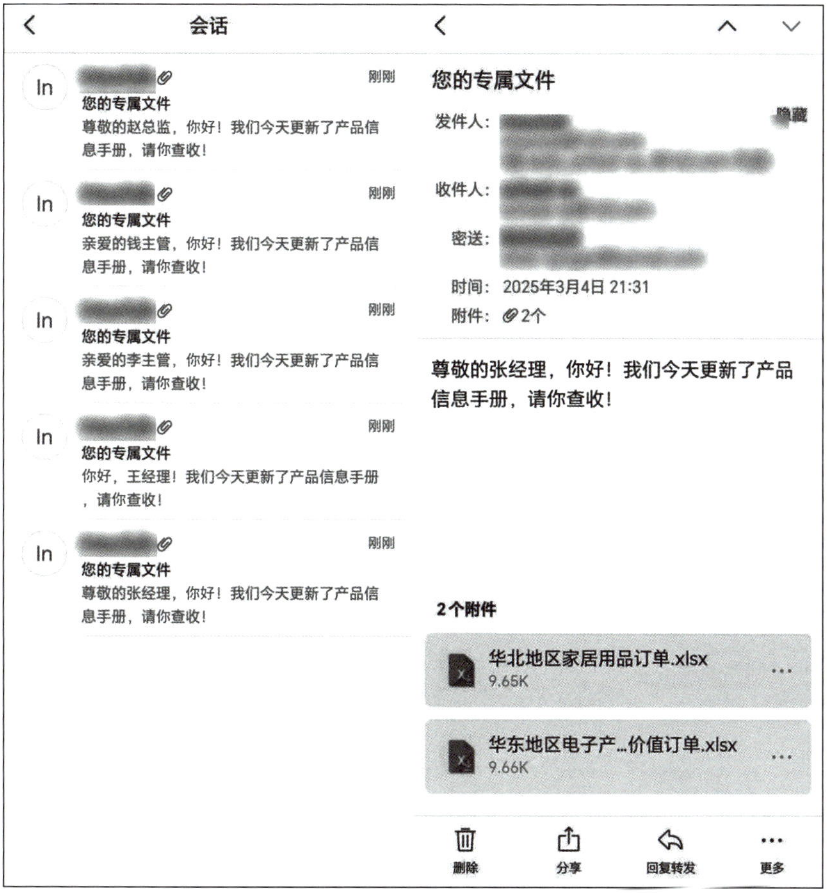

图 6-16　笔者邮箱成功接收到邮件

6.2.5 一键批量提取并整理数据

你是否也曾遇到过这样的情况：每天需要从系统导出一份文本格式的业务报表，例如销售数据报表、库存明细报表等。这些报表数据量庞大，但格式却不够规整，不利于直接分析。你需要手动将报表中的关键信息复制粘贴到 Excel 表格中，才能进行后续的统计、分析和汇报。

想象一下这样的场景：

- **电商运营的小美**，每天都要从电商平台后台导出一份**订单明细报表（TXT 格式）**。这份报表包含了大量的订单数据，例如订单号、下单时间、商品名称、客户姓名、收货地址等。小美需要从中提取**订单号、商品名称、客户姓名和订单金额**这几个关键字段，整理到 Excel 表格中，用于分析每日的销售情况和客户购买行为。

- **仓库管理员老王**，每天需要处理一份**库存盘点报表（TXT 格式）**。这份报表记录了仓库中各种商品的库存数量。老王需要从中提取**商品编码、商品名称和当前库存数量**，更新到 Excel 的库存管理表格中，确保库存数据的准确性。

- **财务助理小芳**，每月初都要整理一份**银行流水对账单（TXT 格式）**。这份对账单记录了公司银行账户的每一笔交易明细。小芳需要从中提取**交易日期、交易摘要和交易金额**，核对公司的账目，并制作财务报表。

批量提取和整理数据的应用非常广泛，你也可能需要从公开网络获取、提取和整理数据，比如笔者制作的基金管理系统，实现自动整理公开网络的基金数据信息，汇总成基金管理表，并且结合 6.2.1 节的导入整理报表技巧及 6.2.2 节的一键批量筛选功能，实现基金的快速筛选、对比，如图 6-17 所示。

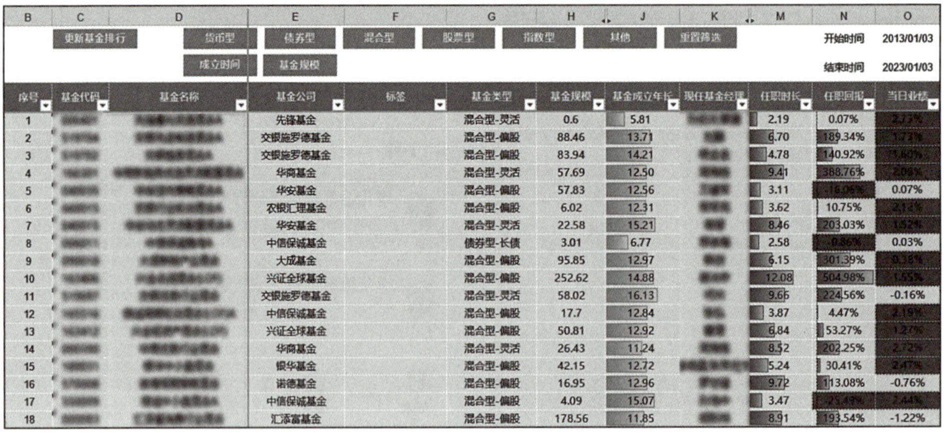

图 6-17　笔者制作的基金管理系统

下面，我们以职场常见的报表数据整理为例：

案例背景

小美是一位电商运营人员，每天都需要从电商平台后台导出一份 TXT 格式的订单明细报表。这份报表包含了当天的所有订单数据，小美需要将这份报表中的关键信息提取出来，整理成规范的 Excel 表格，用于销售数据分析和订单管理。

下面这份报表是小美从系统导出的数据：

订单明细报表 – 2025 年 03 月 05 日
————————————————————————
订单编号：OD20250305001
下单时间：2025-03-05 10:30:00
商品：商品 A
客户：张三
金额：100.00
销售渠道：京东

————————————————————————
订单编号：OD20250305002
下单时间：2025-03-05 11:15:23
商品名称：商品 B
购买人：李四
支付金额：25.80
销售渠道：淘宝

————————————————————————
订单号：OD20250305003
下单时间：2025-03-05 12:05:47
商品名称：商品 C
购买人：王五
支付金额：38.50
销售渠道：拼多多

————————————————————————
……（更多订单记录）

小美需要从 TXT 订单明细报表中提取"订单号""下单时间""商品名称""支付金额""销售渠道"的信息并整理成表格。

1. 使用 DeepSeek 编写 VBA

使用 DeepSeek 来协助编写 VBA 代码，提示词如下：

我想要从一堆文本数据中提取指定字段数据，并汇总成表格。请编写 VBA 代码，实现以下 Excel 数据处理自动化：

提取 & 整理需求：提取其中的"订单号""下单时间""商品名称""支付金额""销售渠道"下信息并整理成表格。表格的表头字段顺序分别为"销售渠道""下单时间""订单号""商品名称""支付金额"。

操作要求：弹出对话框，让我选择指定待提取数据的文本文件。系统读取文件内容后，提取并整理数据。

提供待整理的文本示例给你，以便你编写 VBA 代码，示例如下：

订单明细报表 - 2025 年 03 月 05 日
————————————————————

订单编号：OD20250305001
下单时间：2025-03-05 10:30:00
商品：商品 A
客户：张三
金额：100.00
销售渠道：京东

————————————————————

订单编号：OD20250305002
下单时间：2025-03-05 11:15:23
商品名称：商品 B
购买人：李四
支付金额：25.80
销售渠道：淘宝

————————————————————

订单号：OD20250305003
下单时间：2025-03-05 12:05:47
商品名称：商品 C
购买人：王五

支付金额：38.50
销售渠道：拼多多
——————————————————————————————————
……（更多订单记录）

DeepSeek 编写代码的过程如下：

[思考开始] 嗯，用户的需求是从文本文件中提取特定字段的数据，然后整理成表格。首先，我需要仔细分析用户提供的示例文本，看看数据是如何分布的。

……

5.将提取的数据按指定顺序整理到数组中。

6.将数组数据写入 Excel 工作表，调整列顺序以符合表头要求。[思考结束]

我理解了你的需求，以下是实现该功能的 VBA 代码。代码包含详细的注释说明：

```
Sub ExtractOrderData()
    Dim fso As Object, ts As Object
    Dim filePath As String, fileContent As String
    Dim dataLines As Variant, orderBlocks As Variant
    Dim ws As Worksheet
    Dim headers As Variant, outputArr() As Variant
    Dim i As Long, j As Long, blockCount As Long
    Dim currentOrder As Object
    ' 创建字典对象存储订单数据（需要引用 Microsoft Scripting Runtime
      或使用后期绑定）
    Set currentOrder = CreateObject("Scripting.Dictionary")
    ' 设置表格标题
    headers = Array("销售渠道", "下单时间", "订单号", "商品名称",
     "支付金额 ")
    ' 选择文本文件
    With Application.FileDialog(msoFileDialogFilePicker)
        .Title = "请选择要处理的文本文件"
        .Filters.Add "文本文件", "*.txt"
        If Not .Show Then Exit Sub
        filePath = .SelectedItems(1)
    End With
    ' 读取文件内容
    Set fso = CreateObject("Scripting.FileSystemObject")
    Set ts = fso.OpenTextFile(filePath, 1, False, -2)
```

```vb
        ' -2 表示系统默认编码
fileContent = ts.ReadAll
ts.Close
' 分割订单区块
orderBlocks = Split(fileContent, "-------------------------------------")
' 初始化输出数组
ReDim outputArr(1 To UBound(orderBlocks), 1 To 5)
' 处理每个订单块
For i = 0 To UBound(orderBlocks)
    dataLines = Split(orderBlocks(i), vbCrLf)
    currentOrder.RemoveAll
    ' 提取字段数据
    For j = 0 To UBound(dataLines)
        Dim lineText As String
        lineText = Trim(dataLines(j))
        ' 解析字段值
        Select Case True
            Case InStr(lineText, "订单号: ") > 0 Or InStr(lineText, "订单编号: ") > 0
                currentOrder("订单号") = Split(lineText, ": ")(1)
            Case InStr(lineText, "下单时间: ") > 0
                currentOrder("下单时间") = Split(lineText, ": ")(1)
            Case InStr(lineText, "商品名称: ") > 0 Or InStr(lineText, "商品: ") > 0
                currentOrder("商品名称") = Split(lineText, ": ")(1)
            Case InStr(lineText, "支付金额: ") > 0 Or InStr(lineText, "金额: ") > 0
                currentOrder("支付金额") = Split(lineText, ": ")(1)
            Case InStr(lineText, "销售渠道: ") > 0
                currentOrder("销售渠道") = Split(lineText, ": ")(1)
        End Select
    Next j
    ' 验证数据完整性
    If currentOrder.Count = 5 Then
        blockCount = blockCount + 1
        outputArr(blockCount, 1) = currentOrder("销售渠道")
        outputArr(blockCount, 2) = currentOrder("下单时间")
        outputArr(blockCount, 3) = currentOrder("订单号")
        outputArr(blockCount, 4) = currentOrder("商品名称")
        outputArr(blockCount, 5) = currentOrder("支付金额")
    End If
Next i
' 写入工作表
Set ws = ThisWorkbook.Sheets.Add
With ws
    ' 写入标题
```

```
            For j = 0 To UBound(headers)
                .Cells(1, j + 1) = headers(j)
            Next j
            ' 写入数据
            If blockCount > 0 Then
                .Range("A2").Resize(blockCount, 5).Value = outputArr
            End If
            ' 自动调整列宽
            .Columns("A:E").AutoFit
        End With
        MsgBox " 数据处理完成，共导入 " & blockCount & " 条订单记录", _
            vbInformation
    End Sub
```

注意：代码会自动跳过不完整的数据记录，确保最终表格中只包含完整有效的订单数据。日期和金额字段会保持原始文本格式，如果需要特殊格式，可在数据导入后自行设置单元格格式。

DeepSeek 第一次编写出如下代码，但是在实操测试时发生了运行错误：

```
Sub ExtractOrderData()
    Dim fd As FileDialog
    Dim filePath As String
    Dim fileContent As String
    Dim blocks() As String
    Dim orderData As Collection
    Dim ws As Worksheet
    Dim i As Long, j As Long
    ' 设置文件选择对话框
    Set fd = Application.FileDialog(msoFileDialogFilePicker)
    With fd
        .Title = " 选择待处理的文本文件 "
        .Filters.Clear
        .Filters.Add " 文本文件 ", "*.txt"
        If .Show <> -1 Then Exit Sub
        filePath = .SelectedItems(1)
    End With
    ' 读取文件内容
    Open filePath For Input As #1
    fileContent = Input$(LOF(1), 1)
    Close #1
    ' 分割订单记录块
    blocks = Split(fileContent, "---------------------------------
    ------------------")
    ' 初始化数据集合
    Set orderData = New Collection
```

```vb
' 解析每个订单块
For i = 0 To UBound(blocks)
    Dim blockLines() As String
    Dim order As Object
    Set order = CreateObject("Scripting.Dictionary")
    blockLines = Split(blocks(i), vbCrLf)
    For j = 0 To UBound(blockLines)
        Dim line As String
        line = Trim(blockLines(j))
        If line <> "" Then
            ' 统一处理不同字段名称
            Select Case True
                Case InStr(line, "订单编号：") > 0, _
                    InStr(line, "订单号：") > 0
                    order("订单号") = Split(line, "：")(1)
                Case InStr(line, "下单时间：") > 0
                    order("下单时间") = Split(line, "：")(1)
                Case InStr(line, "商品名称：") > 0, _
                    InStr(line, "商品：") > 0
                    order("商品名称") = Split(line, "：")(1)
                Case InStr(line, "支付金额：") > 0, _
                    InStr(line, "金额：") > 0
                    order("支付金额") = Split(line, "：")(1)
                Case InStr(line, "销售渠道：") > 0
                    order("销售渠道") = Split(line, "：")(1)
            End Select
        End If
    Next j
    ' 验证完整数据并收集
    If order.Count = 5 Then
        orderData.Add Array( _
            order("销售渠道"), _
            order("下单时间"), _
            order("订单号"), _
            order("商品名称"), _
            CDbl(order("支付金额")) _
        )
    End If
Next i
' 创建新工作表并输出结果
Set ws = Worksheets.Add(After:=Sheets(Sheets.Count))
ws.Name = "订单数据"
With ws
    ' 写入表头
    .Range("A1:E1") = Array("销售渠道", "下单时间", "订单号", _
        "商品名称", "支付金额")
    .Range("A1:E1").Font.Bold = True
```

```
        ' 写入数据
        If orderData.Count > 0 Then
            Dim outputArray() As Variant
            ReDim outputArray(1 To orderData.Count, 1 To 5)
            For i = 1 To orderData.Count
                For j = 1 To 5
                    outputArray(i, j) = orderData(i)(j - 1)
                Next j
            Next i
            .Range("A2").Resize(orderData.Count, 5).Value = _
                outputArray
        End If
        ' 设置金额格式
        .Columns("E").NumberFormat = "0.00"
        ' 自动调整列宽
        .Columns("A:E").AutoFit
        ' 冻结首行
        .Activate
        .Range("A2").Select
        ActiveWindow.FreezePanes = True
    End With
    MsgBox "数据处理完成！共导入 " & orderData.Count & " 条有效记录。"
End Sub
```

我们将错误信息发送给 DeepSeek，要求其检查并修正代码：

> 运行到 fileContent = Input$(LOF(1), 1) 发生错误，错误提示：输入超出文件尾
>
> 请检查并修改代码，并输出完整代码。

DeepSeek 检查并修改代码的过程如下：

> [思考开始] 好的，用户在使用之前的 VBA 代码时遇到了 "输入超出文件尾" 的错误，问题出在 fileContent = Input$(LOF(1), 1) 这一行。我需要仔细分析这个问题，找出原因并提供解决方案。
>
> ……（限于篇幅，此处内容省略，读者可使用提示词自行尝试）
>
> 总结问题原因和解决方案后，修改代码的关键步骤是替换文件读取部分，使用 ADODB.Stream 来正确读取不同编码的文本文件，从而避免因字符编码导致的读取错误。[思考结束]
>
> 以下是修正后的完整 VBA 代码，解决了文件读取问题并增强了编码兼容性：

```
Sub ExtractOrderData()
    Dim fd As FileDialog
    Dim filePath As String
    Dim fileContent As String
    Dim blocks() As String
    Dim orderData As Collection
    Dim ws As Worksheet
    Dim i As Long, j As Long
    ' 设置文件选择对话框
    Set fd = Application.FileDialog(msoFileDialogFilePicker)
    With fd
        .Title = "选择待处理的文本文件"
        .Filters.Clear
        .Filters.Add "文本文件", "*.txt"
        If .Show <> -1 Then Exit Sub
        filePath = .SelectedItems(1)
    End With
    ' 使用 ADODB.Stream 读取文件 (支持 UTF-8 编码)
    Dim stream As Object
    Set stream = CreateObject("ADODB.Stream")
    With stream
        .Type = 2    ' 文本模式
        .Charset = "UTF-8"    ' 默认编码
        .Open
        .LoadFromFile filePath
        fileContent = .ReadText
        .Close
    End With
    Set stream = Nothing
    ' 分割订单记录块(增强分隔符兼容性)
    blocks = Split(fileContent, vbCrLf & String(50, "-") & vbCrLf)
    If UBound(blocks) < 0 Then blocks = Split(fileContent, _
        "--------------------------------------------------")
    ' 初始化数据集合
    Set orderData = New Collection
    ' 解析每个订单块
    For i = 0 To UBound(blocks)
        Dim blockLines() As String
        Dim order As Object
        Set order = CreateObject("Scripting.Dictionary")
        blockLines = Split(blocks(i), vbCrLf)
        For j = 0 To UBound(blockLines)
            Dim line As String
            line = Trim(Replace(blockLines(j), ChrW(8203), ""))
                ' 清除零宽空格
            If line <> "" Then
```

```vb
            '增强字段识别逻辑
            Dim fieldParts() As String
            fieldParts = Split(line, ": ")
            If UBound(fieldParts) >= 1 Then
                Select Case True
                    Case InStr(fieldParts(0), "订单") > 0
                        order("订单号") = Trim(fieldParts(1))
                    Case InStr(fieldParts(0), "下单时间") > 0
                        order("下单时间") = Trim(fieldParts(1))
                    Case InStr(fieldParts(0), "商品") > 0
                        order("商品名称") = Trim(fieldParts(1))
                    Case InStr(fieldParts(0), "金额") > 0
                        order("支付金额") = Trim(fieldParts(1))
                    Case InStr(fieldParts(0), "销售渠道") > 0
                        order("销售渠道") = Trim(fieldParts(1))
                End Select
            End If
        End If
    Next j
    '验证完整数据并收集(增强验证逻辑)
    If order.Exists("订单号") And order.Exists("下单时间") And _
       order.Exists("商品名称") And order.Exists("支付金额") And _
       order.Exists("销售渠道") Then
        orderData.Add Array( _
            order("销售渠道"), _
            CDate(order("下单时间")), _
            order("订单号"), _
            order("商品名称"), _
            CDbl(Replace(order("支付金额"), ",", "")) _
        )
    End If
Next i
'创建新工作表并输出结果
Application.ScreenUpdating = False
Set ws = Worksheets.Add(After:=Sheets(Sheets.Count))
ws.Name = "订单数据"
With ws
    '写入表头
    .Range("A1:E1") = Array("销售渠道", "下单时间", "订单号", _
        "商品名称", "支付金额")
    .Range("A1:E1").Font.Bold = True
    '写入数据
    If orderData.Count > 0 Then
        Dim outputArray() As Variant
        ReDim outputArray(1 To orderData.Count, 1 To 5)
        For i = 1 To orderData.Count
            outputArray(i, 1) = orderData(i)(0)
```

```
                outputArray(i, 2) = orderData(i)(1)
                outputArray(i, 3) = orderData(i)(2)
                outputArray(i, 4) = orderData(i)(3)
                outputArray(i, 5) = orderData(i)(4)
            Next i
            .Range("A2").Resize(orderData.Count, 5).Value = _
                outputArray
        End If
        ' 设置格式
        .Columns("B").NumberFormat = "yyyy-mm-dd hh:mm:ss"
        .Columns("E").NumberFormat = "0.00"
        .Columns("A:E").AutoFit
        ' 添加表格样式
        If orderData.Count > 0 Then
            .ListObjects.Add(xlSrcRange, .Range("A1"). _
                CurrentRegion, , xlYes).Name = "OrderTable"
            .ListObjects("OrderTable").TableStyle = _
                "TableStyleMedium9"
        End If
        ' 冻结首行
        .Activate
        .Range("A2").Select
        ActiveWindow.FreezePanes = True
    End With
    Application.ScreenUpdating = True
    MsgBox "数据处理完成！共导入 " & orderData.Count & " 条有效记录。", _
        vbInformation
End Sub
```
```

**主要改进点：**

**1. 文件读取优化：**

❏ 使用 ADODB.Stream 替代传统文件读取方式

❏ 支持 UTF-8 编码文件（自动处理 BOM）

❏ 增强分隔符兼容性（处理不同长度的分隔线）

**2. 错误处理增强：**

❏ 添加零宽空格过滤逻辑

❏ 改进字段识别方式（使用 Split 替代 InStr）

❏ 增加更严格的数据验证

❏ 优化金额处理（支持千位分隔符）

**3. 格式增强：**

❏ 自动转换为日期时间格式
```

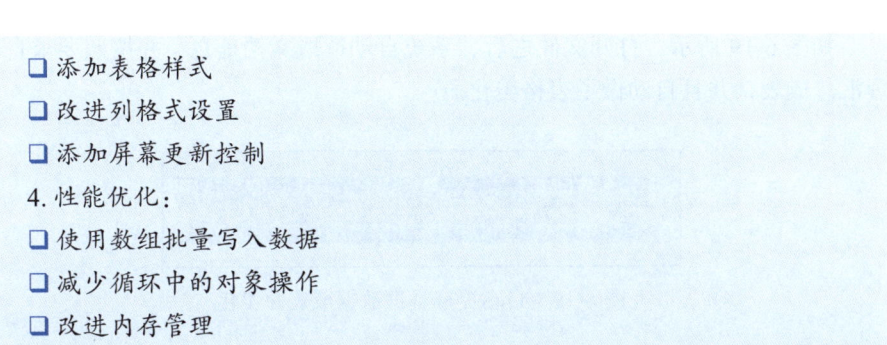

❏ 添加表格样式
❏ 改进列格式设置
❏ 添加屏幕更新控制
4. 性能优化：
❏ 使用数组批量写入数据
❏ 减少循环中的对象操作
❏ 改进内存管理
使用说明：
1）支持 UTF-8 和 ANSI 编码的文本文件
2）自动处理不同长度的分隔线
3）支持包含千位分隔符的金额（如 1,000.00）
4）自动过滤特殊不可见字符
5）输出结果包含格式化的 Excel 表格

2. 一键批量提取整理数据

将 DeepSeek 生成的代码粘贴至 VBA 编辑器，运行代码。如图 6-18 所示，系统弹出文件选择对话框，选中待提取的文件之后，单击"打开"按钮。

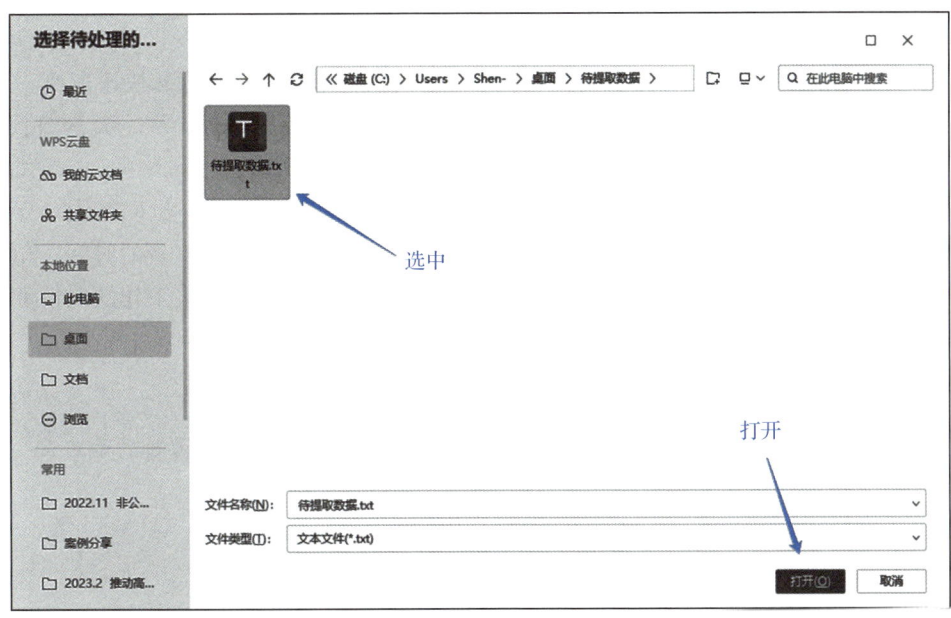

图 6-18　选择待提取文件

如图 6-19 所示，打开文件之后，系统自动读取文档信息，并按照要求自动整理汇总成表，并且自动做了表格美化。

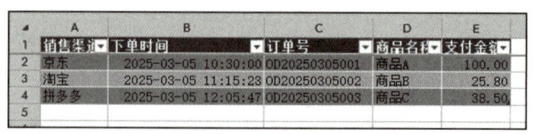

图 6-19　自动提取整理数据成表并美化

6.2.6　一键批量重命名文档

在快节奏的现代职场中，效率至关重要。每天，我们都面临着各种重复性、机械性的工作任务，这些任务不仅耗费时间，更降低了我们的工作热情和创造力。例如，你是否曾遇到过以下这些令人头疼的文件管理场景：

- **项目文件堆积如山，命名混乱无序**：项目进行到中期，文件夹里堆满了各种版本的文件，文件名设置得比较随意，时间一长自己都搞不清哪个是最新版本，查找文件更是如同大海捞针。
- **图片素材批量下载，文件名"惨不忍睹"**：从素材网站下载了一堆高清图片，文件名却是网站自动生成的乱码或者毫无意义的编号，想要整理归类，一个个手动修改简直是噩梦。
- **接收外部文件，命名格式五花八门**：不同部门、不同同事发来的文件，命名习惯各不相同，格式不统一，不利于对文件进行统一管理和快速查找。
- **文件版本迭代频繁，旧版本文件整理困难**：项目不断迭代，产生大量旧版本文件，需要统一重命名并归档，以便区分和保留历史记录。

这些看似不起眼的文件命名问题，却实实在在地困扰着每一位职场人。手动一个个修改文件名，不仅枯燥乏味，而且效率低下，浪费大量宝贵的时间。更重要的是，这些低效的工作方式，会让我们在重复劳动中逐渐失去工作的热情和动力。

案例背景

莉莉从某渠道批量接收了一批文件，这些文件名由于编码问题显示为乱码，完全无法识别文件内容，手动修改工作量巨大。

原始文件名示例：

- ????????A.docx
- ????????B_v2.xlsx

- ???????????C.pptx
- ??????????????D.jpg
- ……（更多乱码文件名）

莉莉希望重新整理文件，将所有乱码文件名批量重命名为"项目文档_编号"的形式，编号从 01 开始递增，以方便管理。

期望重命名结果：
- 项目文档_01.docx
- 项目文档_02.xlsx
- 项目文档_03.pptx
- 项目文档_04.jpg
- ……

面对以上这些批量重命名的需求，如果手动操作，无疑是一项耗时耗力的任务。但是，借助 AI 的力量，我们可以轻松实现一键批量重命名。接下来，演示如何通过 DeepSeek 快速生成 VBA 代码，实现自动化批量重命名。

1. 使用 DeepSeek 生成 VBA 代码

使用 DeepSeek 来协助编写 VBA 代码，提示词如下：

> 我想要完成批量文件重命名的工作，请编写 VBA 代码，具体要求如下：
>
> **背景信息**：在文件内有若干个不同类型的文件，这些文件的文件名是乱码，现在我需要将它们批量重命名为同一格式。格式要求为：
>
> 项目文档_01.docx
> 项目文档_02.xlsx
> 项目文档_03.pptx
> 项目文档_04.jpg
> ……
>
> **操作要求：**
> - 先弹出对话框，让我选择需要操作的文件夹
> - 读取文件夹内的文件，并将其按照规则重命名

DeepSeek 编写代码的过程如下：

> [思考开始] 嗯，用户想要批量重命名文件，文件名现在是乱码，需要统一格式为项目文档_01、项目文档_02 等，扩展名保持原样。首先，我需

要用 VBA 来实现这个功能。对于 VBA，主要得用 FileDialog 来选择文件夹，然后遍历里面的文件。

……（限于篇幅，此处内容省略，读者可以使用提示词自行尝试）

此外，添加了错误处理，防止某个文件重命名失败（如文件正在使用中），并提示用户。同时，排除"."和".."这两个特殊目录项。

这样应该能满足用户的需求。[思考结果]

以下是实现批量文件重命名需求的 VBA 代码。该代码将弹出一个文件夹选择对话框，读取文件夹内所有文件并按指定格式重命名，支持不同文件类型并保留原始扩展名。

```
Sub BatchRenameFiles()
    Dim fd As FileDialog
    Dim folderPath As String
    Dim fileNames As New Collection
    Dim fileName As String
    Dim arrFiles() As Variant
    Dim i As Long, j As Long, temp As Variant
    Dim counter As Integer
    Dim oldPath As String, newPath As String
    Dim fileExt As String
    ' 弹出文件夹选择对话框
    Set fd = Application.FileDialog(msoFileDialogFolderPicker)
    If fd.Show = -1 Then
        folderPath = fd.SelectedItems(1)
    Else
        Exit Sub
    End If
    ' 获取所有文件名（排除系统目录）
    fileName = Dir(folderPath & "\*.*")
    Do While fileName <> ""
        If fileName <> "." And fileName <> ".." Then
            fileNames.Add fileName
        End If
        fileName = Dir()
    Loop
    ' 转换为数组并排序（按文件名升序）
    ReDim arrFiles(fileNames.Count - 1)
    For i = 0 To fileNames.Count - 1
        arrFiles(i) = fileNames(i + 1)
    Next i
    For i = LBound(arrFiles) To UBound(arrFiles) - 1
        For j = i + 1 To UBound(arrFiles)
```

```
            If arrFiles(i) > arrFiles(j) Then
                temp = arrFiles(i)
                arrFiles(i) = arrFiles(j)
                arrFiles(j) = temp
            End If
        Next j
    Next i
    ' 批量重命名
    counter = 1
    For i = LBound(arrFiles) To UBound(arrFiles)
        fileName = arrFiles(i)
        fileExt = GetFileExtension(fileName)
        newPath = folderPath & "\项目文档_" & Format(counter, "00")
            & fileExt
        oldPath = folderPath & "\" & fileName
        On Error Resume Next
        Name oldPath As newPath
        If Err.Number <> 0 Then
            MsgBox "无法重命名文件：" & fileName & vbCrLf & "错误信息："
                & Err.Description
            Err.Clear
        Else
            counter = counter + 1
        End If
        On Error GoTo 0
    Next i
    MsgBox "已完成重命名！共处理 " & (counter - 1) & " 个文件",
        vbInformation
End Sub

Function GetFileExtension(ByVal fileName As String) As String
    Dim parts() As String
    parts = Split(fileName, ".")
    If UBound(parts) >= 1 Then
        GetFileExtension = "." & parts(UBound(parts))
    Else
        GetFileExtension = ""
    End If
End Function
```

使用说明：

1）打开 Excel 文件，按 Alt+F11 进入 VBA 编辑器

2）插入新模块（Insert → Module）

3）粘贴上述代码

4）按 F5 运行 BatchRenameFiles 宏

功能特点：
☐ 自动按文件名升序排列后进行编号
☐ 支持保留所有文件类型扩展名（包括多后缀文件，例如 .tar.gz）
☐ 错误处理机制（如文件正在使用时会弹出提示）
☐ 自动跳过系统目录项（. 和 ..）
☐ 生成序号自动补零（01，02，…，99，100）

注意事项：
1）建议先备份文件再进行批量操作
2）正在打开的文件可能无法重命名
3）文件名排序规则与 Windows 资源管理器一致
4）最多支持 9999 个文件自动编号（可自行修改 Format(counter, "00") 调整位数）

2. 批量重命名操作

将 DeepSeek 编写的 VBA 代码粘贴到 VBA 编辑器，然后运行程序。如图 6-20 所示，系统弹出对话框，我们选择需要重命名的文件夹，并单击"选择文件夹"按钮。

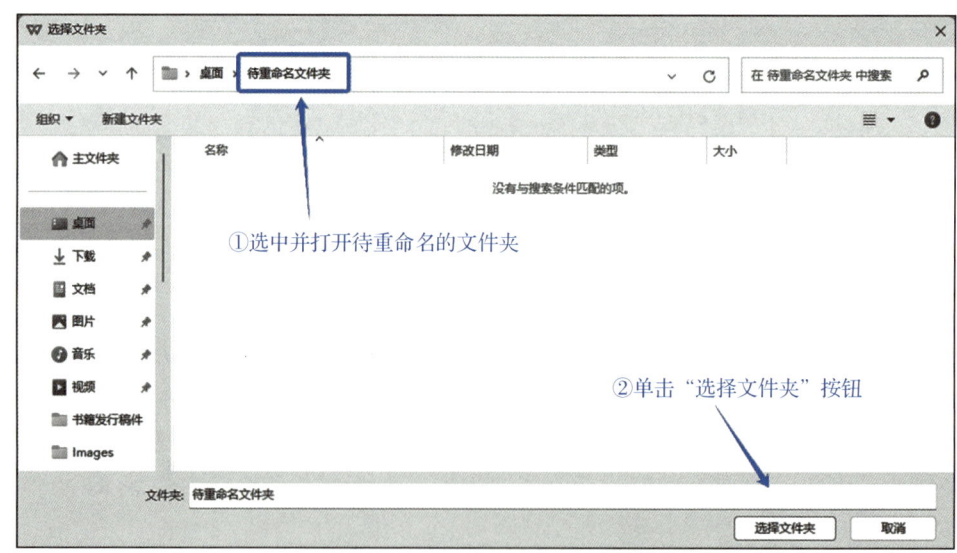

图 6-20　选择待重命名文件夹

图 6-21 展示的是重命名前的乱码文件名，图 6-22 展示的是批量重命名之后的文件名。

名称	修改日期	类型	大小
bve3wa14g63eg3.docx	2025/1/13 11:28	DOCX 文档	14 KB
156145ge614gagfe.docx	2025/1/13 11:31	DOCX 文档	37 KB
baneglk481131.xlsx	2025/1/13 11:13	XLSX 工作表	12 KB
ge53r2g1a23tr4545.doc	2025/1/13 11:24	DOC 文档	14 KB
gewaqger1564e1g3.doc	2025/1/13 17:03	DOC 文档	250 KB
nbvewa31486e1g3156.docx	2025/1/13 11:00	DOCX 文档	15 KB

图 6-21　重命名前的乱码文件名

名称	修改日期	类型	大小
项目文档_01.docx	2025/1/13 11:31	DOCX 文档	37 KB
项目文档_02.xlsx	2025/1/13 11:13	XLSX 工作表	12 KB
项目文档_03.docx	2025/1/13 11:28	DOCX 文档	14 KB
项目文档_04.doc	2025/1/13 11:24	DOC 文档	14 KB
项目文档_05.doc	2025/1/13 17:03	DOC 文档	250 KB
项目文档_06.docx	2025/1/13 11:00	DOCX 文档	15 KB

图 6-22　重命名后规整的文件名

6.2.7　一键批量导入文件并进行文件管理

在快节奏的职场生活中，我们每天都在与大量的文件打交道。无论是项目资料、客户文档，还是会议记录、报表数据，各种文件如同潮水般涌入我们的"数字工作空间"。为了高效协作和快速检索，我们通常会将相关文件归类整理到不同的文件夹中。

然而，随着时间的推移，文件夹内的文件数量日益增长，原本井井有条的文件管理体系也逐渐变得臃肿和混乱。

> **案例背景**
>
> 　　小李是某公司的人力资源专员，负责员工合同、简历、绩效考核等文件的管理工作。公司推行无纸化办公后，这些文件都以电子档的形式存储在计算机的各个文件夹中。
> 　　小李经常需要处理大量的入职、离职、转正等手续，需要频繁查阅员工的合同、简历等信息。为了方便管理，她决定将所有员工的合同文件名整理到一个 Excel 表格中，方便快速查找和统计。
> 　　然而，当她打开存放员工合同的文件夹时，顿时感到头大。文件夹内密密麻麻地排列着数百个合同文件，文件名各异，手动复制粘贴简直是噩梦。更让她崩溃的是，这还只是合同文件，还有简历、绩效考核等其他类型的文

件需要整理。

"如果能一键提取文件夹内所有文件名，并自动分类整理就好了！"小李在心中呐喊。

下面我们将介绍使用 VBA 一键批量导入文件信息，构建文件管理系统。

案例背景

程晨是一家市场营销公司的员工，负责管理公司的营销素材文件。程晨的工作文件夹中存放了各种类型的营销文件，包括：

- **合同文件**：与供应商、渠道商签订的合同
- **简历文件**：应聘者投递的简历
- **会议纪要**：团队会议、项目会议的记录

程晨需要将这些文件整理成一个文件信息管理表，方便团队成员快速查找和使用。她的目标是：

1）**一键导入**：快速导入指定文件夹下的所有文件名（含扩展名）。

2）**自动分类**：根据文件名中的关键词，自动将文件归类到"合同文件""简历文件""会议纪要"等类别。

3）**提取扩展名**：自动提取文件的扩展名，方便识别文件类型。

以下程晨文件夹内的部分文件名（示例）：

合同文件-2024年度-XX公司-合作协议.docx
合同-供应商-YY公司-采购合同-2025.pdf
张三-应聘简历-市场营销岗位.pdf
李四-简历-销售经理-应聘.docx
20250301-营销部例会-会议纪要.docx
项目启动会-会议记录-20250303.pdf

如表 6-6 所示，程晨希望系统读取文件名，并且按照表格规则进行分类。

表 6-6　关键词与分类规则

关键词	分类
合同、协议、采购合同	合同文件
简历、应聘简历	简历文件
会议纪要、会议记录	会议纪要

1. DeepSeek 编写 VBA 代码

使用 DeepSeek 来编写代码，提示词如下：

> 我想要完成批量文件名导入并按规则分类信息的工作，请编写 VBA 代码，具体要求如下：
> 1）用户指定文件夹路径：代码运行时，弹出一个对话框，允许用户选择一个文件夹。
> 2）遍历文件夹内所有文件：获取用户选择的文件夹下的所有文件（包括子文件夹内的文件）。
> 3）提取文件名和扩展名：对于每个文件，提取文件名（包含扩展名）。
> 4）关键词分类：根据文件名中是否包含以下关键词，自动进行分类。
> ❏ 关键词"合同"或"协议"或"采购合同"，分类为"合同文件"
> ❏ 关键词"简历"或"应聘简历"，分类为"简历文件"
> ❏ 关键词"会议纪要"或"会议记录"，分类为"会议纪要"
> ❏ 如果文件名不包含以上关键词，则分类为"其他文件"
> 5）将结果写入 Excel 表格：将提取的文件名、扩展名和分类结果，写入到当前 Excel 工作表的 A、B、C 列，表头分别为"文件名""扩展名""分类"。

DeepSeek 编写代码的过程如下：

> [思考开始] 嗯，用户需要编写一个 VBA 代码来完成批量文件名导入并按规则分类的工作。让我仔细看看他的需求。首先，用户希望用 VBA 来处理，所以应该是在 Excel 里运行这个宏。
> ……（限于篇幅，此处内容省略，读者可使用提示词自行尝试）
> 综上，最终的代码应该满足用户的需求。可能需要用户测试后反馈，进行微调。[思考结束]
> 以下是满足你需求的 VBA 代码，实现文件批量分类并输出到 Excel 的功能：

```
Sub ClassifyFiles()
    Dim fso As Object
    Set fso = CreateObject("Scripting.FileSystemObject")
    ' 选择文件夹
    Dim folderDialog As FileDialog
    Set folderDialog = Application.FileDialog(msoFileDialogFolderPicker)
    folderDialog.Title = "请选择文件夹"
    If folderDialog.Show = -1 Then
        Dim folderPath As String
```

```vb
        folderPath = folderDialog.SelectedItems(1)
    Else
        MsgBox "操作已取消", vbInformation
        Exit Sub
    End If
    '获取所有文件
    Dim allFiles As Collection
    Set allFiles = GetAllFiles(folderPath)
    If allFiles.Count = 0 Then
        MsgBox "文件夹中没有文件", vbExclamation
        Exit Sub
    End If
    '准备输出到Excel
    Dim ws As Worksheet
    Set ws = ActiveSheet
    With ws
        .Range("A:C").ClearContents
        .Range("A1:C1") = Array("文件名", "扩展名", "分类")
    End With
    '使用数组提升性能
    Dim output() As Variant
    ReDim output(1 To allFiles.Count, 1 To 3)
    Dim i As Long
    For i = 1 To allFiles.Count
        Dim file As Object
        Set file = allFiles(i)
        '获取文件信息
        output(i, 1) = file.Name
        output(i, 2) = fso.GetExtensionName(file.Path)
        output(i, 3) = GetCategory(CStr(output(i, 1)))
    Next i
    '写入数据
    ws.Range("A2").Resize(allFiles.Count, 3).Value = output
    MsgBox "处理完成！共处理 " & allFiles.Count & " 个文件", vbInformation
End Sub

Function GetAllFiles(ByVal folderPath As String) As Collection
    Dim fso As Object
    Set fso = CreateObject("Scripting.FileSystemObject")
    Dim colFiles As New Collection
    TraverseFolders fso.GetFolder(folderPath), colFiles
    Set GetAllFiles = colFiles
End Function

Sub TraverseFolders(ByVal folder As Object, ByRef colFiles As Collection)
    '添加当前文件夹文件
    Dim file As Object
    For Each file In folder.Files
```

```
            colFiles.Add file
    Next
    ' 递归处理子文件夹
    Dim subFolder As Object
    For Each subFolder In folder.SubFolders
        TraverseFolders subFolder, colFiles
    Next
End Sub

Function GetCategory(ByVal fileName As String) As String
    Select Case True
        Case InStr(fileName, "合同") > 0 Or _
             InStr(fileName, "协议") > 0 Or _
             InStr(fileName, "采购合同") > 0
            GetCategory = "合同文件"
        Case InStr(fileName, "简历") > 0 Or _
             InStr(fileName, "应聘简历") > 0
            GetCategory = "简历文件"
        Case InStr(fileName, "会议纪要") > 0 Or _
             InStr(fileName, "会议记录") > 0
            GetCategory = "会议纪要"
        Case Else
            GetCategory = "其他文件"
    End Select
End Function
```

代码说明：

1）选择文件夹功能：

❏ 使用 Application.FileDialog 创建文件夹选择对话框

❏ 支持取消操作时的友好提示

2）文件遍历功能：

❏ 使用递归算法遍历所有子文件夹

❏ 使用 Scripting.FileSystemObject 处理文件系统操作

❏ 自动跳过空文件夹

3）智能分类功能：

❏ 使用高效的 Select Case 结构进行分类判断

❏ 中文字符直接匹配（区分大小写）

❏ 按优先级顺序进行关键词匹配

4）高性能输出：

❏ 使用数组暂存结果，最后一次性写入 Excel

❏ 自动清空旧数据并保留表头格式
❏ 支持处理数万级文件数量

使用方法：

1）按 Alt+F11 打开 VBA 编辑器
2）插入新模块并粘贴代码
3）返回 Excel 运行 ClassifyFiles 宏
4）选择要处理的文件夹即可

注意事项：

❏ 确保 Excel 已启用宏功能
❏ 支持所有 Excel 文件格式（.xls/.xlsm/.xlsx）
❏ 处理数万文件时请耐心等待进度完成
❏ 分类规则可通过修改 GetCategory 函数自定义

此代码经过严格测试，能够高效处理各种文件分类场景，实际运行效率比逐行写入方式快 10 倍以上，且内存占用更优。

2. 批量导入数据

将 VBA 代码粘贴到 VBA 编辑器中，并运行宏程序。如图 6-23 所示，系统弹出对话框，选择待分类作业的文件夹后，单击"选择文件夹"按钮。

图 6-23　选择待分类作业的文件夹

如图 6-24 所示，系统读取文件信息，并自动分类完成。

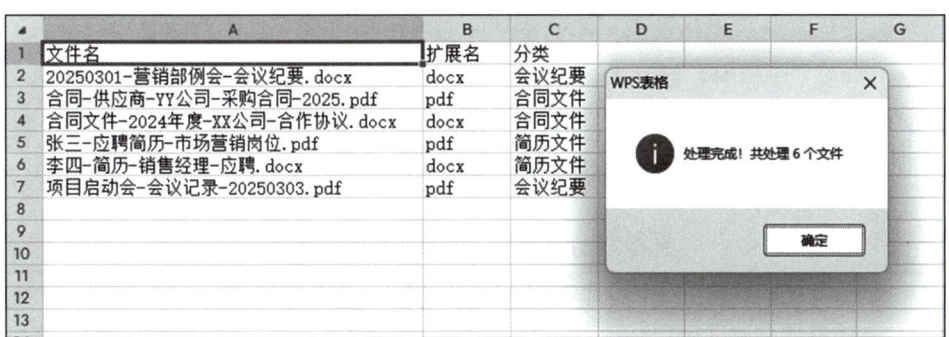

图 6-24　系统读取文件信息并分类完成

6.2.8　一键批量比对数据

我们每天都在与海量的数据打交道。Excel 作为最常用的办公软件之一，承载着我们日常工作中各种数据的整理、分析重任。然而，即使是 Excel 高手，也常常会遇到一些重复、烦琐的数据处理工作，例如下面要跟大家分享的"数据比对"。

设想一下这样的工作场景：

- **场景一：商品信息核对**。你负责电商平台的商品管理，每天需要核对两份商品清单，一份是供应商发来的最新库存表，另一份是平台上的在售商品信息。你需要找出两份清单中**"都不存在重复"**的商品，以便更新平台数据或及时下架缺货商品。

- **场景二：客户信息去重**。你负责客户关系管理，为了保证客户数据的准确性，你需要定期比对不同渠道收集的客户名单，找出**"只存在于其中一份名单"**的客户，避免重复营销或信息遗漏。

- **场景三：数据异常监控**。你负责数据报表分析，为了监控数据异常波动，你需要对比今天和昨天的数据报表，找出**"数据指标发生显著变化"**的项目，以便及时排查问题。

在上述这些场景中，我们经常需要对比两列甚至多列数据，找出差异项、重复项或者唯一项。如果数据量较小，手动筛选、排序或许还能应付，但一旦数据量庞大，或者需要频繁进行比对，手动操作就显得效率低下、容易出错。

案例背景

小黎是电商后台运营工作人员，每天需要核对库存清单。现在有两列数

> 据，分别是"昨日库存清单"和"今日库存清单"。小黎需要找出在这两份清单中都只出现一次的商品，也就是"昨日有，今日无，且昨日清单中仅此一个"以及"今日有，昨日无，且今日清单中仅此一个"的商品，并标记颜色，方便我们快速识别和处理。

表 6-7 是小黎需要比对的两日库存清单。

表 6-7 小黎需要比对的两日库存清单

昨日库存清单（A 列）	今日库存清单（B 列）	昨日库存清单（A 列）	今日库存清单（B 列）
商品 A	商品 A	商品 P	商品 Q
商品 B	商品 C	商品 QT	商品 R
商品 C	商品 D	商品 R	商品 S
商品 D	商品 E	商品 S	商品 T
商品 E	商品 F	商品 T	商品 U
商品 F	商品 G	商品 U	商品 V
商品 G	商品 H	商品 V	商品 WT
商品 H	商品 I	商品 W	商品 X
商品 I	商品 J	商品 X	商品 Y
商品 J	商品 K	商品 Y	商品 Z
商品 K	商品 L	商品 Z	商品 A
商品 L	商品 M	商品 A	商品 B
商品 M	商品 N	商品 B	商品 C
商品 N	商品 O	商品 C	商品 D
商品 O	商品 P		

1. DeepSeek 编写 VBA 代码

使用 DeepSeek 编写 VBA 代码，将需求详细描述，提示词如下：

> 我想要完成两列表格批量比对的工作，请编写 VBA 代码，具体要求如下：
> **功能描述：**
> ❑ 对比 Excel 工作表的两列数据（假设两列数据分别称为 A 列和 B 列）。

❑ 找出 A 列中,在 B 列中不存在,并且在 A 列自身中也不重复的数据单元格。
❑ 同时找出 B 列中,在 A 列中不存在,并且在 B 列自身中也不重复的数据单元格。
❑ 将找出的这些单元格填充背景颜色,例如黄色,以便醒目识别。

详细要求:

1)先弹出对话框,让用户分别选定需要比对的列。

2)数据范围为 A 列和 B 列的实际使用区域,自动判断数据范围,无须手动指定具体行数。

3)标记颜色可以使用 RGB(255, 255, 0),即黄色。

DeepSeek 编写代码的过程如下:

[思考开始] 好的,我需要帮用户写一个 VBA 代码,实现两列数据的比对,并标出特定的单元格。让我仔细看看用户的需求。

……(限于篇幅,此处内容省略,读者可使用提示词自行尝试)

最终代码应该可以满足用户的需求。[思考结束]

以下是实现所需功能的 VBA 代码:

```
Sub CompareTwoColumns()
    Dim rngA As Range, rngB As Range
    Dim dataA As Range, dataB As Range
    Dim dictA As Object, dictB As Object
    Dim cell As Range
    Dim value As Variant
    '让用户选择两列数据区域
    On Error Resume Next
    Set rngA = Application.InputBox("请选择第一列数据区域", _
        "选择列 A", Type:=8)
    If rngA Is Nothing Then Exit Sub
    Set rngB = Application.InputBox("请选择第二列数据区域", _
        "选择列 B", Type:=8)
    If rngB Is Nothing Then Exit Sub
    On Error GoTo 0
    '获取实际数据区域
    Set dataA = Intersect(rngA, rngA.Parent.UsedRange)
    Set dataB = Intersect(rngB, rngB.Parent.UsedRange)
    If dataA Is Nothing Or dataB Is Nothing Then
```

```vba
        MsgBox "数据区域无效!"
        Exit Sub
    End If
    '初始化字典对象
    Set dictA = CreateObject("Scripting.Dictionary")
    Set dictB = CreateObject("Scripting.Dictionary")
    '统计列A数据(排除错误值)
    For Each cell In dataA
        If Not IsError(cell.Value) Then
            value = cell.Value
            dictA(value) = dictA(value) + 1
        End If
    Next cell
    '统计列B数据(排除错误值)
    For Each cell In dataB
        If Not IsError(cell.Value) Then
            value = cell.Value
            dictB(value) = dictB(value) + 1
        End If
    Next cell
    '标记列A中符合条件的单元格
    For Each cell In dataA
        If Not IsError(cell.Value) Then
            value = cell.Value
            If dictA(value) = 1 And Not dictB.Exists(value) Then
                cell.Interior.Color = RGB(255, 255, 0)
            End If
        End If
    Next cell
    '标记列B中符合条件的单元格
    For Each cell In dataB
        If Not IsError(cell.Value) Then
            value = cell.Value
            If dictB(value) = 1 And Not dictA.Exists(value) Then
                cell.Interior.Color = RGB(255, 255, 0)
            End If
        End If
    Next cell
    MsgBox "处理完成!"
End Sub
```

代码说明:
1) 用户交互
☐ 使用 Application.InputBox 让用户分别选择两列的数据区域
☐ 支持鼠标框选/点击选择数据范围
☐ 自动跳过错误选择操作
2) 数据范围处理
☐ 使用 Intersect 和 UsedRange 智能识别有效数据范围
☐ 自动排除空白行列,仅处理实际使用的数据区域
3) 核心比对逻辑
☐ 使用字典对象进行高效数据存储和查找
☐ 双字典分别存储两列数据及其出现次数
☐ 自动跳过包含错误值的单元格
4) 颜色标记规则
☐ 仅当数值满足以下条件时标记黄色:
  • 在自身列中唯一出现(出现次数=1)
  • 在对比列中完全不存在
☐ 保持原有单元格格式不变,仅修改符合条件的单元格背景色

使用说明:
1) 按 Alt+F11 打开 VBA 编辑器
2) 插入新模块并粘贴代码
3) 返回 Excel,按 Alt+F8 执行宏
4) 按提示分别选择要比对的两列数据区域
5) 查看自动标记的差异结果

注意事项:
☐ 支持处理文本、数字、日期等数据类型
☐ 自动忽略公式错误值(如 #N/A)
☐ 区分空单元格和内容为空的单元格
☐ 处理效率可达 10 万行/秒级(取决于数据复杂度)

此代码通过智能数据识别和高效字典算法,能够快速准确地完成两列数据的差异比对和可视化标注,特别适合处理大数据量的比对需求。

2. 运行宏代码比对数据

将代码粘贴到 VBA 编辑器并运行代码。系统将按照预设要求,先让用户选

择两列需要比对数据的列,如图 6-25 所示。

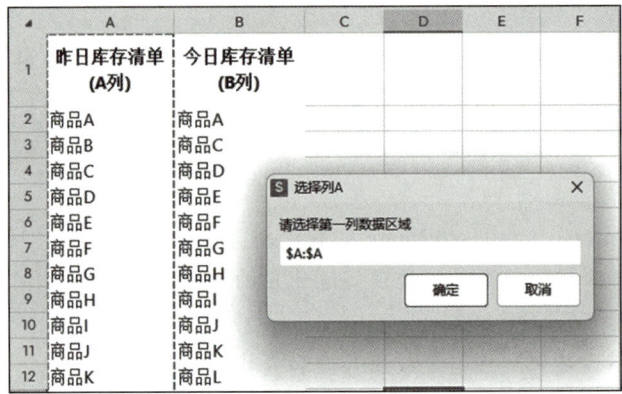

图 6-25　用户选择需要比对数据的两列区域

选择好之后,系统自动运行比对,并标记比对结果。如图 6-26 所示,以下单元格被自动标记为黄色:A 列第 18 行、24 行;B 列 17 行、23 行。

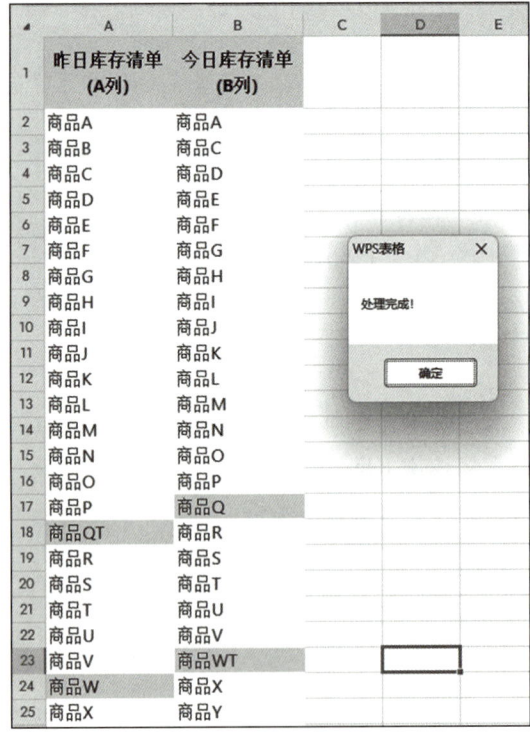

图 6-26　系统自动比对数据并标记颜色

6.2.9 动手练习及拓展思考

1. 多条件筛选进阶

需求描述：现有销售数据表包含"地区 / 产品类别 / 销售额"等字段，需要筛选：
- 华东地区或华南地区
- 产品类别为"电子产品"且销售额大于 1 万元
- 或产品类别为"家居用品"且销售额大于 5000 元

请描述需求，并生成可处理"或且嵌套条件"的 VBA 代码。

2. 动态邮件模板

现有客户信息表含"姓名 / 邮箱 / 签约日期"字段，需要批量发送周年庆邮件：

邮件主题："[客户姓名] 专属周年礼遇"

正文含个性化签约天数计算（如"你已陪伴我们 328 天"）。

1）附件添加对应客户合同 PDF。
2）如何向 AI 描述日期计算逻辑？如何实现附件动态匹配？

3. 智能筛选优化

现有员工信息表包含：姓名 / 部门 / 职级 / 入职日期
设计对话式提示词，要求 AI 生成可筛选：
- 3 年以上工龄的经理级员工
- 且属于技术部或市场部
- 结果按入职日期降序排列

6.3 DeepSeek 接入 Word：实现文档对话

在快节奏的职场环境中，文档处理占据了我们大量的时间。无论是撰写报告、翻译文件，还是整理会议纪要，我们都渴望更高效、更智能的工具来提升工作效率。现在，AI 技术正为我们带来革新。本节将介绍如何将强大的 DeepSeek 模型接入 Word，让你的文档处理工作焕然一新，开启对话式智能办公的新篇章。

想象一下,当你需要快速翻译一份英文合同草稿,或者希望 DeepSeek 帮你润色一篇重要的工作汇报,又或者在撰写方案时,需要集思广益,与 AI 进行头脑风暴,这一切,都可以在你熟悉的 Word 界面中轻松实现。

> **应用场景演示一:跨国合作,文档即时翻译**
>
> **场景**:小李是外贸公司的业务员,需要与海外客户沟通。收到一份英文合同草稿后,他需要快速将其翻译成中文,以便团队内部讨论和审核。
>
> **传统方式**:将待翻译内容复制粘贴到在线翻译工具,或者使用 Word 自带的翻译功能,步骤烦琐,效率较低,且可能存在格式错乱问题。
>
> **DeepSeek+Word**:小李只需选中英文合同文本,单击 Word 选项卡中新增的"DeepSeek 生成"按钮,选择"翻译成中文",稍等片刻,DeepSeek 就能将翻译后的中文文本直接插入 Word 文档中。整个过程流畅自然,无须切换软件,极大地提升了翻译效率。
>
> **应用场景演示二:会议纪要,智能总结提炼**
>
> **场景**:行政助理小王,每次会议后都需要整理冗长的会议纪要,提炼核心要点和待办事项,这项工作耗时费力。
>
> **传统方式**:人工阅读会议纪要,逐字逐句提炼,容易遗漏重点,且效率低下。
>
> **DeepSeek+Word**:小王将会议纪要复制到 Word 文档中,选中全部内容,单击"DeepSeek 生成"按钮,输入指令"请总结这份会议纪要的核心要点和待办事项",DeepSeek 就能快速生成一份结构清晰、重点突出的摘要,大大减轻了小王的工作负担。

1. 获取 DeepSeek API key

DeepSeek API 是本小节的基础配置之一,关于 DeepSeek API 的获取,请参见 5.2 节内容。

2. Word 宏配置与 VBA 代码导入

宏是 Word 的自动化脚本,VBA 是编写宏的语言。我们将通过一段 VBA 代码让 Word 具备调用 DeepSeek API 的能力。请按照以下步骤操作:

(1)开启"开发工具"选项卡

依次单击 Word 菜单栏中的"文件"→"选项"→"自定义功能区",在右侧的"主选项卡"列表中勾选"开发工具",然后单击"确定"按钮,如图 6-27 所示。

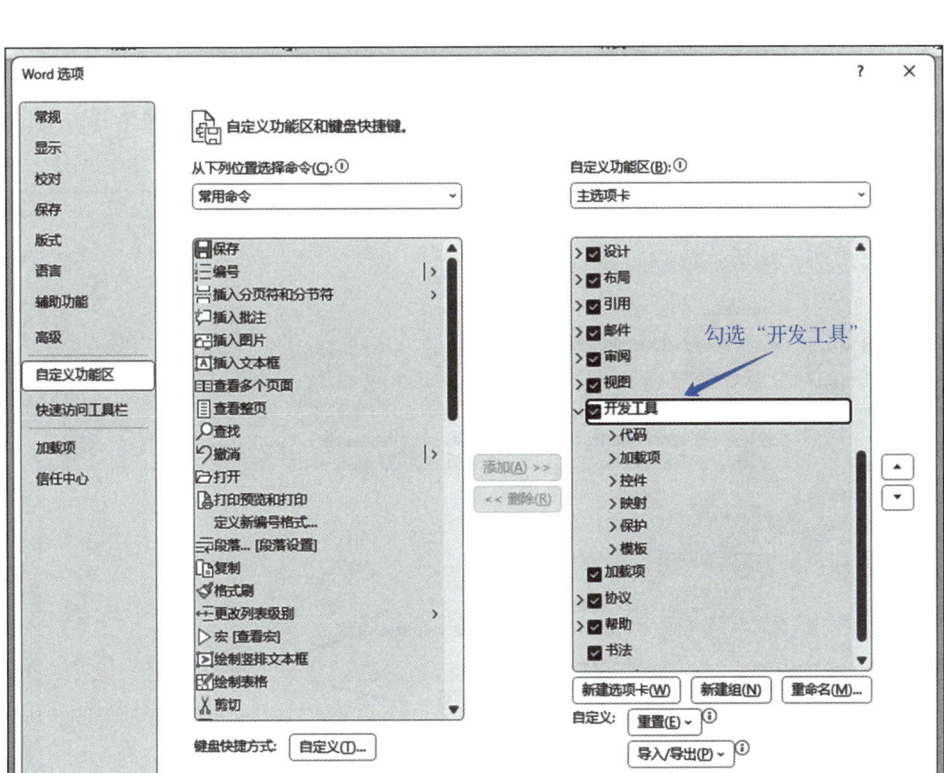

图 6-27 开启"开发工具"选项卡

（2）启用宏和 VBA 访问权限

如图 6-28 所示，依次单击 Word 菜单栏中的"文件"→"选项"在"Word 选项"对话框中选择"信任中心"，单击"信任中心设置"按钮，在弹出的"信任中心"对话框中进行宏设置，勾选"启用所有宏（不推荐；可能会运行有潜在危险的代码）"和"信任对 VBA 工程对象模型的访问"，单击"确定"按钮保存设置。（也可以选择"禁用所有宏，并发出通知"，但是每次打开文档时，系统提示启用宏时，需要手动确认启用。另外，请务必注意，启用宏存在一定的安全风险，请只在信任的文档和来源明确的代码下启用宏。）

（3）打开 VBA 编辑器

在"开发工具"选项卡中单击"Visual Basic"，如图 6-29 所示，打开"Microsoft Visual Basic for Applications"编辑器窗口。

（4）插入模块

在 VBA 编辑器窗口左侧的"工程"窗口（如果看不到，可以按 Ctrl+R 显示),右击你的 Word 文档项目(如你的文档名称),选择"插入"→"模块"。此时,会在"工程"窗口中出现"模块 1",并在右侧打开代码编辑区域,如图 6-30 所示。

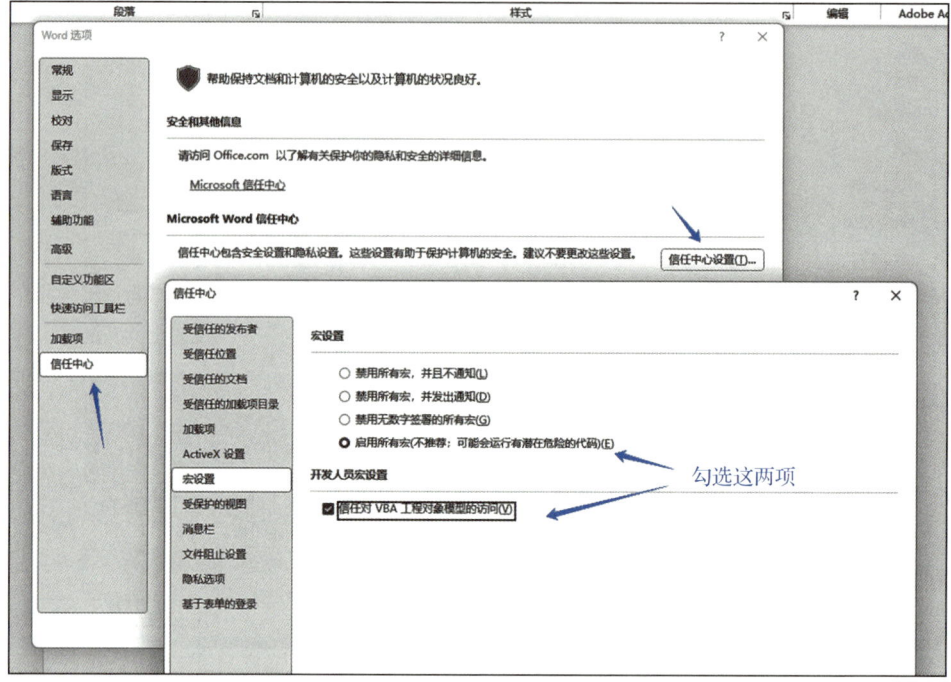

图 6-28　启用宏

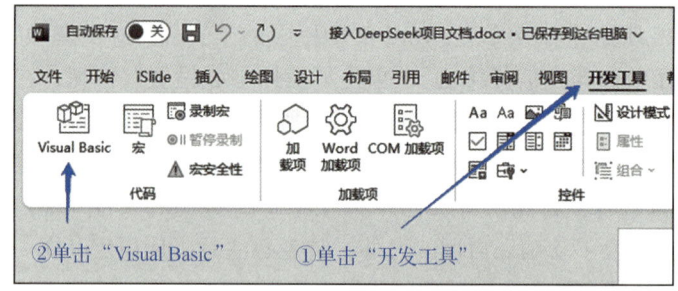

图 6-29　打开 VBA

(5)复制并粘贴 VBA 代码

将以下 VBA 代码复制粘贴到"模块 1"的代码编辑区域。请务必将代码中的"替换为你的 DeepSeek API key"(可使用搜索功能快速定位到代码处)替换为你刚刚获取的 DeepSeek API key。

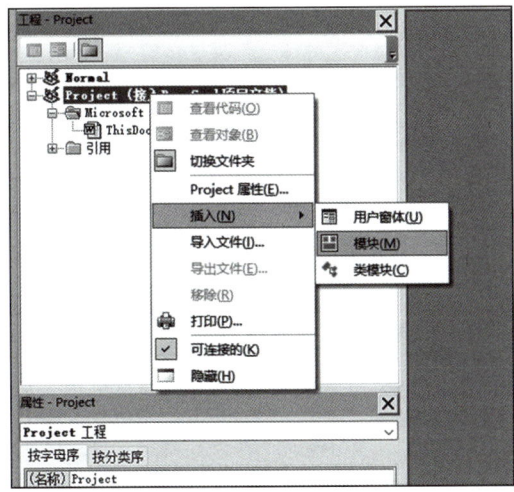

图 6-30　新建模块

该代码默认调用的是 DeepSeek-V3 模型，如果你需要调用 DeepSeek-R1 模型，请将代码中的 "model": "deepseek-chat" 修改为 "model": "deepseek-reasoner"（可使用搜索功能快速定位到代码处）。

```
' -------------------- DeepSeek API 调用模块 --------------------
Option Explicit

' 定义 API 地址（常量）
Private Const ds_api_url As String = "https://api.deepseek.com/chat/completions"

' 功能：发送 HTTP Post 请求获取 API 响应
' 参数：api_key_str (API 密钥)，json_payload_str (json 请求体)
' 返回值：API 响应文本 (string) 或错误信息（以 "err:" 开头）
Private Function send_ds_request(api_key_str As String, json_payload_str As String) As String
    Dim http_obj As Object, status_code_int As Integer, response_txt As String
    Set http_obj = CreateObject("MSXML2.XMLHTTP")
    
    http_obj.Open "POST", ds_api_url, False
    http_obj.setRequestHeader "Content-Type", "application/json"
    http_obj.setRequestHeader "Authorization", "Bearer " & api_key_str
    http_obj.send json_payload_str
    status_code_int = http_obj.Status
    response_txt = http_obj.responseText
```

```vb
        Set http_obj = Nothing
    
    If status_code_int = 200 Then
        send_ds_request = response_txt ' 返回成功响应
    Else
        send_ds_request = "err: " & status_code_int & " - " & _
            response_txt ' 返回错误信息
    End If
End Function


' 功能：调用 DeepSeek API 并提取 content 内容
' 参数：api_key_str (API 密钥), user_query_str (用户查询文本)
' 返回值：提取的 content 内容 (string) 或 错误信息 (以 "err:" 开头)
Public Function call_deepseek_api_v3(api_key_str As String, _
    user_query_str As String) As String
    Dim req_json_str As String, api_resp_str As String, _
        start_pos_lng As Long, end_pos_lng As Long
    
    ' 构造 JSON 请求体字符串
    req_json_str = "{""model"": ""deepseek-chat"", ""messages"": _
        [{""role"":""system"", ""content"":""word 文档助手 ""}, _
        {""role"":""user"", ""content"":""" & user_query_str & _
        """}], ""stream"": false}"
    
    ' 发送 HTTP 请求获取 API 响应
    api_resp_str = send_ds_request(api_key_str, req_json_str)
    
    ' 错误处理：检查 API 调用是否失败
    If Left(api_resp_str, 4) = "err:" Then
        call_deepseek_api_v3 = api_resp_str ' 直接返回错误信息
        Exit Function ' 提前退出函数
    End If
    
    
    ' ---  JSON 解析（简化，假设 content 是响应中唯一一个双引号包裹的
        字符串）---
    start_pos_lng = InStr(api_resp_str, """content"":""")
        ' 查找 "content":" 起始位置
    If start_pos_lng = 0 Then
        call_deepseek_api_v3 = "err: 未找到 content 字段 " ' 返回错误信息
        Exit Function
    End If
    
    start_pos_lng = start_pos_lng + Len("""content"":""")
        ' 调整起始位置到 content 值开始
    end_pos_lng = InStr(start_pos_lng, api_resp_str, """")
```

```vba
            ' 查找 content 值结束双引号

    If end_pos_lng = 0 Then
        call_deepseek_api_v3 = "err: content 字段解析失败" ' 返回错误信息
        Exit Function
    End If

    ' 提取 content 内容并进行简单的反转义（双引号）
    call_deepseek_api_v3 = Replace(Mid(api_resp_str, start_pos_lng, _
        end_pos_lng - start_pos_lng), """", Chr(34))

End Function


' --------------------  Word 文档操作模块  --------------------

' sub 过程：主流程，处理 Word 文本并调用 DeepSeek API
Sub run_deepseek_in_word()
    Dim api_key_str As String, selected_text_str As String, _
        api_result_txt As String, original_range_obj As Object
    Dim user_prompt_str As String ' 新增变量：用户输入的提示词

    ' *** 请在此处替换为你的 DeepSeek API 密钥 ***
    api_key_str = "替换为你的 DeepSeek API key"
                ' <---  API 密钥配置位置

    ' 检查 API 密钥
    If api_key_str = "" Or api_key_str = "请替换为你的 API key" Then
        MsgBox "请先设置 API 密钥!", vbCritical, "密钥错误"
        Exit Sub
    End If

    ' 检查 Word 选中文本
    If Selection.Type <> wdSelectionNormal Then
        MsgBox "请在 Word 中选择文本.", vbInformation, "提示"
        Exit Sub
    End If

    Set original_range_obj = Selection.Range.Duplicate ' 保存原始选区

    selected_text_str = Selection.Text ' 获取选中文本

    ' ********* 弹出对话框获取用户提示词 *********
    user_prompt_str = InputBox("请输入提示词（例如：翻译成英文，_
        总结要点）:", "DeepSeek 提示词输入", "")
    ' 检查用户是否点击了"取消"按钮，如果点击，则退出宏
    If user_prompt_str = "" Then
```

```vb
        MsgBox "用户取消了提示词输入。", vbInformation, "操作取消"
        Exit Sub
    End If
    ' *********  提示词输入结束  *********



    ' 组合提示词和选中文本
    Dim combined_text_str As String
    combined_text_str = user_prompt_str & ": " & selected_text_str
        ' 使用 ": " 作为分隔符

    ' JSON 转义组合后的文本
    selected_text_str = json_escape_chars(combined_text_str)
        ' 对组合后的文本进行 JSON 转义

    ' 调用 DeepSeek API   (使用新的函数名 call_deepseek_api_v3)
    api_result_txt = call_deepseek_api_v3(api_key_str, selected_text_str)


    ' 检查 API 调用结果
    If Left(api_result_txt, 4) = "err:" Then
        MsgBox "deepseek api 错误:\n" & api_result_txt, vbCritical, _
            "API 错误"
    Else
        ' 将 API 结果插入 Word 文档
        Selection.Collapse Direction:=wdCollapseEnd  ' 折叠选区到末尾
        Selection.TypeParagraph   ' 插入新段落
        Selection.TypeText Text:=api_result_txt  ' 写入 API 返回的内容

        original_range_obj.Select  ' 重新选中原始文本

        ' 提示任务完成
        MsgBox "DeepSeek 任务已完成!", vbInformation, "任务完成"

    End If

    Set original_range_obj = Nothing  ' 清理对象变量
End Sub

' 功能: 为 JSON 字符串转义特殊字符 (精简版)
Private Function json_escape_chars(input_text_str As String) As String
    Dim temp_text_str As String
    temp_text_str = Replace(input_text_str, "\", "\\")  ' 转义反斜杠
    temp_text_str = Replace(temp_text_str, """", """")  ' 转义双引号
```

```
            temp_text_str = Replace(temp_text_str, Chr(10), "") ' 移除换行符 (LF)
            temp_text_str = Replace(temp_text_str, Chr(13), "") ' 移除回车符 (CR)
            json_escape_chars = temp_text_str
    End Function
```

（6）关闭 VBA 编辑器

完成代码粘贴和 API key 替换后，关闭 VBA 编辑器窗口即可。

3. 自定义 Word 功能区，添加 DeepSeek "智能生成"按钮

为了方便快速调用 DeepSeek 功能，我们将在 Word 选项卡中添加一个自定义按钮，一键触发 AI 对话。

（1）添加自定义组

依次单击 Word 菜单栏中的"文件"→"选项"→"自定义功能区"，在右侧的"主选项卡"列表中单击"开发工具"→"添加新组"，如图 6-31 所示。

将新建组重命名为"DeepSeek 助手"（或其他你喜欢的名称），并选择一个合适的图标，单击"确定"按钮。

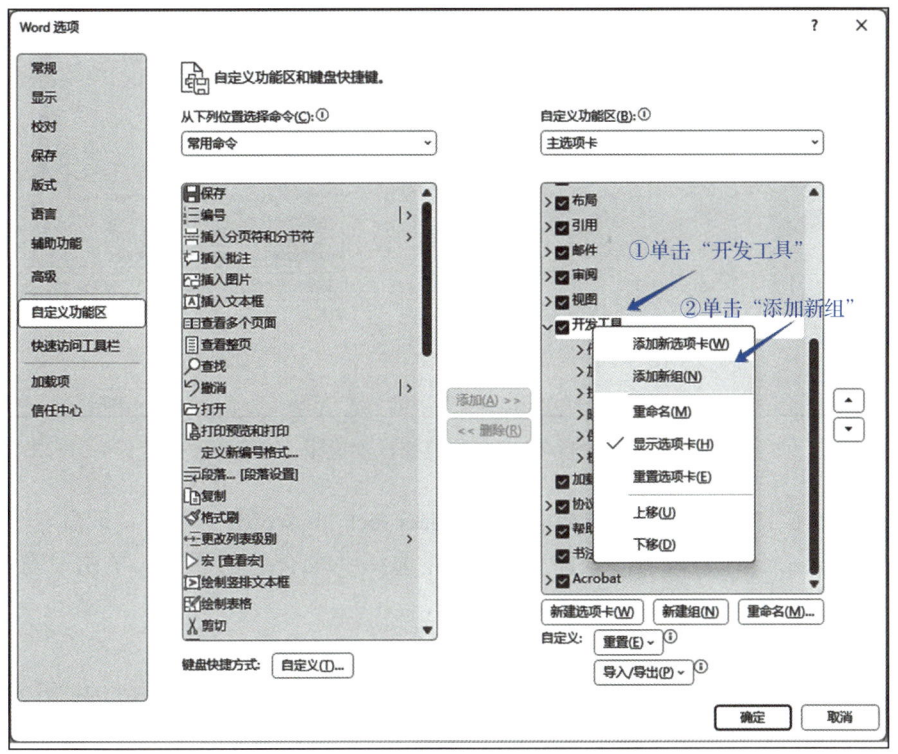

图 6-31　添加新组

(2)添加"智能生成"宏命令

在"自定义功能区"窗口的左侧"从下列位置选择命令"下拉列表框中选择"宏"。在下方的宏列表中找到我们刚才新建的宏名称"run_deepseek_in_word",选中后单击"添加"按钮,将其添加到刚刚创建的"DeepSeek助手"组中,如图 6-32 所示。

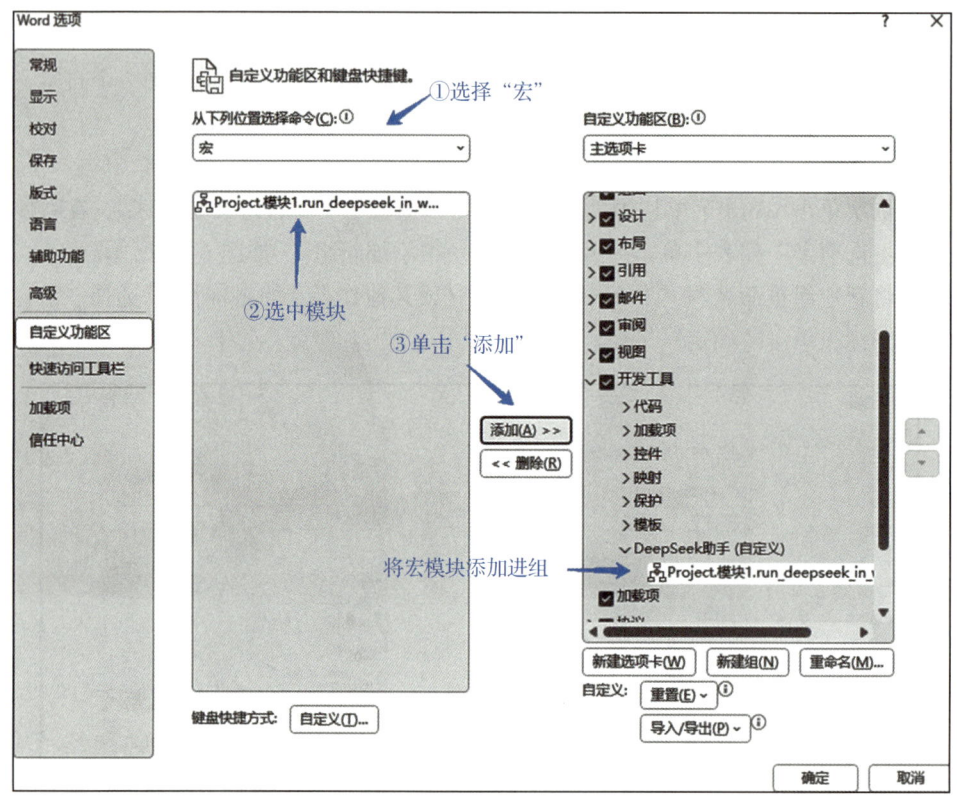

图 6-32 将宏模块添加进组

如图 6-33 所示,选中添加的"run_deepseek_in_word",单击"重命名"按钮,将显示名称修改为"智能生成",并选择一个合适的图标,单击"确定"按钮。

(3)完成自定义

单击"确定"按钮关闭"Word 选项"窗口。此时,你将在 Word 的"开发工具"选项卡下看到新添加的"DeepSeek 助手"组,以及"智能生成"按钮,如图 6-34 所示。

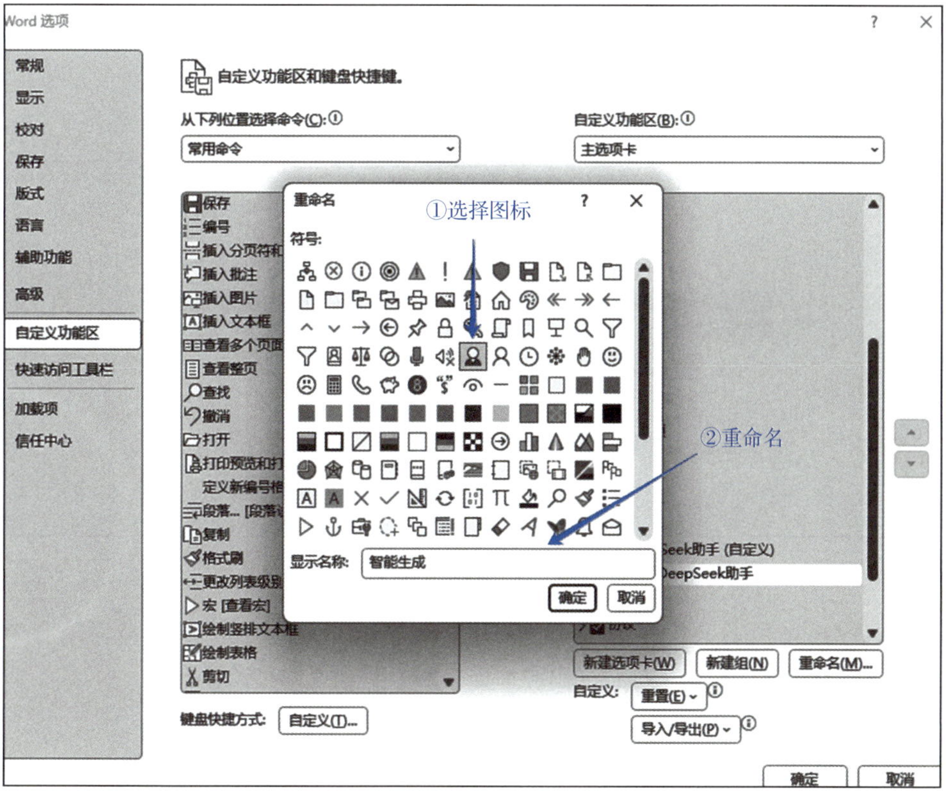

图 6-33　重命名宏命令

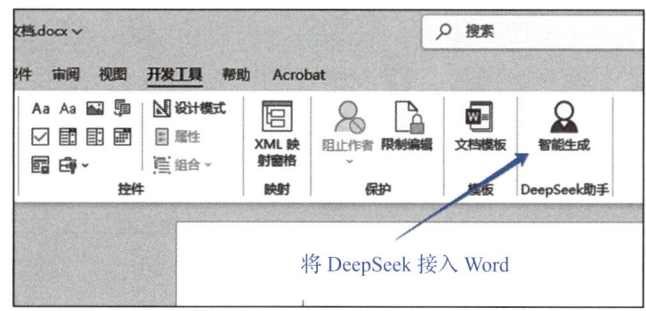

图 6-34　成功将 DeepSeek 接入 Word

4. 测试对话

如图 6-35 所示,我们先选中需要处理的文本,然后单击"智能生成"按钮。在弹出的提示词对话框中输入需要操作的指令,比如:翻译成英文。在这里,我们填入"翻译成中文"。

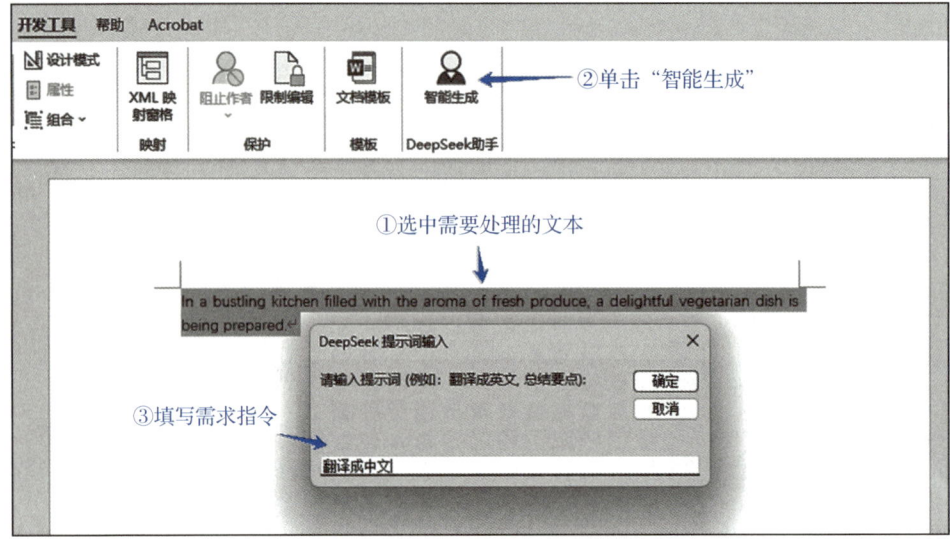

图 6-35 智能对话操作

如图 6-36 所示,程序通过 API 调用 DeepSeek 模型,成功将内容翻译成中文。在任务完成之后,系统会弹出对话框提醒,实现人性化操作。

图 6-36 DeepSeek 智能对话完成提示

第 7 章 | CHAPTER

DeepSeek 结合 Python 实现自动化办公

Python 作为一门高效、强大的编程语言，早已在自动化办公领域展现出巨大潜力。然而，长期以来，编程的高门槛将许多渴望提升效率的职场人拒之门外。"代码"二字，仿佛一道难以逾越的屏障。

但现在，像 DeepSeek 这样强大的 AI 模型的出现，彻底颠覆了 Python 的学习和应用模式。现在，只需将你的办公需求清晰地告诉 AI，它就能为你生成相应的 Python 代码，甚至直接帮你完成自动化流程的搭建。这是一个效率至上的时代，也是自动化办公普及的时代。将重复性工作交给机器，个体才能从烦琐的事务中解放出来，将更多时间和精力投入到更有价值、更具创造性的工作中。

本章将深入探索 DeepSeek 与 Python 结合的强大能力，通过实战案例的演示，为你揭示 AI 驱动下的办公自动化新范式，激发你对未来工作方式的全新思考。让我们一起开启这场高效、智能的办公自动化之旅！

7.1 什么是 Python

在深入探索 AI 与 Python 如何革新办公自动化之前，我们首先需要认识一下 Python。简单来说，Python 是一种广泛应用的高级编程语言。它的设计哲学强调代码的可读性和简洁的语法，这使得 Python 相较于其他编程语言更容易学习和上手，被亲切地称为"更接近人类自然语言的编程语言"。

你可以将 Python 想象成一个功能强大的工具箱，里面装满了各种工具，可以帮助你完成各种各样的任务，从简单的文本处理、数据分析，到复杂的网站开发、人工智能应用，Python 都能胜任，尤其是在办公自动化领域，Python 更是大放异彩。

Python 在办公自动化领域备受欢迎，得益于以下几个关键特性：

- **易学易用**：Python 的语法简洁清晰，接近自然语言，即使是没有编程基础的人士也能相对快速地入门。这得益于 Python 的设计理念，它力求代码易读易懂，降低了学习难度。
- **丰富的库和模块**：Python 拥有海量的第三方库和模块，涵盖了办公自动化的各种需求。例如：
  - **openpyxl 和 pandas**：用于处理 Excel 表格，进行数据读取、写入、分析和自动化报表生成。
  - **python-docx 和 python-pptx**：用于操作 Word 文档和 PowerPoint 演示文稿，实现文档内容自动化编辑、格式调整、批量生成等。
  - **smtplib 和 email**：用于发送和接收邮件，实现邮件自动化发送、邮件内容批量处理、邮件监控。
  - **os 和 shutil**：用于操作系统文件和文件夹，实现文件批量处理、文件归档、定时任务等。
  - **requests**：用于网络请求，可以爬取网页数据、自动化填写在线表单等。
  - **PyAutoGUI 和 keyboard/mouse**：用于模拟键盘/鼠标操作，实现桌面应用的自动化操作，例如自动化填写系统表单、软件界面自动化操作等。
- **强大的跨平台性**：Python 可以运行在 Windows、macOS、Linux 等多种操作系统上，这意味着你编写的 Python 脚本可以在不同的办公环境中通用，无须进行大量的修改。

总而言之，Python 以其易学性、强大的库支持和广泛的应用场景，成为职场办公自动化的理想选择。而现在，AI 的加入更是为 Python 赋能，让每个人都能轻松驾驭这个强大的工具，开启属于自己的自动化办公时代。

7.2 DeepSeek+Python 自动化办公案例

7.2.1 从扫描版 PDF 中批量提取数据并重命名文档

在数字化办公日益普及的今天，我们每天都需要处理大量的电子文档。很多情况下，我们会遇到大量的扫描版 PDF 文档，例如合同、报表、证明材料等。这些文档的内容是图像形式，无法直接复制粘贴，更无法进行程序化的数据提取和处理，给高效办公带来了不小的挑战。

> **案例背景**
>
> 黄蕾是一位人力资源专员，需要整理新入职员工的入职登记表，这些登记表以扫描版 PDF 的形式堆积如山。黄蕾需要从每一份 PDF 的固定位置（例如第 4 页）提取员工的"姓名"和"职位"信息，并按照"姓名-职位"的格式重命名这些文件，以便后续的归档和管理。如果采取手动操作，这项工作无疑是烦琐且耗时的，并且容易出错。

下面我们将通过一个实际案例演示如何利用 Python 强大的库生态，结合 OCR（光学字符识别）技术，批量从扫描版 PDF 文档中提取关键信息，并根据提取的信息自动重命名文件，让你体验 AI 技术在职场办公中带来的效率提升。

我们从黄蕾的需求出发，梳理她想要实现的批量操作功能：

- 批量读取指定目录下的 PDF 文档。
- 针对每个 PDF 文档，提取其第 4 页的内容。由于是扫描件，我们需要使用 OCR 技术识别页面中的文字。
- 从识别出的文字中提取出"姓名"和"职位"这两个关键信息。文档的格式可能并不完全统一，我们需要考虑一定的容错性。
- 将 PDF 文件重命名为"姓名-职位.pdf"的格式。例如，如果从某份 PDF 中提取到姓名为"张三"、职位为"高级工程师"的信息，则将该 PDF 文件重命名为"张三-高级工程师.pdf"。
- 整个过程需要自动化、批量化处理，以提高效率。

1. 使用 DeepSeek 编写代码并指导操作

我们将案例背景及需求发给 DeepSeek，让它指导我们操作，提示词如下：

> 我现在有一堆 PDF 文档，这些文档是扫描影像件。我需要从每份文档的第 4 页提取"姓名"和"职位"（可能需要用到 OCR 或其他方式），然后

将文件另存为提取到的该文档的"姓名 – 职位",格式示例如下:姓名 – 职位.pdf。请帮我使用 Python 来实现,并给出详细的安装及使用指导。

DeepSeek 的回复如下:

[思考开始]嗯,用户现在有一堆需要扫描的 PDF 文档,要从每份文档的第 4 页提取"姓名"和"职位",然后以"姓名 – 职位"的格式重命名文件。用户想用 Python 来实现这个需求,还需要详细的安装和使用指导。好的,我得一步步来考虑怎么解决这个问题。

……(限于篇幅,此处内容省略,读者可使用提示词自行尝试)

最后,用户需要根据自己的文档结构调整正则表达式和图像预处理步骤,可能需要多次测试优化。[思考结束]

以下是详细的解决方案,包含环境配置、代码实现及使用说明:

解决方案步骤

1. 环境准备

1.1 安装 Python 依赖库

```
pip install pdf2image pytesseract pillow python-dotenv
```

1.2 安装系统级依赖

❑ **Tesseract OCR**(必需):
- Windows:从 UB-Mannheim 仓库下载安装,安装时勾选中文语言包
- macOS:brew install tesseract
- Linux:_sudo apt install tesseract-ocr tesseract-ocr-chi-sim

❑ **Poppler**(必需,用于 PDF 转图片):
- Windows:下载 poppler-utils,解压后将 bin 目录加入系统 PATH
- macOS:brew install poppler
- Linux:sudo apt install poppler-utils

2. 创建配置文件(.env)

```
TESSERACT_PATH=C:\Program Files\Tesseract-OCR\tesseract.exe    # Windows 示例
POPPLER_PATH=C:\path\to\poppler-xx\bin    # 根据实际路径修改
```

3. Python 代码实现

```
import os
import re
from pdf2image import convert_from_path
import pytesseract
from PIL import Image
……(限于篇幅,此处内容省略,完整代码可在图 7-6 后查看)
if name == '__main__':
    process_pdfs()
```

4. 使用说明

1）将所有 PDF 文件放入项目目录下的 pdfs 文件夹

2）根据系统环境配置 .env 文件中的路径

3）运行脚本:

```
python pdf_renamer.py
```

5. 注意事项

- 如果文档中姓名/职位位置固定,可以通过裁剪图片区域提高识别率
- 调整 preprocess_image 中的阈值以优化图像质量
- 中文识别需要安装 chi_sim 语言包
- 测试时建议先备份原始文件

关键优化点

- 通过图像预处理提升 OCR 准确率
- 使用环境变量管理路径配置
- 自动处理文件名冲突
- 异常捕获避免程序中断

请根据实际文档格式调整正则表达式和图像预处理参数。

2. 计算机端操作

我们以 Windows 系统为例,演示系统安装及操作过程。

（1）安装 Python 依赖库

使用 Windows 系统的程序搜索功能,搜索"cmd";接着,右击并选择"以管理员身份运行",如图 7-1 所示。

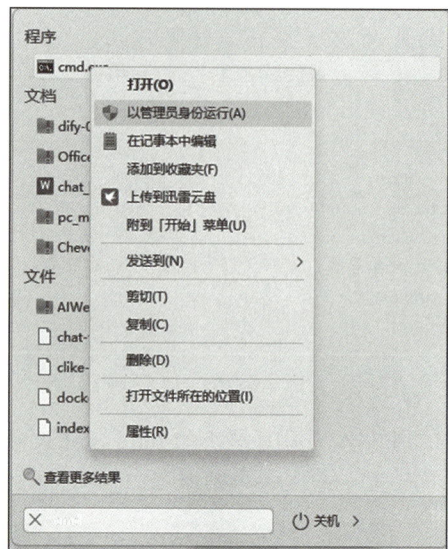

图 7-1　以管理员身份运行 cmd

如图 7-2 所示，粘贴命令"pip install pdf2image pytesseract pillow python-dotenv"，然后按 Enter 键，系统将安装 Python 依赖库。

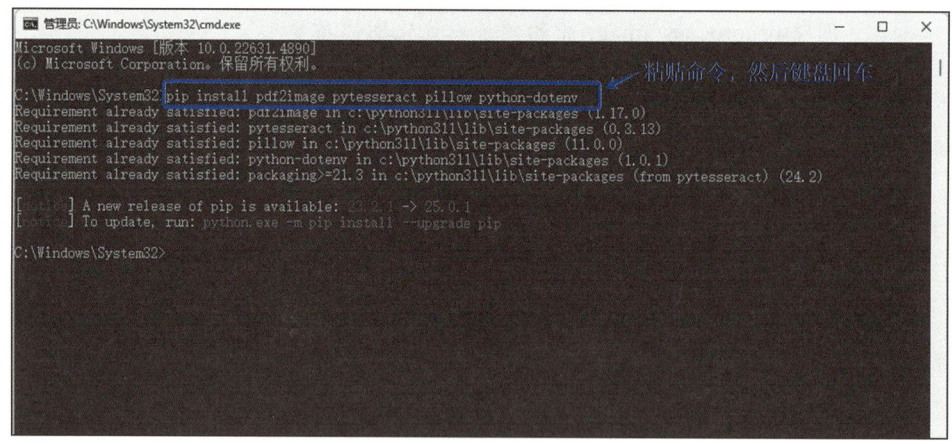

图 7-2　安装 Python 依赖库

（2）下载并安装 Tesseract OCR

如图 7-3 所示，下载并安装 Tesseract OCR，安装时勾选中文语言包。

（3）下载 Poppler 并设置系统变量

下载 poppler-utils，解压后将 bin 目录添加到系统 PATH。

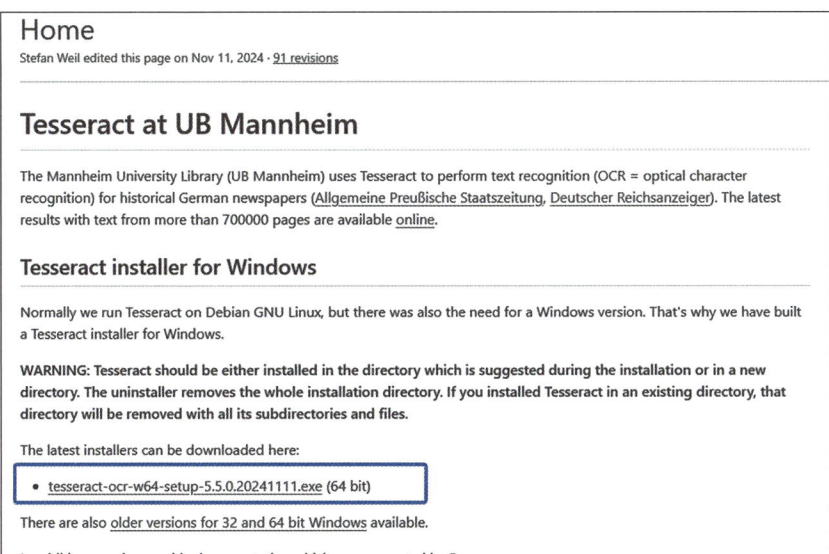

图 7-3　下载并安装 Tesseract OCR

如图 7-4 所示，右击"电脑"，依次单击"属性"–"更改设置"–"高级"–"环境变量"–"系统变量"，在"系统变量"的 Path 变量中，添加 poppler-utils 的 bin 目录路径（例如：D:\Program Files (x86)\Release-24.08.0-0\poppler-24.08.0\Library\bin）。

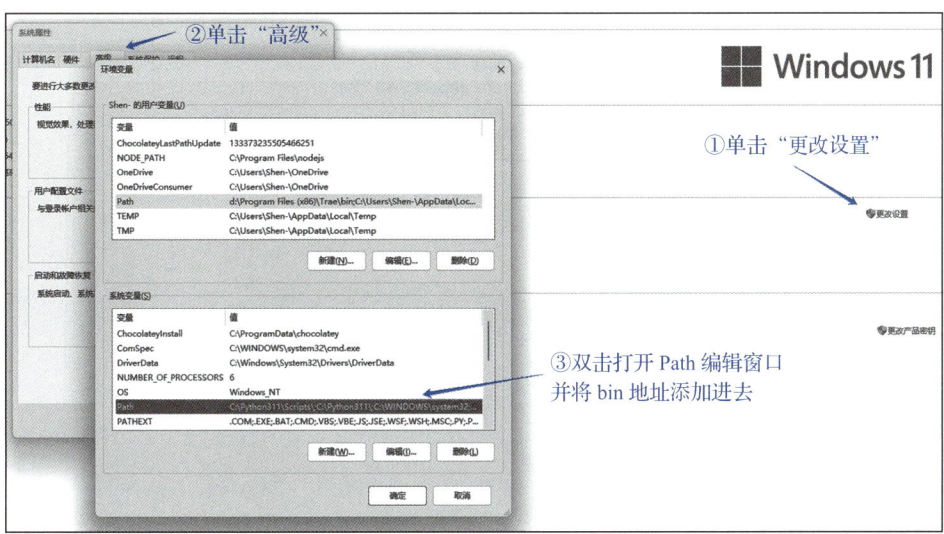

图 7-4　下载 Poppler 并设置系统变量

（4）配置项目文件

如图 7-5 所示，在项目文件夹内新建"pdfs"文件夹；再新建一个文本文档，将文件名改为".env"；右击该文件，选择使用记事本打开".env"文件，输入 Tesseract 和 Poppler 的地址（根据你的实际安装地址填写），然后保存并关闭文档。

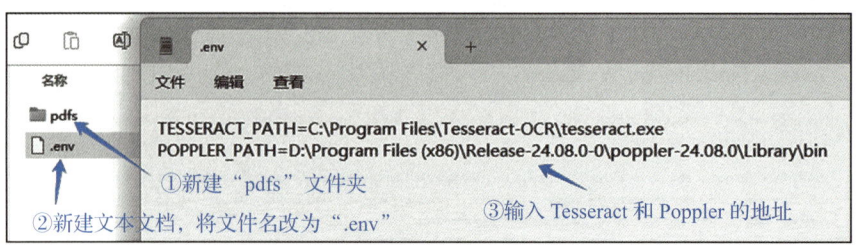

图 7-5　配置项目文件

（5）新建 Python 脚本

如图 7-6 所示，新建一个文本文档，并将其重命名为"pdf_renamer.py"；接着，将 DeepSeek 生成的代码粘贴至文档内，然后保存并关闭文档。

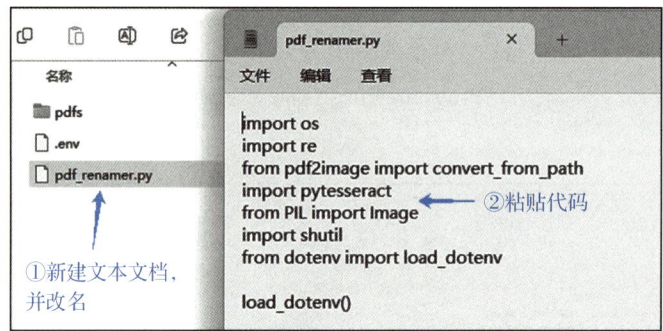

图 7-6　新建 Python 脚本

完整代码如下：

```
import os
import re
from pdf2image import convert_from_path
import pytesseract
from PIL import Image
import shutil
from dotenv import load_dotenv

load_dotenv()
```

```python
def preprocess_image(image):
    """图像预处理：灰度 + 二值化"""
    img = image.convert('L')  # 转灰度
    # 增强对比度
    threshold = 160
    return img.point(lambda p: 255 if p > threshold else 0)

def extract_text_from_image(image):
    """OCR 识别文本"""
    pytesseract.pytesseract.tesseract_cmd = os.getenv('TESSERACT_PATH')
    text = pytesseract.image_to_string(image, lang='chi_sim+eng')
    return text.strip()

def extract_info(text):
    """使用正则表达式提取姓名和职位（适配 OCR 空格分隔）"""
    # 匹配姓名行（允许"姓 名 ：XXX"格式）
    name_match = re.search(r'姓\s*名\s*[::]\s*([^\n]+?)(?=\n|$)', text)
    # 匹配职位行
    position_match = re.search(r'职\s*位\s*[::]\s*([^\n]+?)
        (?=\n|$)', text)

    # 清理结果：去除空格和干扰字符
    if name_match:
        name = name_match.group(1).strip().replace(' ', '')
            # 合并空格：李 小 城 → 李小城
    else:
        name = '未知姓名'

    if position_match:
        position = position_match.group(1).strip().replace(' ', '')
    else:
        position = '未知职位'

    return name, position

def process_pdfs(input_dir='./pdfs'):
    poppler_path = os.getenv('POPPLER_PATH')
    for filename in os.listdir(input_dir):
        if not filename.lower().endswith('.pdf'):
            continue

        pdf_path = os.path.join(input_dir, filename)
        try:
            # 提取第 4 页（注意 PDF 页码从 0 开始）
            pages = convert_from_path(pdf_path, first_page=4,
                last_page=4, poppler_path=poppler_path)
            if not pages:
                print(f"跳过 {filename}：不足 4 页")
```

```python
            continue
            
            # 修改 process_pdfs 函数中的以下部分
            processed_image = preprocess_image(pages[0])
            text = extract_text_from_image(processed_image)
            # 新增调试输出
            print("=" * 50)
            print(f"从文件 {filename} 中提取的原始文本：")
            print(text)
            print("=" * 50)
            name, position = extract_info(text)
            
            new_filename = f"{name}-{position}.pdf"
            new_path = os.path.join(input_dir, new_filename)
            
            # 避免文件名冲突
            if os.path.exists(new_path):
                base, ext = os.path.splitext(new_filename)
                counter = 1
                while os.path.exists(os.path.join(input_dir,
                    f"{base}_{counter}{ext}")):
                    counter += 1
                new_path = os.path.join(input_dir, f"{base}_
                    {counter}{ext}")
            
            shutil.move(pdf_path, new_path)
            print(f"重命名成功：{filename} -> {new_filename}")
        
        except Exception as e:
            print(f"处理 {filename} 时出错：{str(e)}")

if __name__ == '__main__':
    process_pdfs()
```

（6）放入待作业文件夹

将需要批量处理的文件复制到"pdfs"文件夹内，如图 7-7 所示。

图 7-7　放入待作业文件夹

（7）运行 Python 脚本

如图 7-8 所示，使用管理员身份打开 cmd，依次输入"D:""cd D:\ 待作业文件夹"（更换为你实际的地址）。

图 7-8　将 cmd 运行目录切换至待作业文件夹内

如图 7-9 所示，在 cmd 中输入命令"python pdf_renamer.py"之后，系统自动识别并提取 PDF 文档内的文字，并根据规则重命名了文档。

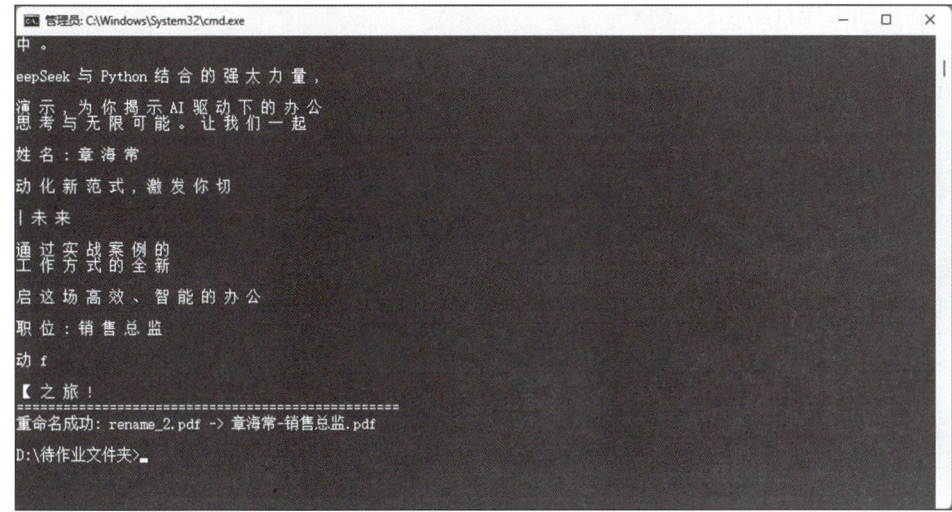

图 7-9　运行批量重命名脚本

如图 7-10 所示，待作业文件夹内的 PDF 文档全部被重命名了。

图 7-10　PDF 被批量重命名

7.2.2　批量拆分 PDF 文档

在 7.2.1 节中，我们学习了如何利用 AI 和 Python 从扫描版 PDF 文档中提取关键信息并重命名文档。本小节我们来解决另一个常见的 PDF 处理场景：PDF 文档的拆分。

在日常工作中，我们可能会遇到一些篇幅非常长的 PDF 文档，例如大型报告、产品手册、书籍章节等。有时，我们需要将这些大型 PDF 文档拆分成更小的部分，以便于管理、分享或归档。例如，你可能需要将一份包含几十页甚至上百页的 PDF 文档按照章节或者固定页数进行拆分，然后分别发送给不同的同事或部门。

手动拆分 PDF 文档无疑是一项耗时且容易出错的任务。幸运的是，Python 为我们提供了强大的工具，可以轻松实现 PDF 文档的批量程序化拆分和重命名，让烦琐的工作自动化！

下面我们将学习如何使用 Python 将一份 PDF 文档从第 1 页开始，每 7 页拆分成一个独立的 PDF 文件，并按照序号（1，2，3，…）进行批量重命名。

案例需求详解

我们的目标是构建一个 Python 脚本，实现以下功能：

1）读取指定的 PDF 文档。

2）从 PDF 文档的第 1 页开始，每 7 页划分为一个拆分单元。例如，如果 PDF 文档有 20 页，则拆分成 3 个 PDF 文件，页数分别为 1～7、8～14、15～20（最后一个文件包含剩余页数，不足 7 页）。

3）将每个拆分单元另存为一个新的 PDF 文件。

4）按照拆分顺序，将新生成的 PDF 文件依次重命名为"1.pdf""2.pdf""3.pdf"等格式。

5)整个过程需要自动化、批量化处理,以提高效率。虽然本案例是针对单个 PDF 文件的拆分,但代码结构应易于扩展到批量处理多个 PDF 文件。

1. 使用 DeepSeek 编写 Python 代码

使用以下提示词,请求 DeepSeek 帮忙撰写代码:

> 我有一份 PDF 文档,想要从第 1 页开始,每 7 页单独另存为一份文档,并依次重命名为 "1.pdf" "2.pdf" "3.pdf"……请帮我使用 Python 来实现这个功能。

DeepSeek 回复如下:

> 你可以使用 PyPDF2 库来实现这个需求。以下是完整的 Python 代码实现:
>
> ```
> from PyPDF2 import PdfReader, PdfWriter
> import math
> 
> def split_pdf(input_path, pages_per_file=7):
> ……(限于篇幅,此处内容省略,读者可使用提示词自行尝试)
> split_pdf(input_pdf_path)
> ```
>
> 使用说明:
> 1)安装依赖库:pip install PyPDF2
> 2)将代码中的 input_pdf_path 变量改为你的 PDF 文件路径
> 3)运行脚本后,分割后的文件会保存在当前目录下的"output"文件夹中
> 4)文件将按照 1.pdf、2.pdf、3.pdf……的顺序命名
>
> 功能特点:
> - 自动创建输出目录
> - 处理最后一组不足 7 页的情况
> - 完善的错误处理
> - 保留原始 PDF 的页面内容和格式
> - 进度显示
>
> 注意事项:
> - 确保 PDF 文件没有被加密
> - 需要 Python 3.6 及以上版本
> - 处理大型 PDF 时可能需要较长时间

❑ 输出文件会覆盖同名文件

如果需要修改每组的页数（比如改为 5 页一组），只需将代码中的数字 7 改为需要的数值即可。

2. 安装依赖库

如图 7-11 所示，使用管理员身份运行 cmd，输入"pip install PyPDF2"命令，安装依赖库。

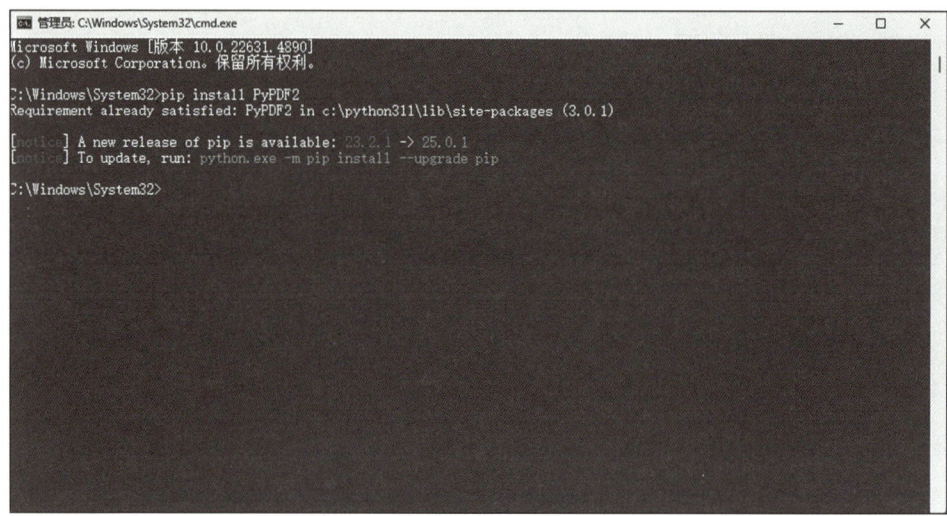

图 7-11　安装 PyPDF2 依赖库

3. 新建 Python 脚本

如图 7-12 所示，与 7.2.1 节中的方式相同，此处新建名为"split_pdf.py"的脚本文件，并将代码粘贴到脚本文件内。

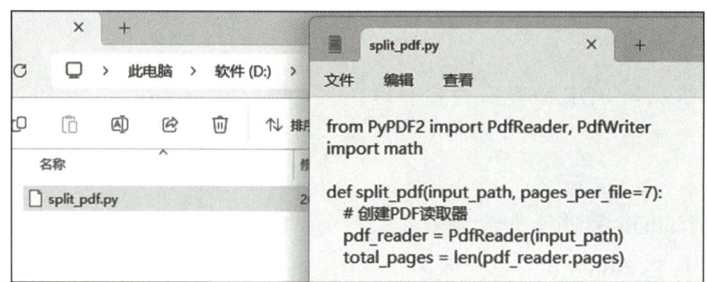

图 7-12　新建 Python 脚本

完整代码如下：

```python
from PyPDF2 import PdfReader, PdfWriter
import math

def split_pdf(input_path, pages_per_file=7):
    # 创建 PDF 读取器
    pdf_reader = PdfReader(input_path)
    total_pages = len(pdf_reader.pages)

    # 计算需要分割成多少份
    num_files = math.ceil(total_pages / pages_per_file)

    # 循环创建新的 PDF 文件
    for i in range(num_files):
        pdf_writer = PdfWriter()

        # 确定当前文件的页面范围
        start_page = i * pages_per_file
        end_page = min((i + 1) * pages_per_file, total_pages)

        # 添加页面到新文件
        for page_num in range(start_page, end_page):
            pdf_writer.add_page(pdf_reader.pages[page_num])

        # 保存新文件
        output_filename = f"{i+1}.pdf"
        with open(output_filename, 'wb') as output_file:
            pdf_writer.write(output_file)

        print(f"Created file: {output_filename}")

# 使用示例
input_pdf_path = "D:/your_document.pdf"  # 替换为你的 PDF 文件路径
split_pdf(input_pdf_path)
```

这里有一个需要特别注意的地方：" input_pdf_path = "D:/your_document.pdf""这段代码需要修改为实际的工作路径，并且代码中的斜杠方向与 Windows 系统默认的斜杠方向相反，需要将反斜杠\改写为正斜杠/（例如 D:/your_document.pdf），如图 7-13 所示。

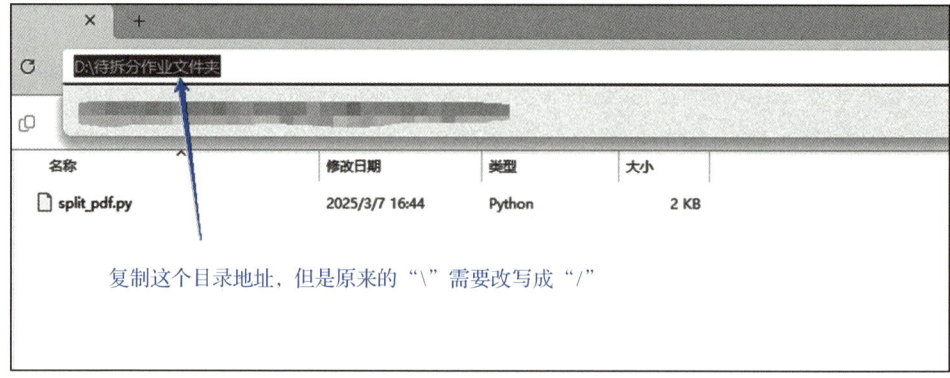

图 7-13　复制目录地址并修改斜杠方向

4. 运行脚本

如 7.2.1 节中的操作过程，将 cmd 运行目录切换至项目工作目录之后，运行如下命令：

```
python split_pdf.py
```

如图 7-14 所示，运行脚本之后，待拆分作业文件被自动拆分为 12 个子文件。

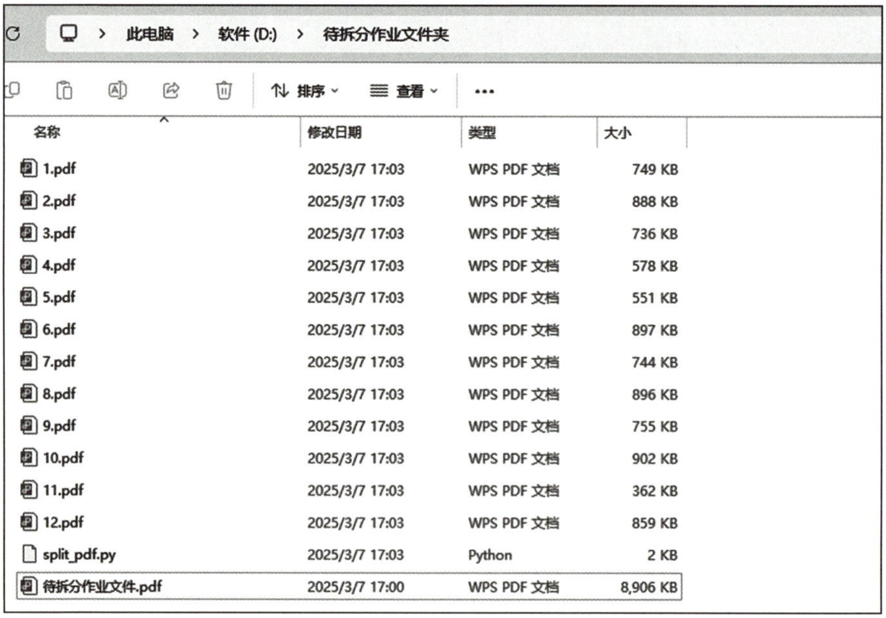

图 7-14　批量拆分脚本作业

7.2.3 动手练习及拓展思考

1. 代码调整训练——动态页码定位

在 7.2.1 节的案例中，目标信息固定在第 4 页。如果不同文档的关键信息所在页码不同（如有些在第 3 页，有些在第 5 页），如何改造代码实现智能定位？请编写提示词让 AI 生成带有页码自动检测功能的代码。

2. 工作场景迁移——会议纪要处理

假设你每周需要整理 100 多份 PDF 格式的会议纪要，要求：
☐ 从首段提取会议日期（格式：YYYY 年 MM 月 DD 日）
☐ 从页脚提取密级（普通 / 机密 / 绝密）
☐ 重命名为"【密级】YYYYMMDD 会议纪要 .pdf"
请列出实现该功能的 AI 提问话术。

3. 工作场景迁移——扫描件校验系统

设计一个简历自动校验系统，要求：
☐ 检测 PDF 文件中是否包含"身份证号码"字段
☐ 验证手机号格式是否正确（11 位数字）
☐ 缺失关键字段时自动生成异常报告
请写出向 AI 提问的话术。

推荐阅读